莫迪传

NARENDRA MODI
A POLITICAL BIOGRAPHY

[英]安迪·马里诺 著
Andy Marino

杨敏敏 译

北京版权保护中心海外合同登记
图字：01-2018-0258

图书在版编目（CIP）数据

莫迪传 /（英）安迪·马里诺著；杨敏敏译. -- 北京：新世界出版社，2018.8
书名原文：Narendra Modi: A Political Biography
ISBN 978-7-5104-5660-2

Ⅰ. ①莫… Ⅱ. ①安… ②杨… Ⅲ. ①莫迪—传记 Ⅳ. ① K833.517=7

中国版本图书馆CIP数据核字（2017）第 313643 号

Copyright © Andy Marino
First published in English by HarperCollins Publishers India Limited in 2014.
This Chinese edition is published by arrangement with HarperCollins Publishers India Limited.
Simplified Chinese edition copyright © 2018 the Beijing Wisdom & Culture Co., Ltd.
All rights reserved.

莫迪传

作　　者：	[英]安迪·马里诺
译　　者：	杨敏敏
责任编辑：	丁　鼎
责任校对：	宣　慧
责任印制：	王宝根　高　金
出版发行：	新世界出版社
社　　址：	北京西城区百万庄大街 24 号（100037）
发行部：	（010）6899 5968　　（010）6899 8705（传真）
总编室：	（010）6899 5424　　（010）6832 6679（传真）

http://www.nwp.cn
http://www.nwp.com.cn

版权部：+8610 6899 6306
版权部电子信箱：nwpcd@sina.com
印　　刷：天津旭丰源印刷有限公司
经　　销：新华书店
开　　本：710mm×1000mm　1/16
字　　数：280 千字　印张：16.5
版　　次：2018 年 8 月第 1 版　2018 年 8 月第 1 次印刷
书　　号：ISBN 978-7-5104-5660-2
定　　价：49.80 元

版权所有，侵权必究
凡购本社图书，如有缺页、倒页、脱页等印装错误，可随时退换。
客服电话：（010）6899 8638

献给我的父亲母亲

简介

我要为大家讲述一则非凡的故事，讲述一段非凡的人生。

一如往常，所有这样的故事总免不了从这样的背景开始：纳伦德拉·莫迪是印度人民党（印人党）的总理候选人，而这一次大选似乎注定了具有万众瞩目的历史意义。

2014年印度人民院投票的结果将为印度的政治和政策驶入下一个10年定好航向。这应该可以算是1977年3月以来印度历史上最具戏剧性，同时也是最重要的大选。那一年，英迪拉·甘地宣布解除"全国紧急状态"之后却又在竞选中落败。今天印度的大部分人口都是在"紧急状态"结束后出生的，他们中的六成以上目前都不到35岁。因此，显而易见，当前的这次大选属于年轻的印度。这也就是为什么，尽管披裹在政界和政客们身上的光环已悄然渐退，即将来临的改变依旧令选民们激动不已。

当我开始着手准备这本书时，我们的主角那令人着迷的天性击中了我：纳伦德拉·莫迪无疑是个复杂的人，然而他同时又是极其简单的，这简单和复杂的矛盾并存在一个多层次的丰富形象里。他果决，坚定，不屈不挠，同时又拥有一种独特的镇定，令他能够平心静气地、谨小慎微地，甚至可以说是超然地面对并处理一次又一次的危机。

我陪着他，和他一起往返于各种竞选造势的活动中，对他进行了连续数个星期的跟踪采访。在他不断推进工作的过程中，我得以近距离地观察他。

虽然他私底下很擅长交际，喜欢交朋友，但并不经常接受采访，有时偶尔为之，那些访谈往往也显得既短暂又尖锐。然而我同他之间的对话却是开放式的，不停地、自由地围绕他的工作和生活展开。这很可能是他第一次对一个媒体工作者或作家放开了这样大的靠近他的尺度。无论是对印度本土的，还是外籍的人，都该尚属首次。

在我们海量的谈话记录中,他第一次披露了早年生活中的细节,也提及了他政治生涯里最受争议的那个阶段——2002年的古吉拉特暴乱。

莫迪谈话的态度很坦率,毫无刻意的回避。我可以提任何问题,什么都不是禁忌。我们用英语交谈,他的英文说得日益流利起来。但是,读者们显然依旧会抱有这样的担忧:首先,一位来自不列颠的作家如何能够很好地解码印度的复杂性?其次,这本书的撰写最后是否会沦落为试图掩盖莫迪的过失、美化莫迪能力的一种行为呢?

我先来回答第一个问题吧:我认为有时候通过外在的视角可以把事件看得更清楚,如果距离它们太近,反而容易产生"当局者迷,旁观者清"的结果。外来者却可以足够冷静,不带偏见。事实上我就在印度的土地上工作,对印度的政界活动相当了解,且不会因为其中某种特殊的意识形态或政见而摇摆。这就是我对第一个问题的回答。

至于读者们的第二个担忧,我想说:我对莫迪人生的描述是基于超过1年的深入调查的,同时我还采访了许多人,他们有些来自政治圈内,有些来自圈外,既有他的支持者,也有反对者,因此我相信自己能够带着足够冷酷的、客观的态度对他的工作和生活进行评价。

倘若一本传记只不过是抒写和讴歌圣徒丰功伟绩的作品,那它注定分文不值。在此之前我已经撰写完成了两部传记,分别由美国和英国顶级的出版社出版,因此我想,我确实清楚地知道,精准地把握好这本书的基调和平衡有多么重要。对全书每一章节的每一个脚注和引言,我都精心编排,在本书末尾处分门别类地呈现给大家。

当然,"客观的视角"并不代表我对那些昭然若揭的事实全然不顾。自2002年古吉拉特暴乱发生以来,莫迪确实一直是辱骂运动的主要对象。这场运动可谓2002年以来历时最长、气氛最紧张的一场,或者也可以说,它包含了最大量的狗血淋头式的谩骂。

最近几个月来,在莫迪被选为印人党总理候选人之后,某些人又翻出了他在古吉拉特邦的从政记录,挖空心思地反复揣摩,试图找出一丝破绽。他的政敌和媒体不断地做出一些缺乏明确证据的指控,他们说他是极权主义的独裁者,说他通过监视的手段来管理国家，说他在竞选演说中总是容易混淆事实真相，还说他为印度勾画出的愿景荒谬得根本不值一提。

以上的每一条指控我都曾认真拜读，并做了思考，我还读了其他一些内容，就是为了能够获得第一手事实资料，并将它们和那些道听途说的传闻区分开来。

我想，对莫迪的人生，应该给出一份公允、客观、全面的描述，因为他当之无愧，与此同时，对于他那些其实无伤大雅的"怪癖"，我也会毫不留情地继续保持批判精神。让这本书能满足这项高标准的评判要求，便是我的愿望。

目录

001 | 序幕

007 | 第一部分　萌芽
008 | 1. 早些年
016 | 2. 在路上
028 | 3. 政治觉醒

039 | 第二部分　登高
040 | 4. 摸索
050 | 5. 向权力朝圣
065 | 6. 飞向责任之高位

079 | 第三部分　回归
080 | 7. 那些动荡的日子
113 | 8. 为古吉拉特而战
146 | 9. 发展与治理

| 175 | 第四部分　未来 |
| 176 | 10. 现在，总理吗？ |

201	注释与参考文献
231	索引
250	致谢辞
252	译后小记

序幕

沿着封闭隔绝的道路，车辆载着我们驶向直升机起降坪。前方是干扰发射台，拱形的电子线路牢牢地拴在穿顶之上。8辆银色的追随者紧跟着两三台并排的越野车，它们满载着士兵和纳伦德拉·莫迪的"Z+"级安保黑衣突击队，这是印度政府为它的重要人物们提供的最高级别的安保标准。[1]

作为古吉拉特邦的首席部长，莫迪一直是印度恐怖组织——所谓的"圣战者"的头号目标。竞选集会遍布全印度，莫迪又总是能召唤到数以百万计的人聚集在他的身边，因此自杀式爆炸行为的危险也就一直存在。在担任首席部长的12年里，莫迪始终坚定不移地反对入侵，抵制恐怖行为。巴基斯坦民选政府最近宣布，如果莫迪当选总理，他们愿意与他"合作"，但通过第三方代理发动的恐怖袭击对莫迪人身安全的威胁依旧十分严峻，非常明显。

护航的队伍继续向前方驶去。在道路两旁，每隔100米就有战士和警察们守卫的身影，他们背对着我们，目光紧锁着宽阔的大道和道旁的灌木丛，搜索可疑的动作。到达停机坪后，突击队员们立即从车上一跃而下，朝着直升机一路小跑，穿着卡其服的士兵则排成两翼有序地散开，手中的机关枪随时待命，形成一个更加宽阔的掩护区。只有当我们升到了空中，空中相对的安全感才取代了陆地的脆弱和无助。现在客舱里只有莫迪和几名高级助手，还有我。飞行员和助理飞行员待在直升机的前端。机上没有任何突击队员。

随着螺旋桨越发快速地旋转，一股油料未燃尽的味道渗进机舱。我必须探着身子才能让莫迪听见我说的话。螺旋桨发出了一种紧绷绷的、令人感觉有攻击性的声音。我们顺势升空，开始向西飞去。莫迪的脸上突然出现了一丝微笑，他说："你会喜欢的。"他的音量盖过了暴烈的引擎声，他指的是他不久将要参加并做演讲的那个集会活动，以及我们和民众在场上的互动。"一定会是最棒的！"

他说。直升机机头开始下降,飞机猛地向前疾驶而去。

此前整夜都在下雨。这一刻,迷雾低垂于云层之下,在我们所在的1500英尺(约457米)的高空,能见度不过区区10公里左右。我们急速掠过,飞越了城镇和村庄,身下随处可见陆地上的植物,它们深浅不一,有些呈深金属铬色,有些显钴绿色。街道和建筑物组成了矩形的网格,从纠缠的枝叶丛中凭空升起,像用刀切出的一个个方块;平坦斑驳的灰色混凝土屋顶很脏,还留着雨水的痕迹,仿佛是古代文明的遗址。

飞行途中,莫迪戴着眼镜默默地在阅读,小小的机舱里静坐着伟大的人物。在相关事件和图表的笔记中,他陷入了沉思,为即将到来的演讲做准备。之后他又浏览了一些别人为他在头一天的报纸中摘选出来的文章。我们继续向南驶去,机舱外的天空略略地亮了起来,下面的村庄也渐渐显露出铺着红砖的斜屋顶。更多的寺庙忽然现身于越发明亮的晨曦之中,简直像是冲我们扑面而来。

这一片天空下,田野依旧是绿色的,但比起之前的那片土地来,这里表层泥土的颜色更加浅淡,植物的颜色也更浅,其实连植物也并不那么多见了。地表的石化程度也更严重,我们看见了更多裸露的岩石,这里甚至还有悬崖峭壁,它们静静地注视着宽广的阿拉伯海海岸线。

莫迪的批评者宣称,古吉拉特的转变只不过是一个庞大的幻影,是烟雾,是镜花水月。他们说,实际上整个邦依旧是一团乱麻、糟糕不堪,依旧是莫迪接手前的那口陈旧的大铁锅,依旧散发出贫穷和宗教偏执的气味。除了有关莫迪性格的争论没完没了地进行着之外,他在古吉拉特邦的成功也备受争议,这些都成了2014年大选的一些主要话题。

无论由谁撰写莫迪的政治生涯,年表都是一个无法避免的话题。他担任古吉拉特首席部长的任期如此之长,甚至超过了如今国大党对印度长达将近10年的统治。于是现在我们可以预测到这样一种可能性:若莫迪在2014年5月的大选中胜出,荣登总理宝座,那么他在古吉拉特的任期和国大党对印度的统治——这二者都将步入终结。只可惜目前结果依旧可望而不可即。

2001年10月,莫迪被任命为古吉拉特邦首席部长(起初的第一任,他并不是通过民选上去的）。这其实是他有生以来担任的首个政界职位，人们听说此事不免惊讶。实际上他在那之前只担任过党内的管理职务。一直以来他都是印度人民党幕后的战略家，后来提升为秘书长，但他此前确实从未竞选过政府公职。

然而，古吉拉特在他上任仅数月后立即陷入了血腥的公共骚乱。2002年2~3月，全邦饱受印度教教徒和穆斯林之间的冲突折磨。一直以来，人们都认为莫迪应该为此事负责。最恶毒的反对者声称是莫迪本人计划和策动了骚乱，导致790名穆斯林和254名印度教教徒死亡，223人失踪。基于此事，美国政府也于2005年拒绝给他签发签证，全然不顾这种举动是对印度明晃晃的外交侮辱，毕竟莫迪可是民选出的一邦之主。面对此事，国大党领导的团结进步联盟政府不过是极尽温柔地表达了些许所谓的正式抗议。

古吉拉特的2002年骚乱简直固化了莫迪的形象。直到最近，人们对他的看法仍然没有明显的改变，几乎无人质疑。从那时到现在，莫迪已是第三次蝉联古吉拉特邦首席部长。印人党在古吉拉特所占的票数之多，几乎和他2002年年底首次当选时所占的票数不相上下，依旧遥遥领先于其他党派。在2012年12月的议会选举中，有人认为，有超过全国总人口数1/4的穆斯林把票投给了莫迪，但人们对他的畏惧与焦虑依然并存。

直升机着陆了，民众们蜂拥而至，簇拥于机身之下。安保人员排成了一条线，他们展开双臂，试图把人群控制住。机舱门打开后，舱外的空气中竟显出了相当粉的颜色，我一度为之震惊，紧接着，四下里又响起了鞭炮声，而那随烟花而来的火药的烟雾，在白日的光线下几不可见。那火药的气息使人想起在印度的心脏地带——北方邦和比哈尔邦——那些真枪实弹的危险。

当然，突击队员和士兵们依旧在场等候。一支独立小分队提前被派来迎接我们，于是我们再次置身于车队和越野车的层层保护之中。现在我们沿着街道行驶，目光所及之处皆张灯结彩，处处挂满了欢庆的气球和彩旗，看上去似乎整个城市有近一半的人口都出来夹道欢迎我们了。

集会上满是汹涌的人群，莫迪开始演讲，既不用讲稿，也不用提词器，然而却未有一词囫囵，不闻一字结巴。我还注意到，当他强调重点的时候，先是缓缓地抬起一只手臂，然后又抬起了另一只，之后才进入下一个话题。这使得整个演讲的画面看起来既令人放松，又充满张力。在他所有的竞选集会中，莫迪都使用肢体语言为口头话语平添威力。他的声音时而高昂，时而低沉，这声音撕裂了国大党和其他党派。话语的节奏和音调如此独特，在印度甚至在西方都极为罕见。在西方国家，政界的声音简直有如福音传教般强硬。

刚独立后的前40年里，印度遵循了当时通用的经济手段，即超大政权指导下的温和的或不那么温和的社会主义。此手法在全世界范围内几乎无处不用。在印度，这体现为由上层精英阶级领导着的社会主义。尼赫鲁·甘地家族在这段时间内巩固了自己的特权，一个政治王朝从此横空出世。

英迪拉·甘地的统治终结后，从1977年开始，国大党的霸权受到了来自人民党（后来的人民同盟）的挑战，然而，印度的左翼意识形态依旧桎梏着印度，国家的各项指标保持着很低的年增长率。他们总是声称自己关心穷人，政府的政策也似乎总是以确保穷人能得到照顾为目标——主要以大袋大袋的米或其他谷物的形式来表现，竞选期间尤为如此。

面对这样的叙事背景，莫迪对自己的定位是：成为充满活力、锋芒毕露的斗士。这个国家，会追随他吗？

有位好心人走到讲台上，给莫迪戴上了一方红色的头巾。他开始演讲时，头巾就一直戴在头上，尽管对他而言略微显得有点儿小。这里的观众比前一天更多，看起来也更加焦躁。口号和掌声也更响亮，简直像是发生了一次爆炸。莫迪也处在斗争的气氛中，他攻击第二届团结进步联盟政府，将总理招牌式的沉默与政府的诸多失败，如腐败、通货膨胀、安全问题等联系了起来。他指责国大党领导者是"哑巴"，因为他们没有能够站出来大声地为印度说话。

这就是典型的莫迪风格，他热衷于这种精彩的文字组合，就像玩文字游戏一样，语言的使用要足够抽象，但又不至于非要十足聪慧的民众才能一听就懂。大家和他能够同时接触、共同理解的语言，就是他明星魅力的一个展示，它们微妙地传达了有关莫迪背景的最基本又最重要的一条，即莫迪是民众中的一员，是和他们一样的工薪阶层，而不是正当权的老牌正统的政治阶层，不是新德里的精英。莫迪，他散发着改弦更张的气息。

随着人群不断地呼喊他的名字,莫迪的声音又再度响起:

国家独立的时候,人民渴望自治,渴望拥有一个良好的政府。60多年过去了,人民却仍然在问:为什么我们的政府就是无法治理好国家?[2]

莫迪演讲的焦点一直围绕着选举辩论的这一本质问题展开,那就是政治机构的改革和加强,以及公民与国家之间的关系。他指出,在第16届人民院选举中,这个重要的选择将印度推上了生死关头:是要改革和放权,还是要紧缩经费和福利。换言之,你希望政府为你做事(并且做得一塌糊涂),还是希望政府帮助你获得机会,从而能亲手做有利于自己的事呢?

在他提出的这些问题背后,更尖锐的选择利剑直指国大党之心脏,这是个终极挑战:要王朝,还是要发展?

集会结束后,莫迪回到直升机里,又坐下来处理一些文件,这次他阅读的是他收到的电子邮件的打印稿。有趣的是,尽管他是个冷静的人,私底下很自立,但他显然很享受,有时甚至很需要听到一些令他心情愉悦的信息,他的工作人员会从海量的信件中挑选出这样的一些供他阅读。他告诉我,自那场浩劫发生以来,自己已经遭受了长达12年的公开的"抨击莫迪"的运动。对此,他下定了决心:"我将给媒体自由,绝不对抗;绝不把时间浪费在对抗上。"莫迪极少回应别人对他的指控,反而一直以他称之为"脱离"的方式漠然处之。

古吉拉特邦的能源和就业部部长所罗伯·帕特尔在进入政界前是一名成功的商人,回程时他也坐进了我们的直升机,莫迪把那些电子邮件的打印稿递给他看。他读完又递回去,并做了一个小小的手势,就是那种充满雄辩又惜字如金的手势,意思是:"你看吧?"

莫迪又把邮件递给我,来信的是一位乌克兰女士。她最近刚刚与一名印度人喜结良缘,对这个国家便有了更加深刻的了解,因此她特意致信莫迪,为他在古吉拉特取得的成就发来祝贺。但她的主要关注点还是2014年大选。她说,2005年的乌克兰曾经本来也有一个革故鼎新的机会,即"橙色革命",但他们却失败了。她在信中这样写道:如果你有机会改变印度,请别辜负我们,因为没有其他人可以做到这一点了。

莫迪不断地被称为"分裂分子",越来越多人把他比作玛格丽特·撒切尔。这种仇恨是社会因素的复合体。莫迪是个局外人,是个用整个政治生涯来学习这个体系的运作方式,但仍能够远离它的"其他落后阶层",他处在印度身份体系之底层,越过其他政客,直接影响了民众,他就这样带着近乎冷酷无情的效率工作着。虽然他是个局外人,但却是个很快就能融入局内的局外人。

倘若纳伦德拉·莫迪在2014年时住进了马场道7号的首相官邸,那么对于这个从古吉拉特小镇沃德讷格尔远道而来的落后阶层的贫穷男孩而言,他那漫长又充满惊奇的旅程,也就该暂告一个段落了。

第一部分　萌芽

1. 早些年

1950年9月17日，纳伦德拉·莫迪诞生于古吉拉特邦的沃德讷格尔，该小镇位于他现在居住的甘地讷格尔的首席部长平房官邸以北大约110公里。平房官邸和他出生地之间的距离并不远，然而，从另一个意义上说，这又岂止是千里之遥。

印度的首次大选就发生在莫迪出生后不久。潘伟迪·贾瓦哈拉尔·尼赫鲁领导的印度国大党在人民院选举中赢得了压倒性的大多数选票——489席中的364席。经历了独立和分区的剧变后，当选的联合政府根据印度宪法开始运转起来，那是1950年1月26日。当尼赫鲁于1952年作为新政府的总理站出来演说之时，纳伦德拉的父母正因为稚子开始牙牙学语而感到满心欢喜。

1950年的沃德讷格尔是个安静的、半农村式的闭塞小镇，有点儿破败，也没有电。镇里的居民对人生的渴望，不过就是重复自己父母的生活而已。当时的印度也不是一个适合人们在社会上冒险或充满机会的国家，绝大多数人民的生活仅仅是机械式的重复，是一种自给自足的存在。但必须说，像印度一样，沃德讷格尔的背后也可以隐藏着伟大的未来：坐落于小镇北部的庄严的遗址显示出这里一度是个古老的中心城市，由此可知，在过去的1000年里，它曾是个巨大辉煌、了不起的地域中心。[1]

当问及他的童年往事时，莫迪回忆说镇上曾住了1万名和尚。诚然，丰富的考古发现为小镇增添了既有趣又有影响力的历史文化，但那毕竟是很久很久以前的故事了。历史发展到了1950年，历经了数个世纪以来的侵略和殖民统治的巨浪，印度人民，包括纳伦德拉家乡的人们，都降低了自己的人生期待值。但他们也不禁开始想象，自己的未来最终有可能把握在自己的手中。这幅憧憬的画面可能仍只是个遥远的承诺，一个更好的承诺，无论它究竟可能意味着什么，至少，希望的光芒已经依稀可见。

那时的沃德讷格尔当然已经通了铁路，纳伦德拉的父亲达摩达尔达斯，就依靠在小镇的火车站台上支起的茶档为全家谋生。这个小茶档，或叫它茶店，至今都还在那里，它的样子足以暴露它的年龄：那是一个蓝灰色的锡或钢质的小棚，修补过，上了锁。茶店就栖息于平台的屋檐下，古朴的气质与平台本身的建筑十分搭配。

达摩达尔达斯是兰彻达斯家族的后裔，他们于19世纪末期搬到沃德讷格尔开了个杂货店。1950年，35岁的他同当地女孩希拉本缔结了婚姻。莫迪诞生在这世界上时，等待他的已经有两个哥哥：6岁的索姆和仅4岁的安穆立特。纳伦德拉出生两年后，这个家庭又迎接了一个小妹妹瓦萨缇，然后又有了两个兄弟：1955年到来的普拉拉德和1958年出生的盘卡吉。

以现代的标准判断，莫迪家里实在很穷，但在当时，在自己的社区中，他们并没有这种感觉。相比起日工或佃农的朝不保夕，茶档生意让这一家人过上了更优越的生活。

所有的这8个人——父母、兄弟们和妹妹——一起住在一座有着3个房间的房子里，屋子是砖砌的，又用泥巴加了固。这是个单层屋子，小，但也不算太小，约有40英尺（约12米）长、12英尺（约3.7米）宽。卧室和客厅在前，面对凌乱的车道，昏暗的厨房在房子中间，燃料储藏室在后面。水必须从井里打起来，储存在黏土制成的容器中。地板是泥土覆盖的竹子铺成的。墙上没有切割出一扇窗户，因此当奶牛的粪便被当作做饭的燃料点燃时，屋子里的空气就变得浓重起来，烟雾同样也很重。[2]

除了有一盏煤油灯充当整座住宅的照明之用以外，这个画面和几个世纪前的生活场景没有任何区别。后来，达摩达尔达斯又做了一些改进，他在楼上增加了一个房间，也加了两三扇窗户。但他们依旧必须到家附近的湖边去洗澡、洗衣服。

莫迪的家人属于甘奇（Ghanchi）种姓[3]，这个种姓的传统是靠生产植物油为生，"甘之（ghanch）"就是当地一种历史极其悠远的榨油机。甘奇这个种姓跨越了宗教的界限，古吉拉特邦有许多甘奇人是穆斯林。莫迪属于"其他落后阶层"，这个阶层常常被认为是低种姓的。实际上作为甘奇人的莫迪家族应当属于普通工人阶级，或许也可以把他们称为较低级的中产阶级——他们确实贫穷，但还有许许多多其他种姓的印度人更是远在他们之下。

关于这个社会等级和它的劣势有多么显著，当时生活在乡下小镇里的年轻的纳伦德拉到底是怎么想的，目前还不清楚。有这样一种可能，那就是在他成长的过程中，他对此几乎完全没有意识。很明显，对社会阶层的感知在他身上没有留下任何痕迹：没有怨恨也不见自卑，他几乎没有在政治辩论中提及过自己的出身并以此大做文章，尽管假如他这样做了，也许对他的事业能有所帮助。[4]

莫迪一家生活在一个和睦融洽的邻里环境中，但他们的屋子靠在社区的边缘，在沃德讷格尔最临近穆斯林社区的地方。在那里，与穆斯林结伴而行很正常，纳伦德拉童年时代的朋友大多数都是穆斯林。当时他最好的朋友之一叫作贾速·汗·帕坦。小纳伦德拉参与了穆斯林节日的庆祝活动，同时也欣然欢度着印度教的佳节。他觉得这并没有什么不妥，但无论是他的家人还是他玩伴的家长，都认为这种在宗教之间平静穿梭的行为很奇怪。那时候大家都管他叫"纳达"，这个绰号是他的父方名字纳伦德拉·达摩达尔达斯的首字母缩写。

关于纳伦德拉在学校里的逸事比比皆是。在课堂上他学习努力，老师和同学们都记得他在学校辩论队里展示出的初见端倪的雄辩能力。人们经常提起这样一件事：小纳伦德拉固执地拒绝让班长给他批作业，他认为唯有老师才有这个资格。然而，一个人年少时的表现可以是具有欺骗性的：以培养聪慧少年儿童而闻名的恒星学院里的少年辩手，长大之后却可能变身为银行职员或店铺老板，学业成绩相当突出的部分学生长大了兴许就成了办公室的经理和中层官僚。

这些童年的故事无疑为这位领袖那拼图式的肖像勾勒出了轮廓，他的拼图形象完整了。有时这些故事未免也染上些传奇的色彩。比方说，人们常常叙述这样一件事：小纳伦德拉喜欢在他家附近的夏尔弥斯特湖里游泳，而湖里可潜伏着不少鳄鱼！人们传说，距湖岸不算太远的湖心处，有一块裸露的巨石。在他与湖的故事的早期版本里，这巨石上坐落着古老的神殿，而在后来的一些版本里，神殿又变成了一座华丽的庙宇。[5]

神殿上方的旗帜在特别神圣的时刻会进行更换。曾经有过这样一天，猛烈的暴雨激怒了湖里的鳄鱼，它们焦躁不安、蠢蠢欲动，然而旗帜却非换不可。纳伦德拉和他的两个朋友——马亨德拉和巴楚，不顾众人的反对，毅然游到了巨石之上，之后又安全返回。又过了很久，人们在谈起这个故事的时候，巨石已经变成了遥远的岛屿，他们更说当时的纳伦德拉单枪匹马地完成了这个壮举！与此同时，大家还在湖岸上恰逢其时地击起鼓来，吓跑了那些爬行动物（或者更可能的是，吓得它们不敢靠近男孩所到之处）。纳伦德拉换好了旗帜，安全地回来了，汹涌的人群簇拥着他，大声欢呼。在场的所有人都一致表示：这样的行为应该属于未来的领导人，或者都说着诸如此类的话。

今天，63岁的莫迪听到这些半个世纪以前的故事时，只是耸了耸肩。他唯一的评论是，他的童年很正常。说这话时，他眼中闪烁着光芒。

你若同他过去的同学和老师攀谈，他们都会说年轻的纳伦德拉最突出的特点就是：相当倔强。当他认定某个念头或行为极有道理的时候，他就可能会既固执又淘气地坚持下去。然而他的父母对这一切都无所谓，自己的这个儿子令他们既放松又欣慰，因为在父母的眼里，纳伦德拉再正常不过了——他快乐，精力充沛，并且挺招大家喜欢的。

可是无论多么正常的孩子也总有一些突出的特点。纳伦德拉最突出的特点该数他的体格，他是个结实的运动型男孩。这一点可能相当重要，因为幼年时期对体格健康的信心可以塑造一个人的自我感知。然而，虽然我们确定地知道他有很多童年的玩伴，却极少听到能够证明他的社交能力，或者他对团体性体育项目特别钟爱的回忆。

今天的莫迪说自己喜欢板球，但仅限于作为观众的喜欢；板球好歹能算是个团体运动，需要成员们彼此配合默契。孩童时期的他还热衷于游泳，不过从本质上看，这也是个孤独的追求。在莫迪告诉我的关于他自己的故事里，总弥漫着一股孤独的气息。故事里总是有他，但他只存在于团队和行动的边缘，他小心翼翼，尽量不让自己成为一则逸事或充满戏剧性的故事中重要的、决定性的一环。

印度的每一个毛孔里都浸淫着宗教：它无处不在，默默无声；整个文化都沉浸其中。神话、习俗，或史料记载，全都混合、渗透到几乎每一个社会行为当中。宗教之于印度，就是日常生活。这可能意味着什么呢？意味着年轻的纳伦德拉所展示出的某些倾向，与其说是受到来自宗教的影响，不如说是来自文化的精神影响。

例如，还很年轻的时候，纳伦德拉身上就显现出了苦行主义的气质。家庭成员和朋友们全都注意到了这一点。首先他不再摄入盐；接着他又放弃吃辣椒，甚至连油也不食用。生活的滋味都被抛弃了，但是，哪里才是尽头呢？他现在说起此事，脸上还带着笑，他说他现在也还喜欢吃粗黄糖，可是在孩童时代，连这个也放弃了。[6] 克己和苦行也许暗示着虔诚，但它们也可能是一种野心的标志，这野心通常要从社交的野心开始：这就像是先要习得高贵的外在风度，然后才能获得其他内在形式的升华一样。

纳伦德拉踏上这条禁欲的苦行道路也很可能是出于十分正当并世俗的原因：在内心深处，他感觉自己和其他人稍有不同，这一点在我们长长的对话中也多有体现。因此，通过从生活中除去那些旁人习以为常的东西，再来探索并且理解这种不同的感觉，这就显得水到渠成了。他正是通过这种方式，将自己与他人分离的感觉"正常化"，并且进一步地发现自己。比方说，他很有可能由此确定说自己有足够的意志力，并且并不贪婪。这是个自我显现的行为，"否定自己"能帮助一个人理解自己的个性。换句话说，它塑造了你的性格。

他坐在他宽大的办公室里，左边是露台，右边是沙发，谈论起童年和少年生活时，一种静谧的感觉弥漫在他身上。与此同时，他也会因为这些旧日的记忆而轻快地笑出声来。他在家里明显更加放松，他坦率地说："在成为首席部长之前，我常常几个月或几年内都不在同一间屋子里吃第二次饭。"

虽然他的固执使他坚决不再学习梵文[7]，但他依旧是个如饥似渴的读者。莫迪早年对斯瓦米·维韦卡南达十分着迷，这众所周知。斯瓦米·维韦卡南达改变了印度教，使之更加适合现代的印度，他通过自己的"开明的自由主义"[8]来揭示印度教和其他信仰之间的联系。因此纳伦德拉对他的这种迷恋，是对一位"普世主义者"的思想仰慕。

年轻的纳伦德拉身上有着明显的宗教性，也许是将一种行为（和一种人格）归类的结果，这种行为在那个时候、在他的社会阶层和环境中，相对比较罕见。在印度，特立独行者和追求真理的人一般都会变成古鲁（上师）开始禅修；更加极端的人就化身为圣人或和尚。传统的宗教吸收了破坏性的精神能量。但是纳伦德拉偏偏选取了属于自己的道路，这种行为在宗教以外的框架内实在难以解释。也许这是一种非同寻常的特征，但是当时的莫迪确实已经是个不同寻常的年轻人了。

他总是乐于助人，经常热衷于合作、参加活动，这一点非常明显，常常难免貌似不经意地被人们提及。放学后的纳伦德拉会飞奔到他父亲的茶档去帮忙，就好像他期待了一整天的激动人心的事儿就在那里，好像世上没什么比为搭火车的乘客递上一杯茶更加令他感到充实的了，"我就坐在火车车厢里，曾是个给人们沏茶、收钱的小男孩。"

不管家庭的生意规模多小，家长依旧期待孩子们能帮忙，而孩子们也接受了这个责任。但是年轻的纳伦德拉比其他大部分孩子所需要的东西更多：他需要加入到教室之外的、更大的、更成熟的世界里去。童年对他而言重要吗？童年的他是否多少觉得生活有点儿无聊？他对玩乐是否无动于衷？他总是想做超过人们对孩子的期待的事吗？当被问及这些问题时，莫迪的回答模棱两可："总的来说，每个人都喜欢自己的童年，我也一样。"

身心的力量是否使得纳伦德拉感觉自己比实际年龄更大一些？这种被童年或多或少地控制了的自我意识，是否给他灌输了对历史和政治的兴趣？是否灌输了对世界的感知，因此也就灌输了爱国的感情？是否灌输了对过去的尊敬，以及对那些他暗示说自己愿意追随的先辈的尊敬？这样一个不断发展的个体和他的善于思考与博览群书结合起来，也许很容易就唤醒了一种最广义的责任感和归属感。正因如此，年仅8岁的纳伦德拉已经加入了极端民族主义组织"民族卫队"的当地分部。这个决定为他今后的生活确定了前进的方向。

出生在古吉拉特邦而不是印度的其他地方，对纳伦德拉而言意味着什么呢？命运之手派发给他的又是些怎样的牌呢？印度的土地如此广袤，每个区域都各不相同。假设他出生在其他地方，比方说比哈尔，或是孟加拉，他会怎样成长，又将如何成功呢？古吉拉特，以及它的文化、传统和情感，在多大程度上塑造了莫迪呢？

如果细细临摹沿海地区的入海口、褶皱之地以及沿岸海湾的边缘，那么可以说，这个邦拥有整个国家海岸线总长的1/3。古吉拉特邦大多数人在政治上倾向右翼，因为古吉拉特人有史以来就是商人和企业家，这也还要归功于它长长的海岸线。

阿拉伯海的那一边是酋长国，是哈里发的领地和其他王国。古吉拉特人早在穆斯林来到印度、成为统治者并定居下来之前，就已经结成了商业伙伴，当然同时也是竞争者。商品的互通也意味着商人和工人的互通。阿拉伯人和穆斯林——大部分是逊尼派穆斯林，长期定居在古吉拉特邦。海上贸易的天性启发和培育出一种冒险的、探索的、深具商业精神的古吉拉特的风貌，它并存于多种信仰中，把商业的根基插遍了世界各地。今天，不列颠的街角小店就是典型的古吉拉特机构；在美国，汽车旅馆几乎已经全是古吉拉特人的专利。

作为商业传承的见证，古吉拉特邦的审美中有一些阿拉伯的风味，在它的色彩、设计和服装中都有体现，尤其是在索拉什特拉地区及南部。回溯得更久远些，如果仔细端详这个种族的装饰物和特色物品的轮廓和特征，甚至还隐约可见非洲的痕迹。第一批同非洲，尤其是东非进行贸易往来并定居在那里的印度人就是古吉拉特人。一个种族需要具备适应性的文化风貌才能做到这一点。与内陆省份不同，古吉拉特人总是把眼光投向外部。他们同时也有很强的接纳能力，比方说，帕西人几乎在1400年前就逃离了今天的伊朗，在古吉拉特找到了自己安全的天堂。

不仅是同外国人的贸易和接触，还有邦内自己的城镇村庄间的商业，也影响着该邦的政治。比起印度其他任何地方，在古吉拉特的城镇里发生的任何事情都以更快的速度影响着它的村庄，反之亦然，这完全是由于在过去的这么多个世纪里，城镇和乡村蓬勃发展的商业文化孕育出了它们之间不同寻常的通讯发展。[9]

繁多道路的存在，以及由此诞生的丰富的人口流动性和高度的参与度也能证明这一点。这种相互联系和对市场的友好，使得古吉拉特邦孕育出了一种个人主义和商业精神的文化来，当然大家与此同时也共享着身份认同。随着时间的推移，人们渐渐看到，这既是一份祝福，又是一个诅咒。每当公共骚乱发生时，整个城邦都受到影响，随后又迅速修复，恢复商业生活的秩序。

孟加拉和古吉拉特形成了鲜明的对比。孟加拉的标志和秉性都可算是左翼。[10] 它也有一种不一样的个人主义，这种个人主义对政治原则的兴趣高于利益，这种情况多少也源于地理和历史的原因。在1911年之前，加尔各答一直是英国统治的帝国之都。严谨的官僚主义所衍生的爱管闲事的殖民地特质，很可能已经悄悄地渗透进了孟加拉人的性格里，帝国出现了，但又逝去了，因此他们对这种通过联盟而诞生的权威的逝去感到愤怒，恰在此时，俄罗斯人则刚刚发现了自己革命的热情。

1964年，维迪亚达尔·苏雷吉普拉萨德·奈保尔提出，"加尔各答已死"，并认为是与英属印度的分裂导致了它的"死亡"。他说："印度的复兴始于这里；印度的改革中有如此众多伟大的名字都来自孟加拉。但是，也就是在这里，这种际遇在彼此的反冲中终止了。异花授粉、杂交优育的效果并没有出现，印度的能量却腐败、变酸。"[11]奈保尔暗示说是这一切导致印度拒绝并远离了未来，说它要退回到充满荣光的过去，退回到回忆和自我认同的故土里去。

加尔各答在很多方面都让人想起巴黎：这又是一个左派的城市，充满了斗争的能量以及浪漫的自我消化，豪拉桥就是巴黎的埃菲尔铁塔，胡格利河滨就是人口稠密的玛莱区。加尔各答是印度的智者、理论家、诗人、顶尖电影人的故乡，正如巴黎的塞纳河左岸是法国艺术革新者的归宿一样。和巴黎一样，加尔各答自大、骄傲，只对自己感兴趣；它永远只追随自己的时尚，并时尚着。然而它也摧毁了自己，恰如法国。

如果纳伦德拉·莫迪出生在加尔各答会怎样？感觉自己与众不同、孤独、痴迷于阅读的他，也许在这里不会感觉自己和这个城市的灵魂相左。那么他就会更好地融入城市。年幼的纳伦德拉会不会将萨蒂亚吉特·雷伊的电影融进自己的血液里并化身为激进的电影人，抑或化身为苏尼尔·詹纳那样的摄影家（既然莫迪也是个流浪者，也许他会喜欢相机）？鉴于他那吃苦耐劳的个性，他是否真的不会追寻印度共产党的正统学说？他是否会弃维韦卡南达而爱上泰戈尔，成为泰戈尔"和平之乡"的学生，且至今依旧简单地生活在那里？又或者，考虑到孟加拉文化里向他敞开的那些元素，他是否更可能像玛玛塔·班纳吉那样，成为民粹主义政客，成为"人民之锤"？而不是像现在这样，成长为技术统治论者和现代化者。古吉拉特的成长环境毫无疑问地培养出了一个崇尚商业和自由市场的纳伦德拉·莫迪。

如果没有受到这块土地的浸染，这块诞生了圣雄甘地、萨达尔·瓦拉巴伊·帕特尔以及——对，正是穆罕默德·阿里·真纳——的土地，此时的莫迪是否还会对总理的宝座跃跃欲试？如果他的才能在其他地域得到发展，很可能他就不会成功地穿越许多邦的边界。每一个人都受到自己成长环境的塑造，同时也因它而受限。

过度地诠释这些不可估量的可能性实在是件危险的事儿。然而，对于一个很可能即将主宰超过 10 亿人民生命的人，了解他所处的文化环境对他产生的心理影响是极其重要的，因为这就是预测他将来行动的线索。

2. 在路上

俄国作家安东·契诃夫说过，所有的故事都需要一个"转折点"。纳伦德拉的早期生活为我们展示了一个聪明、充满活力、友善的男孩。他贫穷，但时刻不忘自己的使命和职责，每日都在马哈德夫寺里诵经。他总是乐于助人，有时也会生气，也会闷闷不乐地陷入沉思。

他的身体里有一种能量，有一种情绪化的东西在不断翻腾，但他的各种情绪并不是矛盾的基调：每当有一种不同寻常的性格出现，他的情绪就会显露无遗。一个复杂的性格总包含不同的部分，喜怒无常或许也可以被视为试图调和这些部分的标志性表现。那时的日子很艰难，没有电。莫迪至今还记得孩童时期的自己总是思考着"如何做事"这一问题：做家务、完成任务、玩游戏、学习，如何能做得不一样，做得更有效率。这一点使他在很小的时候就招来了旁人的议论，有时甚至是反对。

寻找童年的回忆时，他的眼睛望向了远方。"哪怕在学校的时候，"莫迪说，"我也曾质问我的老师。不是针对教学，而是针对教学的方法。我有时会说：'先生，你为什么要那样做呢？你也可以这样做。这很简单，你可以做到。你为什么不这么做呢？'有时我的老师会说：'你是个小淘气鬼，你好烦人，你这小顽童！'"

莫迪很少谈及自己的早年生活，却仍然在谈话中给我们描绘出了一个不断在传统框架外寻找答案的男孩形象。

按照他的说法，莫迪不认为自己是个杰出的学者。相反，他有自己的兴趣，而且不为其他事而转移。"那就是我的脾气。哪怕在家里，有时我的母亲正在做她那些事儿的时候，我也会问：'为什么，妈妈，你怎么这样做呢？你能不能不这样做？'我想帮她，我希望她用不同的方法做事。即使只是洗衣服，我也总是用些新技巧。人们过去常常去湖边看我。我小时候常在公用的湖边洗家人和自己的衣服。他们总是过去看我是怎么洗的。"

纳伦德拉的母亲从未把儿子在家务上体现出的浓厚兴趣错认为是他对家庭生活热爱的标志。[1] 相反地，极具洞察力的希拉本看到了儿子的创造性和对知识的渴求，她开始担心，"有一天纳伦德拉会跑开，会离开这个家、这个镇子和这个世界"。她能看到别人所不能看到的，能看出他"似乎对家庭生活不感兴趣"。自相矛盾的是，正是父母把纳伦德拉拉回家庭，让他开始尝试定居生活的举动，导致了他永远的离别。

对纳伦德拉而言，童年或多或少受到了压迫。他所需要的显然已经超出沃德讷格尔可以提供给他的范围了。他对改变和改善事物的热情以及将自己看事物的方式同这个世界连接起来的需要，又为我们的这一判断提供了额外的证据。

今天的莫迪点头对我的这个结论表示了赞同，他笑着说："创新，新理念，这基本上就是我的脾气。"谈笑间，有一股永不止步的气息洋溢开来。

年仅8岁的纳伦德拉受到了极端民族主义组织民族卫队的吸引，这份吸引力很明显并不是政治性的，不可以算是对一个特殊的意识形态的坚定的选择。纳伦德拉6岁的时候就通过熟人介绍进入了民族卫队，刚开始是为一个叫作拉斯尼克博哈尔·戴夫的议员工作，后者的办公室距离纳伦德拉父亲的车站小茶铺很近。对于孤独的、之后加入了孟买邦的古吉拉特而言，那是一段令人惴惴不安的岁月。后来，1960年5月，就在纳伦德拉10岁生日前的一两个月内，古吉拉特获得了独立。

他从戴夫那里收集了亲古吉拉特的翻领徽章，然后作为戴夫的"代理人"，把徽章分发给他的校友们。那是1956年，对于一个6岁的男孩而言，政治看起来也许既遥远又朦胧，但帮助自己的土地成为独立的城邦，应该是他能够理解的概念。"我从中获得了一种参与的感觉，"莫迪回忆说，"但是并没有深刻的政治上的理解。"[2]

又过了几年，到了夜里，在茶档完成帮助父亲的工作之后，纳伦德拉就参加当地民族卫队的青年集会。民族卫队的这个分部对于这个8岁男孩的吸引力是如此之盛，完全可以用童子军对所有男孩产生的吸引力来形容。但它是一个比童子军更大的组织，是右翼民族主义和意识形态的一部分。民族卫队这个名字的字面意思是"国家志愿者组织"。

1948年，在圣雄甘地惨遭一名民族卫队前成员纳图拉姆·戈德森刺杀之后，政府禁止了民族卫队的活动，但是由于它成功地化解了一场反对尼赫鲁的政变，又受到了赞扬。最高法院解除了民族卫队参与甘地谋杀案的控告之后，也撤销了对它的禁令，而它则将自己转变为一个正式的组织，这就是它对政府的回报。当时的内政部长萨达尔·瓦拉巴伊·帕特尔建议它远离政治，转变为一个稳定的社会文化组织。

年幼的纳伦德拉开始加入民族卫队当地分会的夜间会议，在那里他可算是最年轻的参加者之一，当时的民族卫队因为自己训练有素的部队而受到人们的尊重。正是这样的一个氛围，以及民族卫队集会中洋溢着的各种思想和辩论——绝非学校里死记硬背的学习，激励着当时的莫迪。

也正是在那时，纳伦德拉第一次遇到了之后成为他在民族卫队里的引导者和导师的人——拉克西曼拉奥·伊纳马达尔，此人因自己的律师资格为人所知，人们又尊他为"瓦基勒阁下"。伊纳马达尔引导年轻的纳伦德拉成为初级见习生，并开始教他了解如何做一名真正的志愿者。[3] 他帮助纳伦德拉在自己身上启动了后来被称为"无声的树人革命"的活动，"克己、奉献、辛苦劳作"是这项活动的基础。[4]

像他从小的偶像斯瓦米·维韦卡南达一样，我们也可以发现瓦基勒阁下对纳伦德拉的政治观点和关于人类潜能的看法产生了深远影响。"他总是教我们如何才能不断地努力发掘他人的品质和特点，从而开始着手工作，"莫迪说，"不要总是关注缺点。每一个人都可能有许多缺点，但你一定要关注他的（正面的）品质。"

13岁的纳伦德拉正要离开沃德讷格尔第一小学，到当地的中学就读，值此关头，转而就读低级军官学院的想法并不算十分古怪。常常参加民族卫队当地分会的夜晚集会，就必然会在纳伦德拉心里激发出这样的想法。但他的父亲，达摩达尔达斯，禁止了这个举动。那所学校相当远，在卡奇湾的贾姆讷格尔区，这意味着纳伦德拉必须离家寄宿在那里。当时莫迪的家里已经连一个闲置的卢比都没有了，因此这笔附加的费用，也许还有父亲意识到的可能出现的分离，都令他按下了暂停键。[5]

倘若事实真是如此，那么结果可谓足够讽刺，因为成立这些学校的初衷正是要解决印度军队里压倒性的、上层阶级垄断军官干部结构的阶级问题，给穷孩子们一个进入的机会。但对于年轻的纳伦德拉在那里可能遭受的待遇以及之后将受到的待遇，达摩达尔达斯一定会一直担心不已，这也完全可以理解。也许他只是不喜欢军队生活，又或许是不喜欢远离家庭这一情况对儿子可能产生的影响。

无论是出于什么原因，在纳伦德拉眼里，父亲的拒绝都被视为想将他留在沃德讷格尔，但这个小男孩又果断地迈开了几步。很显然，对此他也早已做过思考，但他感觉到在他的小镇的桎梏之外，还有很多很多的东西在等待着他，在召唤他。

部队里也很可能有一个值得付出的职业在等待着他。其后的两年间，巨大的重组和扩张以极其迅猛的速度开始了。训练、计划和改进后勤全都得到了最高级别的关注。事后证明，这种变化是场及时雨。

古吉拉特的甘奇人中至今保存着订童婚的习俗，但是比起今天而言，在20世纪50至60年代，这种习俗的贯彻更加彻底。纳伦德拉的父母在他3岁时已经把他"订"给了附近镇子里的一个女孩，而他自己却在许多年之后才得知此事。这个女孩的名字叫贾苏达，直到2009年才被一个小报"抢先发布"，公之于众。本来在孩子们成年之际，两家之间应该要举行一个习俗性的、标志性的正式结盟仪式——定亲，不过这种定亲与到了法定年龄的婚姻也有所不同。

这件事正好发生在父母拒绝让纳伦德拉上军校的时候。几年以后，两家的家庭成员会齐聚，举办一场仪式，此时的纳伦德拉应该有机会端详自己的未婚妻，但不一定有机会同她说话。订婚过程的最后阶段应该是贾苏达18岁的时候，新娘的成年意味着同居生活的开始。然而种种记录表明，无论当时发生了什么，在纳伦德拉完全理解了这一切之际，也是他真的下定决心离开之时。

17岁的他突然离开了沃德讷格尔小镇和自己的家，那时贾苏达年仅15岁。

正如一位观察者所说:"这是一场童婚,既没有圆房,也从未有过同居。莫迪拒绝了,走开了,他对婚姻从来就没兴趣。这是一桩无效的童婚案。"幼年离家去追寻精神知识,这既是印度教也是佛教信仰的一部分:罗摩神和佛陀的经历可以为证。

纳伦德拉离开沃德讷格尔时,贾苏达年仅15岁,还未成年。这两人的初次见面很早,但距离可以同居还需要几年。在第一次介绍性的会面之后,这应当是纳伦德拉第一次见到了自己的"新娘",而他迅速地做出了决定:这会是最后一次见面。到了贾苏达18岁生日之时,纳伦德拉已经离开很多年了,当时他正在艾哈迈达巴德为民族卫队做全职工作。然而逃婚并不是对贾苏达个人的否定,当其他父母们为倔强不听话的孩子挑选他们自己认为称心如意的伴侣时,这种事情也时有发生。

作为一名政治家,莫迪不断地回望祖国的文化和传统,相信印度可以从中汲取力量,可以在不抛弃民族自我的前提下实现现代化。与此同时,他也因民主共和国的宪法而获得了政治权利,从而观察到个人权利和高压之间的尖锐冲突——无论这高压从何而来。

17岁的他对此已经有所认识了,也许这认识不如之后那么清晰,但他情感天平的取向已表现得足够明显。他拒绝做自己不想做的事,哪怕是文化习俗或家庭给他施压都无济于事。当时的他相信,并且至今依然相信,对于违背了他的意愿而做出的结合,他有权选择退出,无论从宪法或是人权角度考虑都应如此——他也确实是这么做的。同样地,贾苏达也并不受印度宪法的束缚,非同他履行婚约不可,她完全可以让父母另外为她择一门亲,或者,她自己可以为自己做主。[6]

媒体一直试图利用这场莫迪从不谈及的"婚姻"来诋毁他,说他无论是做个政客或者做个男人都不称职。从未"再婚"、做了一辈子教师的贾苏达刚刚退休,媒体把她描绘成郁闷、孤独,然而依旧深爱着丈夫的忠实的妻子,唯一所愿就是总有一夜莫迪能回家共进晚餐。把这场景描绘得尽可能催人泪下的媒体,也正是为取消不公平的、落后的"童婚运动"摇旗呐喊的那些人,只不过在他们的第二个活动中,并没有莫迪的影子罢了。

因为童婚的事和父母闹翻了的紧张时刻,恰好也是纳伦德拉从沃德讷格尔

B.N. 中学毕业，进入当地大学的时候，不过他很快就放弃了大学生活。[7] 除了课外的辩论和戏剧表演的部分，他并不怎么喜欢学校。好奇又不安分的纳伦德拉很可能一想起多年来受过的传统教育和循规蹈矩的学习经历，就觉得大学生活同样地索然无味。不过他后来通过函授获得了古吉拉特大学政治学硕士学位。

与此同时，有一种情绪积压在他的身体里并不断膨胀，最终导致他突然做出了背井离乡的决定。他告诉家人自己决定终止学业，除了去看看喜马拉雅山之外，他还将开始远行，毫无明确目的。这消息自然震惊了全家人，他们提出了抗议，然而他们收到的已是最后通牒：莫迪去意已决，不过他很希望能得到父母的祝福。除了纳伦德拉强硬的态度以外，再也看不见其他冲突的理由，不过这发生在一个17岁的男孩身上也不足为奇，尤其这还是个从小就显露出强硬性格的男孩。

获得父母祝福的这一请求间接地表达了他对父母永恒不变的爱，但是这也可以是一种情感战术，让他能得到自己想要的东西。达摩达尔达斯和希拉本做了决定：如果他想走，就必须让他走。他的妈妈做了坎撒（吉祥的场合里常做的一种传统甜点）；他的额头上点了提拉克，标志着第三只眼，即灵眼的开放。[8]

这件事值得一提，因为正如他拒绝了婚姻一样，其中展示出后来成为政治家的莫迪所拥有的一种特性，那就是他对传统的崇敬，以及有选择地对传统的拒绝。他尊重并期待得到文化权威的认可，例如在违背父母的意愿一意孤行之前，他还是要求他们赐予仪式性的祝福。

后来的纳伦德拉最终把自己完全投入到了政界，在那里，这种张力也隐约可见，起初他进入民族卫队，后来又加入了印人党。印人党将印度文化完美化，希望能保存它，这和国大党及左派的无神论的社会主义背道而驰。那种张力是否可以转化成创造力，产出累累硕果？是否能有一种方法，通过政治的手段，利用印度的传统文化，使印度实现革新和进步？又或者，现代化和传统之间是否真的水火不相容，人们必须做出取舍，有所牺牲？

离家后的纳伦德拉最初两年的漫游标志着一个新的开始，那就是后来长达30年的流浪性的远征，到远征结束时，他真的可以宣称没有一片印度的土地未曾烙上他的足迹。在这段流浪经历中，在这个17岁男孩于1967年开始的冒险之旅中，常常可见一个很重要的特征，那就是他坚持不懈地、永不停息地行走着。即使驻扎在一个特殊的区域，他也总是在当地不同的邦、镇、村之间来回行走。永远没有固定的居所，也很少连续在任何一个地方待上超过两次，回顾自己苦行流浪的日子，他心中是有几分欢喜的。

我的生活中毫无安逸。我有一个小包裹，所有的生活都在那个包裹里。身上没有其他任何东西。30年来我就是如此，每天都在不同的人家吃饭。我从来没有固定吃过一种食物；我也从来没有主动选择过食物。今天上午我会到这户人家去，说："嗨，我要来吃饭，请给我点儿吃的。"第二天我又到另一家去，第三天再换一家。每个月我都在不同的人家吃不同的东西。

对莫迪而言，这段经历至今记忆犹新，他告诉我，是那些年的生活塑造了现在的他。他说在每个不同的夜晚，他拜访的人家无论给他什么样的食物，他都能接受，因此也就练就出一个对食物不挑剔的习惯：只要是素食，无论什么都能接受，无论什么都是美味。

17岁到19岁之间的纳伦德拉到底做了什么，去了哪里，为什么会那样，时至今日我们已经几乎无从得知。但关于他行走的一些信息片段依然可以帮助我们组合出一个大概的行程表，他蜿蜒的行迹也因此可以呈现出一个主题。今天，坐在家里的他微笑着拒绝了关于那些漫游的问题，但是我们依旧有些线索可循。首先，最重要的是，这是踏着斯瓦米·维韦卡南达的足迹而行的朝圣之旅。到他离家时，纳伦德拉已经如饥似渴地读完了斯瓦米几乎所有的文学作品，那些都是沃德讷格尔当地的瓦萨博哈尔·普立莞博士借给他的。[9]之后我们可以看出，维韦卡南达在这个年轻人身上产生的影响不仅是深厚的，更是永恒的。

纳伦德拉离家出走时，几乎身无一物。当然他肯定带了几件衣服，还有他赚到的、存起来的一些钱：有从帮助父亲的茶铺生意里赚到的，还有为当地的商人搬运食用油桶赚的。一次一两分钱，这些钱连支撑他两个礼拜的生活都不够，更不用说两年。但是年轻时体验贫穷是件好事，因为它教给我们无价的一课，即学习如何不依赖钱而生存。之后我们可以看到，这也是纳伦德拉在他那充满了不确定性的岁月里学到的最有价值的课业之一。后来，这一课的学习为他带来了回报，它磨炼了莫迪，换言之，它给莫迪打了预防针，使他能够对抗在一团乱麻的印度政治世界里工作所招致的种种诱惑。

年轻的纳伦德拉的第一站是西孟买，然后是加尔各答附近的胡格利河西岸的白鲁尔庙——那大约是在 1968 年初夏的某个时候。白鲁尔庙是维韦卡南达的罗摩克里希纳传教会的总部，也是主要的寺院。该教会成立于 19 世纪末，但这一建筑于 1935 年才落成。纳伦德拉去那里访学的时候，斯瓦米·马德哈班纳达吉·马哈拉吉是该校的校长。[10] 不幸的是，纳伦德拉发现白鲁尔庙其实是个极严厉的研究生院，斯瓦米告诉他，如果他想在那里学习，必须首先完成大学教育。

在白鲁尔庙短暂停留了大约一周后，纳伦德拉又尝试到加尔各答及其腹地居住，再之后他继续向北而去。他是否通过工作来支付生活费用，又或者依靠施舍艰难前行？答案已经消失在时空的迷雾中。忽然有一刻，他发现自己已经穿过了西里古里，到了东北方向的古瓦哈蒂，甚至更远，进到了"人迹罕至的丛林"深处。在那距离人类文明数英里远的地方，他遇到了一位隐士，又或可称其为乞丐，并与之建立了友谊。那个人"很瘦，有着似乎透明的皮肤"。[11] 纳伦德拉的旅程不慌不忙，因此他可以花费约 1 个月的时间帮这位朋友修建起苦行的花园，并且长时间地同他讨论"灵的问题"，然后才决定离开。

纳伦德拉最终到了斯瓦米·维韦卡南达建立的另一个寺院，这是喜马拉雅山麓中阿尔莫拉附近的不二道场，是一座令人愉快的平房。如果他到了加尔各答之后一路向北，然后在向西行进之前重新开辟一条道路，小心翼翼地穿过比哈尔和北方邦，进入现在的北阿坎德邦，那也是很有可能的，因为离开古吉拉特之后他已经由西部开始横穿了印度一次。

纳伦德拉的冒险是一种探索，但那一刻的他真的立志成为修道士吗？或者他只是有些迷失，不确定自己的人生将何去何从。至少在阿尔莫拉，他能更多地受到一些维韦卡南达的影响，虽然他从当地僧人们那里得到的回答和在加尔各答是一样的：你先从大学毕业，然后再来吧。

经过至少一年的徘徊，纳伦德拉最终回到了古吉拉特，到达了最后一个和斯瓦米·维韦卡南达相关的地方：拉杰果德的罗摩克里希纳传教会。[12] 那一段路程中，他穿越了德里，之后往南又穿过拉贾斯坦南。他想到新的地方去，不重复自己的脚步。他绕过喜马拉雅山到了西北部的喜马偕尔邦,然后到了联邦属地,他至今对联邦属地仍情有独钟,并在20年之后作为印人党秘书长得到了该属地的选票。此时不满19岁的纳伦德拉还沉浸在自己对印度的发现之旅中。许多想法都是在那个很容易受到外界影响的年龄段里形成的,他承认那些想法至今还在他的心中。但是今天的他更倾向于谈论未来,谈论他对印度治理、发展和经济改革的愿景。

仿佛在一个神秘的寓言故事里扮演了自己的角色似的,纳伦德拉在拉杰果德的修道院经历了第三次劝退,那里的人也认为他并不适合僧侣生活。斯瓦米·阿特马萨南达吉·马哈拉吉于1966年到达那里,并且至今还在那里,他是最后一个告诉纳伦德拉,说他应该放弃成为罗摩克里希纳之僧,说他根本不适合成为僧侣的人。这一点确凿无误,当莫迪于2013年回到加尔各答的白鲁尔庙与那里的斯瓦米会见时,也承认事实就是如此。其实莫迪在此之前就已经为斯瓦米当年的英明指点表达过感激。[13]

1969年的那些僧人真可谓十分精明,他们在年轻的纳伦德拉身上看到了他自己所不能辨识的东西:无论他追寻的是什么,都不可能在苦行僧的生活中找到最好的答案。斯瓦米·阿特马萨南达吉向他指出:他的使命在别处,他应该到别处去寻找。从那时起,纳伦德拉便改变了自己的航线。塑造莫迪的工作由此悄然拉开了序幕。

对于纳伦德拉而言,这两年令他精神振奋,绝不安逸,他既孤独,也热爱社交——他的感情外露,热情地迎接那种一个人在年迈时一定会避免,但年轻时却能为之敞开胸怀的艰苦磨炼。但这两年绝非徒劳,因为它们为他确定了精神层面的航向。他重新整理思路,获得了自我认知,并最终移除了对未来的一切疑虑。

纳伦德拉对维韦卡南达的献身精神是真诚的,这完全符合他的个性。从僧侣式的生活中转身离开,也完全不意味着要彻底摒弃斯瓦米对他的教导。斯瓦米自己是个快乐的、世俗的人,他在美国的上流社会里舒适地生活着,但同时也是一名精神哲学家。莫迪坚定地认为自己性格的核心永远是"创新、新思想",认为这在某种程度上是维韦卡南达带给印度文化,同时也带给西方文化的回声。

19世纪末是这样的一段时期:刚刚从正统的、空洞的仪式中释放出来的宗教正在寻找新的方法，以使自己能够为社会所用。维韦卡南达说："捧着奢华的菜碟，闲散地坐着，嘴里念着'罗摩克里希纳，主啊！'是绝不可能带来任何好处的，除非你能实实在在地为穷人做点儿什么。"总而言之，只有行动才有价值。

1969年年底或1970年年初的某天，在毫无预先通知的情况下，纳伦德拉突然又重新出现在沃德讷格尔的家门前。他已经离家两年，毫无音讯——对母亲而言，这是怎样的折磨啊！她想念他，为他揪心不已。她说自己简直就要为此发狂。儿子的外形现在看来有了些改变：硬朗、瘦、饱经风霜，还蓄了胡子。他回来了，已经是个男子汉了！纳伦德拉站在家门口，独立又冷静，与歇斯底里地尖叫出声的妹妹截然不同；妹妹的叫声引来了母亲，她从阴暗的室内厨房赶到前厅，前厅正对着门口的车道。她崩溃了，就像任何一个母亲面对晚归的十几岁的孩子那样，用几乎不成音调的声音质问他："你这都是上哪儿去了？"

"喜马拉雅山。"纳伦德拉简洁地回答。1967年他离开的时候，正是去了喜马拉雅山，因此严格说来他并没有撒谎。母亲急于要为爱子准备丰富的回家宴席，但他拒绝了，坚持吃简单的午餐，只要了煎饼和蔬菜。然后，像其他少年一样，他又出门了。他的父亲达摩达尔达斯正在外面工作，不在家。而他去寻找的却也并不是自己的父亲。他直接走向了民族卫队的当地分会，试图找到他最初的导师瓦基勒阁下。瓦基勒阁下又再次将他收入麾下，但此刻的纳伦德拉已不再是个男孩，而是一个男人了。

他的身影刚刚消失在镇子里，希拉本就做了任何一位母亲都会做的事：她开始翻他随身携带的小包，里面都是他的东西。然而那里面其实又"空无一物"，只有换洗的一身衣服、一条短裤和一条披肩（为了抵御山间夜里的寒冷）。还有就是她的照片，连她自己都不知道他是从哪儿拿到的，纳伦德拉却一直贴身携带着。[14]

纳伦德拉和家人共度了一夜，第二天又出发了。两年不在家的他仅仅和家人共度了区区24个小时。这该作何解释呢？实际上他在此后的二十几年内再也没有回过沃德讷格尔，哪怕时至今日他和兄弟们也几乎不保持任何联系。他们中有一个在车床厂里打工，但后来就从人们的视线中消失了；另一个现在在古吉拉特邦政府的信息部门工作，这意味着纳伦德拉是他的老板，但他们极少见面，并且从未为了工作而见面；还有一个兄弟现在是艾哈迈达巴德当地商会的领袖，这个商会在过去还曾经与莫迪的管理有过交锋。

94岁高龄的希拉本目前同女儿一起生活,能够让莫迪持之以恒地关心的似乎只有母亲,他对她表现出了实实在在的爱的投入。至于其他的家庭成员,虽然他和他们之间的关系基本还算稳定,往日的回忆也总是美好的,但极少有迹象表明他与他们有任何的亲密来往。当莫迪同媒体开玩笑,说人们可以完全信任他,他绝不腐败,因为他身后并没有一个家族的王朝依赖于他时,他说的是真话。

当儿子遭到指责、当人们说莫迪给大家留下的是家庭不和的印象的时候,任何一位母亲自然都会这样挺身而出,保护自己的儿子:"对他而言,爱国胜过生命中的一切。"2002年,记者问希拉本,为什么古吉拉特邦的新任首席部长不给母亲钱花,她就是这么说的。她说:"有一次他在路上发现了一枚一卢比的硬币。我告诉他,你可以拿去花掉。但他并没有这么做,反而把钱拿给了我们村里一个穷人的女儿,他说她需要买书和笔的钱。"为了讲述儿子的秘密,她就这样在记忆里搜出了40年前的一枚硬币。为了突出纳伦德拉的优良品质,她又增加了一句前后似乎并不连贯的话:"无论在什么天气里,温度如何,他总是用冷水沐浴。"[15]

媒体的报道对莫迪的冷漠无情的描写真是不吝笔墨。但是既然我比其他所有的当代记者或作家与他待在一起的时间都更多,我可以颇为确定地说:他可谓冷静,但绝不冷漠。他身上有一种沉静的气质,这和他在公众场合表现出的激烈的人格并不一致。他承认说:"当然,实际上,人们一度常说我是个孤独的人。"但他强调了过去时态。人们曾问及他是否拥有这样一个亲密无间的朋友,在遇到个人问题时可以立即前去拜访,莫迪的回答却几乎是机械式的,丝毫不带入任何感情,这态度不免令人好奇。他答道:"这种情况在我的生活中还从未出现过。但我在民族卫队工作的时候,那里曾有一位绅士——我的导师拉克西曼拉奥·伊纳马达尔。那时候,每当我遇到任何问题时,我都会找他讨论。现在在我自己的思维里已经具备了能够自动导向的解决问题的系统了。"

他的体内有一种巨大的能量被抑制住了,但私下看来,那也是一种淡泊。正是这种淡泊令他能够承受并抵制自2002年之后就几乎再也没有停止过的源源不断的攻击。

完成了流浪的他马不停蹄地又踏上了"使命"之路，这条路即将消耗他的能量。当年那种驱使他穿过印度、寻找维韦卡南达和罗摩克里希纳修道院之家的内心躁动，现在也正驱使着他去寻找另一个居所。回到沃德讷格尔和家人身边的举动只不过向他证明，他再也无法回到过去。将满20岁的纳伦德拉如今已经是另一个人，他的家人简直已经不认识这个人了，更为严重的是，他们"失去"了他。

演绎历史的第一要素是年表，深思熟虑过后，我们似乎可以发现，在那个大家彼此关系密切的传统的甘奇社会里，在20世纪中叶的沃德讷格尔，抛弃一场婚约很可能就是决裂的开始。然而在那之前，父亲和儿子之间的关系究竟如何、是否健康，这却不得而知。在纳伦德拉的心里，对于父亲做出的反对他去军校读书的决定，是否还怀有一些挥之不去的怨恨？这种不满情绪是否和对贾苏达的不满融合在了一起？更重要的是，纳伦德拉对民族卫队越发投入，他与瓦基勒阁下的友谊也日益密切，这些是否都成了父子间摩擦产生的附加根源？

莫迪至今清楚地记得，曾有一年，因为他错过了排灯节的庆祝活动，父母大失所望。这段回忆极其重要，甚至可以说是标志性的。因为正是在那一天，瓦基勒阁下正式将纳伦德拉领进了民族卫队组织，并且陪他重复入队誓言。[16] 达摩达尔达斯当时可能只是把儿子的选择当作一个小小的背叛或反抗，但在纳伦德拉开始长达两年的流浪之前，他在民族卫队分会逗留的时间也越来越长，那么父亲心中被拒绝的感觉应该也会激化，并最终激化到父子关系异常紧张的程度。

父亲们总是不可避免地看着儿子们长大，悄悄地离开自己，逃离父亲的影响，有时强烈的父爱会使他们憎恨这一切。当另一个代替父亲的角色出现时，情况自然更是如此，而这个角色的扮演者居然还是在当地享有盛誉的瓦基勒阁下，此时这种伤害会非常显著，当父亲感觉自己不再被需要，那么情感上的缺失就特别强烈。当然，儿子在新方向上取得的成就通常也可以带来美好的结果。只是长期的疏离往往难免孕育出悲剧，尤其是当死亡也来横加干预的时候。

纳伦德拉的童年，以及他离家之后在这个国家多姿多彩的风景中的深度浸淫，塑造了成年的莫迪对印度的憧憬中极重要的一部分，他认为这个国家幅员之辽阔与历史之悠久交织在了一起，它们可以给印度带来未来。到了1970年，经历了漫长和曲折的两年多时光，他不断地和思维中的问题角逐，并最终下定了决心：他要将自己的灵魂托付到实用的事业中去。

然而在每一段新的航程开始之前，他总是先让自己在印度广博的传统和智慧中尽情地遨游，这种方式令我们得以预见到他未来的政治智慧。"若要向前迈进，克服障碍，那么必先后退一步，这极其重要"，这是他今天执政口号的一部分。正是在那时，当慕道的纳伦德拉屡屡被僧侣院拒之门外时，他迅速地养成了同时向两个方向看问题的习惯。

他走下了神秘和苦行的路径，开始了献身于政治的职业生涯。纳伦德拉又一次拜别家人，他来到艾哈迈达巴德，和在当地有业务的一位叔叔一起工作，共同生活。在那里，他更加彻底地投身于民族卫队组织。

3. 政治觉醒

初抵艾哈迈达巴德的 19 岁的纳伦德拉身无分文，也没有工作，那时候甘地讷格尔正谋划着要把古吉拉特首府的名头从该市抢走。他唯一能确定的就是：他要到民族卫队去，献身于政治工作。

特别值得一提的是，当纳伦德拉到达该地时，国大党统治下的这个城市恰好也刚刚从可怕的 1969 年公共骚乱中解脱出来，并开始渐渐恢复。当时的骚乱导致 600~2000 人死亡。[1] 特别突兀的是，在遥远的耶路撒冷，有一座阿克萨清真寺遭到了袭击，并以此为起点，点燃了整个事件的导火索。穆斯林同以色列人相互指责，然而人们后来得知，纵火者其实是一位澳大利亚的游客。

由于古吉拉特的广大穆斯林们早已为了此事蠢蠢欲动，艾哈迈达巴德市里动荡的局势几乎一触即发。在这之前，在那一年早些时候，有个印度教的警察侮辱了《古兰经》，这也是动乱发生的部分原因。穆斯林人群包围了警察局，这位警察被迫通过高音喇叭公开道歉。[2] 然而，9 月 18 日，穆斯林们在艾哈迈达巴德的贾格纳神庙里召开了庆祝活动，这才是骚乱的直接导火索。一家粗心大意的媒体无心刺激了这次庆祝活动的开始，因为此前穆斯林们引起了些无关痛痒的小冲突，也曾草草道歉，可这家媒体竟然忘了把道歉公开刊登出来。

重要的一点是，雷迪委员会在关于这次骚乱的报告中，证明民族卫队和印度人民同盟（即印度人民党的前身）对动乱并不负有罪责，它甚至代表所有社区里流离失所的 5 万民众对民族卫队在骚乱后提供的救援工作表示了赞扬。[3]

20 世纪 70 年代的印度即将进入一个动荡、剧变、革新的时代。这始于孟加拉领地上的印巴战争，更有内部骚乱紧随其后，国家陷入了政治独裁的境地，深受英迪拉·甘地发动的"紧急状态"的压迫。这个国家将接受来自一个政党的囚禁，而正是这个政党把他们从英国人的枷锁中解放了出来。1977 年，莫拉尔吉·德赛的人民党赢得大选，打破了国大党对印度窒息式的统治。但选民对国大党的排斥只是暂时的，到这一个 10 年结束的时候，国大党又再次问鼎。此时的纳伦德拉也完成了另一个转变，这一次他从——用他自己的话说——"幕后"，成长为经验丰富的政治操作者。

他的叔叔巴布哈持有国家运输办公室附近一家简陋餐厅的专营权，1970 年，他给了纳伦德拉一份工作，这样莫迪就可以挣钱养活自己并继续和他住在一起。在接下来的一年左右时间里，莫迪给别人奉上了更多的茶，但这只是他达到目的的一种手段。纳伦德拉又在附近的民族卫队总部海德盖瓦府同他的瓦基勒阁下取得了联系。在总部的日常运作里，他把自己变得越发有用，他把越来越多的空闲时间也都花在了那里。同时他也给自己的老师留下了深刻的印象，以至于在古吉拉特民族卫队核心中坚持工作了 20 余年的瓦基勒阁下，民族卫队的发展之父，逐渐开始在这个来自沃德讷格尔的年轻人身上看出了一个门生的轮廓。

最终，纳伦德拉在民族卫队组织里获得了"宣传员"的正式职位，走到这一步，他大约花了 18 个月的时间。这是体系内的阶梯里最低的一层，但他总算正式进入其中了。此前，孟加拉和巴基斯坦之间爆发了战争，而战争期间发生的一件事，很有可能促使瓦基勒阁下下定了"收养"纳伦德拉的决心。

正是在这场最终导致了短暂和急剧的战争的浩劫中，纳伦德拉把自己送进了监狱，由此我们应该可以看出他当时政治思想的取向。印度政府太过紧张，这是一个大问题。人民已经有所察觉：政府即将宣布全国进入对外"紧急状态"，这将是国家独立以来的第二次。第一次发生在 1962 年中印边境大规模武装冲突的时候，接着又有同巴基斯坦的 1965 年之战紧随其后发生，政府最终于 1968 年宣布解除危机。1971 年印巴战争时期，国大党又启动了第二轮战时"紧急状态"，正是在这般焦灼的气氛中，纳伦德拉终于做出了非同寻常的举动。

那时民族卫队正在为声援孟加拉团结独立运动而进行静坐示威活动,采取的是圣雄甘地提倡的"非暴力不合作"的抗议策略。[4] 那时的纳伦德拉同民族卫队之间只存在非正式的关系,但据他说,自己当时也到德里参加过一个这样的抗议活动。[5] 当国家处在战争的边缘,当印度的安全"受到外来的威胁",选择这个时机表示对政府的对抗,无疑会被等同于煽动作乱。

抗议者要求民族卫队的工作人员也能取得参军的权利。"然而政府不仅没有把我们送上前线,反而逮捕我们,把我们送进了提哈尔监狱!"莫迪回忆道。[6] 这次入狱时间很短,纳伦德拉很快获释,这说明当局只不过是在"清扫街道"。战争结束后,到了1972年年初,瓦基勒阁下立即开始插手安排工作,纳伦德拉终于正式地被纳入民族卫队的羽翼之下。

民族卫队的新家异常简单,但却是纳伦德拉有生以来住过的最宏伟的房子。他和另外十几个年轻的新成员同住在一起,由此开始了他漫长的学徒生涯。正是这段学徒生涯为莫迪卓越的组织能力打下了扎实的基础。

"我的日常工作就是这样,"莫迪说,"清晨5点取牛奶,叫醒大家,参加晨祷,沏茶、奉茶给大家。之后清理器具,到分部去,再回来为大家准备点心。然后我从上午8点半到9点给大家送上早餐,再之后我得打扫整座房子,一座房子里有八九间房间。我把每个地方都清扫一遍,再拖一遍地,然后洗瓦基勒阁下和我自己的衣服……到了吃午饭的时候,我通常轮流到一些志愿者家里吃饭。返回到海德盖瓦府之后我又开始工作,然后再为大家沏茶、奉茶。大概有一年时间,这就是我每天的生活规律,也是在那段时间里,我遇到了很多人。"[7]

瓦基勒阁下是个精明的人。他首先确保纳伦德拉能够透彻地理解民族卫队,就像虫子的眼睛能看到细小的谷粒那样,而且他还命令莫迪完成了曾被自己忽视的教育,他送莫迪学习历史,甚至让他额外学习之前在学校里拒绝接受的梵文课程。纳伦德拉在那难得的、能从洗衣做饭的工作里挤出来的片刻时间中,居然真的完成了德里大学的全套校外课程,取得了政治学学位。[8]

虽然他未能如愿进入罗摩克里希纳修道院,但是在现在的这些日常琐事、各种要求和纪律中,作为民族卫队里一个谦卑的见习生的生活,完全可以与修道院那种苦行的生活相媲美。尽管他很快就因为那些条条框框的约束而感到不耐烦,但当时的他为自己能够加入组织而感到十分高兴,同时他还拥有了乐于进取的精神。

他回忆说："如果我负责擦车，我一定会保证把车擦得一尘不染、干净漂亮，这样哪怕是我的上司都会觉得：'那是个好孩子，得教他开车，他会是个很好的司机。'然后我就成了司机。所以基本上，无论人们给我什么任务，那时候的我都会全身心地投入其中。我从来不回忆过去，我也从来不憧憬未来。"

渐渐地，他的责任和义务都有所增加。"然后呢，慢慢地，我就开始负责阅读邮件，再然后便由我来起草邮件的回复。我的工作一直这样缓慢地增加着。"[9]

在1971年3月举行的第五次全民大选中，英迪拉·甘地作为基础国大党（"R国大党"）的领导人参选。这个党派从K.卡马拉季领导的保守的"老"组织国大党（"O国大党"）中分裂而来，后者很快消逝，最终被纳入人民党。

英迪拉大获全胜，在518席中共赢得了352席选票。在第二年的古吉拉特邦议会选举中，该党又故技重施，然而孟加拉地区的胜利带来的战后的乐观情绪很快就消散得无影无踪。英迪拉在大选时打出了"消除贫穷"的民粹主义口号，但她许给穷人的宏伟诺言很快落空了。在中央政府统一规划和"许可证制度"的年代里，商人遭到怀疑，理性的经济选择和自由市场成了濒危物种。这一场经济季风与英迪拉坚守的中央集权经济模式很快就于1972年溃不成军，并最终导致了1973年夏季的农业危机。因为物资极其匮乏，食品的价格飞涨，由此引发了古吉拉特两次动乱中的第一次，而正是这次动乱最终引发了1975年内部紧急状态的开始。

1974年1月，由学生引导的、席卷全古吉拉特的总罢工演变成为艾哈迈达巴德一场持续两天的动乱，当时的首席部长齐曼海·帕特尔也于次月被迫辞职，由此开启了后来被称为"重建运动"的时期，旨在将国大党赶出古吉拉特邦。

再之后就是连续数月反抗政府腐败和高压政策的抗议活动，人民群情激愤，最终导致8000人被捕，100多人死亡，而这些伤亡大部分都诞生在警方手中。"重建运动"是一场极受欢迎的运动，起初它和民族卫队毫无关系：它的支持者是家庭主妇、学者、医生、律师及工人阶级。

每个人都自发地涌上街头。整个1974年，重新进行议会选举的呼声一日盛似一日，越来越多的立法议会成员为了表示声援和同情而辞职。

与此同时，在东部的比哈尔邦又开始了第二次群众运动，由贾亚普拉卡什·纳拉扬（简称JP）带领。他成了抗议的学生们的希望，他们大声呼吁着（和平的）"全面革命"。古吉拉特邦发生了这一系列事件后，英迪拉·甘地这才忧心忡忡，严阵以待。一时间，由于特权及腐败的乱象，人民义愤填膺，要求政府进行激进变革的人民运动很快便突破了邦与邦之间的界限，渐渐显露出演变为全国性现象的威胁来。政府对那些抱怨经济政策失败的公民进行了暴力反击。纳拉扬访问孟加拉地区时，在加尔各答遭到了国大党人的袭击，他们居然在他的汽车顶上跳舞！[10]

同时，还有一个新的状况正在渐渐渗透司法系统，这恰恰是导致紧急状况发生的最具决定性的因素。在1971年大选的巴雷利选区中败给了英迪拉·甘地的瑞吉·那正式对她提起了抗议，指责其选举舞弊。原因是英迪拉启用了自己手下一名工作范围在德里的公务员来管理竞选活动，而这是受到严令禁止的。1975年6月12日，古吉拉特邦重新选举，通过投票诞生了反对党联盟，将国大党赶出了政府。就在那一天，阿拉哈巴德高等法院宣布英迪拉1971年的议会选举无效，并在6年内禁止她担任任何公职。

英迪拉·甘地对此表示了抗议，1975年6月25日夜间，她宣布全国进入"国内紧急状态"。一夜之间，针对她的政治对手而进行的大规模、全国性的拘捕开始了，对象中甚至包括国大党内的不同政见持有者。这些逮捕行动全披着"总统法令"的法衣，而总统法令以及对宪法做出的修改，不久后就在独裁决断之下摇身一变成了法律。在对宪法的修改中有这么一条：宣布印度成为共产主义的世俗国家。其实印度的开国元勋之一——巴巴萨海布·阿姆倍伽尔博士早在1950年就对这一点表明了他的态度：这完全是多此一举。

在民族卫队当时的政治助手印度人民同盟中，拉尔·克里希纳·阿德瓦尼和阿塔尔·比哈里·瓦杰帕伊赫赫有名。6月26日，他们在班加罗尔出席会议，却忽然被迅速逮捕，并送入了该市的中央监狱。如许多其他刚刚被拘留的人一样，他们简直不敢相信究竟发生了什么。印度毕竟是一个民主国家，拥有自己的宪法，它保证并代表了公民的权利和言论自由。宪法怎么可能在一个人的一念之间就被废除，仅仅因为她本人坚定地认为国家受到了来自"敌对"势力的威胁，而这所谓的"敌对"势力，其实正是自己的人民呢？起初，就像英迪拉不言而喻、狂妄自负的皇家宣言"朕即国家"一样，政变显得那么不可思议。但是当它悄然而至时，那些之前选择了在政治上与她对抗的人，若非在狱中，便是在藏匿。

6月25日晚，新闻审查制度开始有所动作。德里各家报社的电源供应被切断。但由于有一两家报社并不坐落在大部分报业集团所在的巴哈杜尔·沙·扎法尔大道上，它们得以避开黑暗，继续发行第二天的报纸。[11]然而，与其他报社一样，它们很快也被勒令接受直接审查，政府基本上只允许它们刊发当红电影明星活动报道的文章，或者是桑贾伊·甘地的演讲。几乎所有的外国记者都被噤声，只有苏联人是例外。印度迅速进入了半警力戒备状态。最糟糕的是，德里的那些阶层中还有不少人喋喋不休地叫嚣着要进行新闻审查，仅仅是为了让自己颜面上过得去。[12]帕特里克·法兰奇在他的《印度：一个肖像》一书中这样写道："看来，印度即将进入一种新的统治状态——独裁。"[13]

到目前为止，古吉拉特邦的民族卫队同"重建运动"已然交织在一起，他们建立起一个庞大的网络，其中包括宣传干事、支持者和活动家，由于刚刚举行了邦内大选，这些人的斗志依旧十分昂扬。巴布哈尔·帕特尔领导的古吉拉特新人民阵线政府和泰米尔纳德邦，是印度仅存的两个几乎能够抵制英迪拉·甘地的紧急状态命令的大邦。正因如此，古吉拉特化身为一块磁石，吸引着来自国内其他地区的印度民主人士，变成了类似法国维希政权时期的战时防御点的一个地方。在紧急状态下，民族卫队采取的第一个行动就是建立起与对抗活动相配合的委员会——古吉拉特人民自救会（GLSS）。

距离莫迪移居到海德盖瓦府已有3年，关于这个组织里的每一个系统，小到最细致的齿轮，大到最沉重的杠杆，他都用心记忆、认真学习。很快，每当有事要做，人们就会找他寻求指导，这个迅速的变化着实叫人惊喜。莫迪陪护并协助游客，负责通信，最终开始管理起组织办事处、交通以及党内集会这些事宜。[14]似乎没有什么任务的难度超出了他的能力之外，也没有什么民族卫队内的工作程式、步骤是他所不熟悉，或觉得太过平凡而不愿做的。有人称他为工作狂，而他确实也稳扎稳打地使得自己变成了组织里不可或缺的人物。

当瓦基勒阁下担任主席的古吉拉特人民自救会于7月初首次召开大会时，莫迪取得的成就终于为人所知，他忽然被主席任命为秘书长。[15]事实证明，这次任命是个重要转折点，它给莫迪的职业和性格带来了严峻的双重考验。他在紧急状态时期所做的那些秘密地下工作已经预示了在民族卫队中升职的开始。这时年仅25岁的莫迪已经了解了一切活动运作的方式，他认识所有人，善于交际，受人信任，正因如此，瓦基勒阁下锁定了他。常常也有人谈及莫迪时说他自大、粗暴、孤傲，但有证据表明，哪怕这些都是真的，他所拥有的其他优良品质也远远超出了被谈论的这些特点，否则莫迪绝不可能在如此年轻的时候就被委以重任。

紧急状态颁布后不出几日，英迪拉就已经警惕地意识到古吉拉特可能给自己带来多么沉重的麻烦，这主要归功于民族卫队的激进行动。于是组织遭遇了与1948年相同的命运，再次收到禁令。国大党甚至宣称他们在民族卫队艾哈迈达巴德的办公室里发现了武器，妄图以此诋毁它。[16] 大部分官方代表迅速地被警察逮捕入狱。在官方眼中，当时的莫迪还只是海德盖瓦府里的低级工作人员，因此他的行动相对自由，但由于他秘密的新身份，他也依旧处在危险之中。

"在当时群情激愤的环境中，我也很活跃，"他说，"我与青年领袖、学生领导的接触非常密切。虽然我在幕后，但我和他们实在交往甚密。"古吉拉特人民自救会召开并制订了一套行动计划之后不久，警察立即发现了民族卫队的凯沙夫拉奥·德希穆克，并逮捕了他，而莫迪本应该要同此人协同工作的。他意识到，危险即将逼近另一位民族卫队领袖那萨拉·扎格达，于是他飞快地跳上一辆摩托车，找到此人并将其接走，护送到一户安全的人家去——那是莫迪迅速组织起来的许多秘密避难所中的一处。

终于，考验他管理天赋的时刻到了。"这对民主造成了威胁，"莫迪说，"我在地下活动，警察四处搜查，要逮捕我。但是我还想见更多的人，我想要让他们相信，民主正期待着我们的拯救。"

他着手编写了可靠的、能够完成秘密任务的联络人列表，然后利用大家所认识的更大的支持者和民主人士的圈子，为需要藏身的活动者安排住宿。同时他也开始筹集资金，以支付政治避难者和积极活动分子的生活费用，并亲自安排资金的拨付。莫迪飞快地计算道："我们需要至少10个不惧艰难后果的家庭来支持一名全职的地下工作者。"[17] 幸运的是，许多古吉拉特人自发自愿地加入其中。很快，"国家的敌人"，即英迪拉的保安部队正在艾哈迈达巴德和其他地方苦苦搜索的这些人，悄然隐入了安全的千家万户中。

正如关于他童年流传有许多虚构的、将他的行动和人物形象烘托得金光灿灿的故事一般，自从紧急状态发生之后，又流传了一系列类似的故事。尽管这些逸事大概也并不全然可靠，但莫迪在那段时间里谱写了许多伟大的事迹，其中一大部分都需要他冒着生命危险来完成，哪怕是反对他的最毒辣的批评者对此也不得不表示承认。举两个例子：恰央克·梅塔说，在德希穆克被捕之后，人们意识到那些他随身携带的文件还在他身上。这些文件中包含有古吉拉特人民自救会未来的行动计划，把它们取回来至关重要。值此紧要关头，莫迪在一名来自马尼纳加的女性志愿者的帮助下计划了一次行动，意图引开敌人。他们匆忙赶到关押德希穆克的警局。那名女性装扮成一名要同被关押的人见面的亲戚，而莫迪则神不知鬼不觉地就在警察的眼皮子底下拿回了文件。[18]

另一则故事说，当禅蒂卡达斯·纳纳吉·德希穆克惨遭逮捕时，他还随身携带着那些同情支持者，也许还有关于安全据点信息的小册子。于是莫迪不得不一点儿一点儿地解散了整个地下工作网络，并迅速地重新开始组织起新的可靠的工作网络。[19]

还有一则虚构故事说莫迪在包纳加尔"冲入监狱"，同记者毗湿奴·潘迪亚和沙克森·瓦格海拉进行了会谈（讽刺的是，后者此刻正在古吉拉特带领国大党反对莫迪，并发誓与他不共戴天）。为了完成这次无所畏惧的行动，他又给自己做了伪装，依旧是利用一位女性活动者——"一位常常探监的女性"——来减轻敌人的怀疑。[20] 但莫迪和瓦格海拉本人都没有确认过这段插曲的真实性。[21]

当然还有一些故事是确定无疑的，比方说，在紧急状态期间，莫迪设法通过印刷秘密出版物将当时的情况传递给外界。当时英联邦首脑会议正在德里召开，他通过开往德里的火车悄悄地及时输送了秘密材料。当当地民族卫队成员将诸如题为《印度出版界受到压制》《英迪拉谎言的真相》和《当我们不得不反抗法律》之类的小册子传递给来自国外的政治家时，紧急状态的真相才开始渐渐为国际媒体所知。莫迪协调地下印刷宣传工作，负责将材料想方设法输送给身处国外的印度人，这才得以将印度国内的镇压和抵抗的情况传达给外界。这些秘密宣传材料起到了至关重要的作用，它们最终迫使英迪拉宣布重新举行选举。[22]

莫迪同时还负责安排把那些尚未被捕的英迪拉的政敌安全护送到古吉拉特的工作。他在这个过程中结识了社会主义者、工会领袖乔治·费尔南德斯。费尔南德斯的兄弟当时刚刚被当权者投入监狱，饱受折磨。[23] 在行动中，莫迪被迫四处行走，通常随身都携带着那些能随时将他送入监狱的小宣传册。为了将危险最小化，他化身为伪装大师，不得不时刻注意自己的外形。

在这一次行动中，他也许是位身披袈裟的托钵僧，在下一个行动里，又成了包着头巾的锡克教徒。有一回他坐在火车车厢里，藏匿在浓密的黑胡子下，而他当时的小学教师就坐在他的身旁，坐在已经成年了的"顽童"身边。伪装是完美的，不过数年之后，那位教师证实说纳伦德拉在下车以后向他做了自我介绍，还恭敬地向他行了礼。[24]

紧急状态时期不仅让莫迪证明了自己的勇气，更重要的是，它在莫迪身上锻造出了一个变化，还令他拓宽并确认了自己的政治信仰。"在这段时间里，我得以与其他许多党派合作，"莫迪告诉我，"我很幸运，可以与甘地主义者一起工作。我很幸运，能够与社会主义领袖一同共事。我认识了这么多不同的人。那段时期很好地塑造了我。正因如此，我当时发现的民主的价值，它们成了我身体基因的一部分。对，那就是我所有经历中最棒的经历之一。我觉醒了；我理解了宪法，我理解了权利，因为之前的我生活在另外一个世界里。紧急状态成了我的大学。"

同情英迪拉·甘地的支持者倾向于为她辩护，他们说她实施严厉的紧急状态，将对手送入监狱，派亲生儿子将穷人从街上拉走，强迫他们绝育，这些都并非出自她的本心，其实她的内心并不独裁。相反地，他们声称她真诚地关心着这个国家，说这些是她表达情感的独特方式。然而更有可能的事实则是，在宣布紧急状态结束时，她心里装着的只有她本人，而不是印度。她意识到自己暴君的名声在国际上越来越显著，人们说她是一个伟大民主领袖的女儿，但是却亲手毁掉了父亲遗留的宝藏。正如记者塔维琳·辛格指出的，结束紧急状态的压力其实正是来自于英迪拉·甘地自己，因为对于"西方媒体开始将她称为独裁者"这件事，她感到难以忍受。[25]

既然对手入狱了，士气低落，一片混乱，疲惫不堪，那么竞选时他们必然无力运作，她就可能赢得新的大选，这样精明的计算肯定也是有的。只不过选民们证实了她的想法的错误，此结果实在值得赞扬。人民院选举被推迟至1977年3月举行，比宣布开始的时间晚了两个月，这次选举见证了人民同盟领导下的非正式联盟的胜利，他们在议会345个席位中赢得了189席。

在印度独立后的历史篇章里，国大党第一次被击败。莫拉尔吉·德赛当选总理，A.B. 瓦杰帕伊任外交部部长。然而，迥异的意识形态间的这一场联盟，不足3年即土崩瓦解了。

与这场紧急状态相关的最匪夷所思的一则事实是，印度看似几乎立即就忘了它曾经出现过。今天印度人口中的大部分都诞生于1977年以后，对他们而言，那一段黑暗的独裁时期一定是恍若封建皇权统治的岁月一般遥远了。

为了力证自己的记忆究竟能够短暂到什么程度，哪怕一切才刚刚过去，就在1980年1月，英迪拉·甘地又再度以多数席位当选。

紧急状态孕育了两个重要结果。其一，民族卫队打破了它固有的边缘化、怪异、狭窄的生存框架，作为民主的捍卫者，光彩照人地出现在人民面前，声誉得到大幅提升。[26] 拜英迪拉的独裁所赐，原来有许多普通平民对民族卫队，以及与它相关的联合家庭组织的任何成员的身份都绝不会表示赞同，但此时的他们却发现其中大多数工作者都只是勤恳的爱国者而已，完全不同于政府宣传的描绘：是谋杀了圣雄甘地的狂热的暴徒。在印度独立后的社会主义思想主导的历史中，右翼意识形态的观点第一次在主流政治的辩论席上占据了一"趾"之地。

其二，政治形态上不容乐观的斯德哥尔摩综合征诞生了。这是一种心理状态，即人质渐渐对俘虏了自己的人产生同情，甚至会为之辩护。媒体的病征尤为明显，它们跪拜在英迪拉的政权面前——当然其中也不乏少数令人可亲可敬的例外。一位资深新闻工作者——当时仍是一位年轻记者——目睹了紧急状态的全过程，对期间的各种罪行具有相当的了解，他写出了这样的结论："在紧急状态期间，印度的政治文化永远地改变了。由于总理挥舞着绝对的权威之杖，奴颜婢膝和谄媚逢迎的氛围开始围绕在她和她的家族周围。"[27]

紧急状态在印度政治与社会中心树立起一个伪皇家王朝的形象。中央集权官僚极力煽风点火，它简直化身为封建皇权，蓄势待发，要将全国都纳入王朝的政治掌握之下。因此，一种反常的现象——为了自身利益，自由派和进步人士与特权精英阶层缔结了联盟——即将拉开序幕。

1980年年初,年近三十的纳伦德拉·莫迪还需经过7年的等待才将正式加入印度人民党,并由此开始他的政治旅程。但此时此刻,印度人民党自身还尚未诞生。印人党诞生于1980年年底,那是英迪拉·甘地最后一个总理任期的第一年。

第二部分 登高

4. 摸索

莫迪的生活即将迎来变化和拓展。紧急状态过后，他的地位更加显著。在那些地下抵抗活动中，他那不遗余力的工作投入给同事们留下了深刻的印象，而现在，收获嘉奖的时刻来临了。那时他在古吉拉特人民自救会与其他邦的大人物间从事协调工作，这一角色使得他得以被介绍给全国范围内政界中的人。他们离开古吉拉特时，这个年轻的、机敏的古吉拉特宣传干事给他们留下的印象都是十分正面的、积极的。

监禁沉重地打击了民族卫队和与其相关的组织中的许多重要人物，他们或受到身体虐待，或承受了囚禁的孤独。古吉拉特要想恢复到常态，实现"民主的复建"，既需要精力，也需要时间，此时的莫迪也在联合家庭组织里努力工作，希望能恢复组织的日常运转。1978 年的某个时刻，他被提拔为"宣传干事"，是地区组织者。对于如此年轻的莫迪而言（当时他 28 岁），这既是巨大的责任，也是相当的认可，这说明人们已认定他是位有能力并值得信赖的管理者。

苏拉特和巴罗达两个行政区域内的民族卫队简报都交给莫迪，"他的领地从古吉拉特中南部的科达区扩展到瓦尔萨德的尤摩冈"。[1] 这份工作依旧要求他不断地奔波，而这正是莫迪司空见惯并乐在其中的。之后，在 1979 年年初，联系邦外的任务打断了他的工作，民族卫队的高级成员达图派特·森格迪将他召唤到德里，在此前的地下工作中，他们缔结了美好的友谊。民族卫队组织委托莫迪调查和编写紧急状态时期民族卫队的官方活动记录。[2] 在此之前他已撰写了一本关于古吉拉特这方面内容的书，书中对自己伟大的贡献却只字未提。新书的任务带来了更多的旅行，不过他的这一次旅程遍布了全国，他和国内参加了抵抗紧急状态的形形色色的地下工作者进行了会谈，其中也包括来自其他政党和运动的人。[3]

这份工作当然也意味着他在一段时间内不得不暂时搁置在古吉拉特的本职工作，这也许会削弱他在邦内民族卫队里刚刚树立起来的优势。但初次涉足德里级别的全国性组织这一旅程无疑抵消了前一项顾虑，哪怕他只是那个"幕后的人"，私底下他总是自己半调侃地这么说。莫迪看到了机会，习惯了轻装旅行；如果朋友向他承诺说可以在他辗转全印的过程中为他提供个落脚之处，他就会立即跳上前往德里的列车，随身只带上一只手提箱。他在旅程中寻找事实、调查真相，回到德里后，他再对这些采访和文件的内容进行整理与比对，着手开始著书。[4]

与此同时，他也近距离地看到了人民党内部的争吵和内讧，正是这些自我摧残的行为后来将人民党联盟撕成了碎片，为此，他也忍不住一声哀叹。这给他留下了深刻并持久的印象，还将一个生死攸关的词引入了他的政治词典：纪律。目睹了意识形态上的各种吹毛求疵、自我为中心以及政治上的自私自利所引发的丑态百出后，莫迪顿悟了：要有所成就，纪律是唯一的出路。

当莫拉尔吉·德赛的政府浪费着一个本可以改变印度历史进程的机遇的时候，莫迪本人正在逐步确定自己政治工作中实用的道德准则，他在之后的职业生涯中使用了这一套准则。其中一项重要因素是：放弃"意识形态"，强调"实用"。与其说是名政客，他更像是位心怀远志的管理者，他收获了一则重要启示：比起在理论上为了细枝末节针锋相对，而错过全景中的大部分主要内容，能够做到从各个不同的视角理解一个问题，这点更为重要。

自 1967 年以来，作为印度人民同盟领导人的瓦杰帕伊一直致力于将联盟紧密团结在一起，然而瓦解依旧重磅来袭，其势无法避免，令人震惊。人民党只不过曾在 1980 年的古吉拉特大选中获得过单一一个人民院的席位。当时的印度还没有一个政党为自由市场代言。自由党已于 1974 年衰亡。看起来，垄断印度的只能是社会主义教条，它的继承者是来自剑桥大学及费边社会主义者建立的伦敦政治经济学院的自由斗士们。

尼赫鲁在印度独立后的领导方式使得包罗万象的社会主义观成为当时国家意识形态的主流。即使在今天，人民代表法案依然要求全印度的政党不仅要对宪法，而且要对社会主义发誓效忠。英迪拉·甘地于紧急状态期间将这一条款写进了宪法，其子拉吉夫·甘地又在 1988 年之后对其进行修正和加强，然而反对党对此却并未发出任何反对的声音。这实际上就意味着，根据法律的规定，只要你是印度人，你就必须成为社会主义者，或为社会主义者投票。[5]

不同于引导着美国共和党或英国保守党的以自由市场为主导的经济自由主

义，印度所认定的"右翼"，是属于民族主义的、传统主义者的、起源于联合家庭组织的印度教运动。它不仅在社会上，而且在经济上也堪称保守：因为它并没有提出任何有别于尼赫鲁的社会主义的、实用的，或是选择自由市场的建议。

举例说明，在人民同盟内，没有谁曾经试图摆脱许可证和配额制度；对于所发生的一切，他们只是简单地、理所当然地加以接受。如果一定要指出些什么来，那么必须说，比起英迪拉·甘地来，德赛的政府对中央集权的指挥—控制系统的愚忠更加有过之而无不及，这就足够摧毁一切。讽刺的是，面对现实的一种迥异的方式在此后又经过了10年才发展起来，并且恰恰是国大党将其引入了主流政体。

人民同盟分崩离析，这意味着在官方失败了的政治对抗力量需要寻求新的流动渠道，也需要新的词汇来清晰地表达它们对国家抱有的野心。因此，当1980年的大选"标志着宗教身份对印度政治开始产生越来越大的影响"时，这绝非巧合。[6]

国大党几乎占领了政治经济领域的整座江山，由此产生了"高压锅"效应，这一点可算是以上原因导致的部分结果。于是，为了寻求身份认同、赢得选民的关注，反对党的力量朝着与此不同的、更加文化性的方向爆炸开来。这似乎已经是它们唯一的出路。而武装自己，则是此时的国大党对前者做出的最直接的反应，它自然也希望能够轻松地应对任何政治挑战，以保证自己的地位不受影响。

从1951年开始，印度人民同盟一直作为民族卫队半官方的政治部门在运行。莫拉尔吉·德赛的政府垮台后，印度人民同盟也试图维系组织，然而却再次失败，同盟陷入了颓废，困进了死胡同。它放弃了人民党，决定自己卷土重来，这很大程度上得益于瓦杰帕伊的授意，在1980年新成立的印度人民党中，瓦杰帕伊当选党主席。

对于那些追求民族认同的人们而言，印度人民同盟向来是一个民族主义政党，从某种程度上说，它比自己预期的目标完成得更加出色，正如M.J.阿克巴所说："起初这是个属于巴基斯坦难民的政党。讽刺的是，到了20世纪70年代，为这些无依无靠者所做的经济及社会方向上的稳健安置，把他们从那些帮助过他们的政党手中解放了出来。经历了紧急状态高度戏剧性的插曲之后，又经历了人民党时期，人民同盟东山再起，这不是经济需求，而是精神需求的胜利。"[7]

但精神需求与其他任何的需求一样真实，这种需求又恰恰正是人民同盟即将占领的阵地。由于国大党占据了中心政治舞台，退缩了的印度教的身份认同变得随波逐流起来，而国大党那甘地式的所谓神圣的贫穷理念却又残破得不堪一击。在这看似理所应当的谦卑的虔诚背后，另藏着一记铁拳！

很明显，早在1980年，印度人民党已经不得不开始填补社会主义的虚无主义在独立后所产生的爱国真空；它需要收获一种"印度大陆"的感觉，需要一种只属于印度人民的感觉。[8] 新的印人党与民族卫队的关系——此时此刻，后者向非印度教教徒也打开了大门，这真是意义重大[9]——恰恰也就是它同人民民主同盟之间的关系：虽然它们是两个不同的实体单位，但印人党是自己家长组织的政治职能部门，即只要正式加入了新政党，人们就等于同时与两者都建立了友好关系。印人党清楚地阐明了自己的5个主要目标：民族主义和民族团结、发展民主、甘地社会主义（看来当时的人们无法想象出可以替代社会主义的制度）、讲原则的政治以及真正的世俗主义，最后这一点时至今日依旧还是个备受争议的术语。[10]

事实证明，印度人民党是印度政治中稳固的、显著的组成，在20年后它将统治这个国家。然而在刚诞生的1980年，它更像是个羽翼未丰的想法，仅此而已。

与1970年一样，1980年的印度也即将进入一个混乱和动荡的时代，阿姆利则金庙事件、英迪拉·甘地被暗杀、有组织的反锡克教徒的大屠杀，这些都是标志性事件。紧接着，年轻的拉吉夫·甘地就职为总理，他又带来了一股乐观情绪，然而这股乐观也由于博福斯丑闻以及其他的一些事情而化为了斋粉。

国大党尝过了独裁的滋味，并得出结论：独裁必须继续下去。很明显，它需要启用有别于民主的另一种方式来牢牢抓住它对这个国家的不间断的统治，这就免不了要向全国人民中的许多不同的人群兜售自己（包括提供特殊服务），以期得到他们的选票。于是在1979年的夏天，选票库即将诞生，测试它们的实验室就设在古吉拉特，当时的纳伦德拉已经回到了故土。

马达夫辛·索兰奇于1980年6月7日当选为新一届国大党的首席部长，终结了当地近4个月的"总统令治理"（即由中央接管地方政府）。在182席中赢得了149席的他大获全胜，带着胜利和计划来到了古吉拉特，然而他的计划将使古吉拉特深陷烈焰，并将在种族间、穆斯林与印度教教徒间引爆摧毁性的动乱，且情况还将愈演愈烈，持续数年之久。[11]然而由于他的政府紧握着多个少数族群的选票，他们将印度人民党内的印度教选民按种姓和阶级分开，因此还是维系了在邦内长达10年的国大党统治。这可谓是一部黑暗政治谋划的巨作，莫迪从中又学到了宝贵的一课。

索兰奇和包括萨那多·梅塔、吉纳不哈尔·达尔吉在内的古吉拉特其他国大党领导人全都灵机一动，认为通过对选民进行身份认定可以保证政治上的成功，因此占领道德的高地就更加手到擒来，可是他们对选民身份进行认定的标准居然是不同的社会阶层——一直以来都是如此——而不是政治忠诚度。假设国大党能抓住占据了古吉拉特人口56%的最贫穷以及最边缘化的群体，为他们提供相应的"刺激"，那么也许这种想法确实能为他们赢得选票。换句话说，他们付钱，以这种或那种形式购得其他政党的支持者，使他们将选票转投给国大党。[12]

这一诱导选举的途径渐渐被人们称为"KHAM"，这是4个目标群体的首字母缩写：K代表刹帝利，这是一个"战士"的种姓，他们认为自己史上的无限荣光在现代社会的社会分层中并没有得到应有的体现；H代表哈利真，是社会底层的达特利（"贱民"），他们大部分依旧没有自己的组织，居住地比较分散，因此常常被各个政党忽略；A代表部落民，这些居住在森林里的人常常遭受剥削，他们的氏族部落也常被当作抵押劳动力而饱受虐待；M自然要代表穆斯林，这是最显著、最高调的少数派，对他们而言最诱人的承诺就是允许他们加入国大党。

古吉拉特的国大党窃取了人民同盟的外套，在印度政治里发生的许许多多讽刺性的逆转事件中，这真可算是浓墨重彩的一笔，总理莫拉尔吉·德赛通过曼德尔委员会首次提出要为"其他落后阶层"争取正式的权利，并于10年后由V.P.辛格付诸实施。他们的目的是要改善在经济和社会上明显落后于他人的那些族群的生活。这些被剥夺了基本权利的其他落后阶层的人们，本可以获得一定数量的社会公共职位以及在教育机构中受教育的份额。这个提议提出要为他们保留高达27%的名额，而这个数字足以引起骚乱。1980年，英迪拉·甘地敏捷地将这份报告束之高阁，直到1989—1990年，总理V.P.辛格才又重新启用了这些建议，其结果，可想而知。

早在1972年，国大党统治下的古吉拉特邦设立了八喜落后阶层委员会，旨在"确认那些在社会和教育上都更落后的群体，使他们能够享受优惠的待遇"，换言之，要为他们保留席位。[13]1976年，该委员会向国大党管理者提交了报告，又新增了86个其他落后阶层的群体，在此之前，计划内的氏族和种姓的名单已经在古吉拉特的公共职位和大学里享有了31%的保留份额。[14]1978年，就在紧急状态结束之后，人民阵线政府采纳了这份报告的结果。

1982年4月20日，已经退休的最高法院法官C.V.莱恩发起了另一个委员会，旨在改善其他63个少数族群和落后阶层的命运——这些人在之前的八喜报告中未能被归纳在内。1983年10月31日，他提交了报告。14个月后，索兰奇决定执行这项提议，再次为他们提高18%的配额，因此总数飙升到了49%！就在1985年3月的古吉拉特选举开始前，提议迅速生效了，这个时间的安排真是足够讽刺，也确实提高了KHAM计划的选票。索兰奇彻底改变了莱恩委员会强调的、通过收入来决定其他落后阶层的决定，相反地，他坚持要使用种姓来分类，完全忽视了委员会提出的1万卢比收入的分界线，此举可能是为了能够吸引生活相对富足些的刹帝利群体的投票。这个结果当然又在全邦范围内引起了骚乱。[15]

当然，这种疯狂并没有上升到国家层面，英迪拉·甘地恰恰是意识到该报告的荒谬和危险，才将曼德尔委员会的报告束之高阁。比方说，许多得到确认的少数民族和种姓之间不受照顾的情况分布并不均等，不同的群体中有许多人在经济方面也过得很好。[16]同样，他们的命运和财富由于他们所在的区域不同，也产生了极大的不同，这也十分自然。然而索兰奇却于1985年在古吉拉特发现了政治和竞选方面可能谋得的巨大利益，这驱使他坚持执行莱恩委员会的建议，当然，执行的是他自己的版本。

此后，1985年2月，在议会选举竞选期间，骚乱爆发了。[17]暴民们发现为落后阶层准备的份额是可以积累的，因此假如今年的配额没有用完，那么它们将"滚入"下一年，长此以往，最终可能完全占据全部的100%，这种恐惧激化了他们的愤怒。"有一位作家写道，对于上等种姓的人们而言，想到自己可能完全被教育拒之门外，这个念头足够使他们丧失理智、陷入癫狂。"[18]于是军队接到了召唤，总理与内政部长亲临艾哈迈达巴德，试图缓解局势。然而在达布哈瓦居民区，已有23座房屋在大火中被烧成灰烬，另有180人死亡，6000人无家可归。[19]

可是其他落后阶层渐渐地被说服了，他们认为国大党站在他们那一边，一切都是社会两极分化的结果。由于获得了大部分低种姓选民的选票，这个结果对于国大党而言堪称完美，今天的一位领导人这样评论道："这种策略以古吉拉特政党体系的社会基础为目标，是有意识的、自上而下的重组。"同样明显的是，古吉拉特公众紧张的情绪受到了支持，得到了特殊的滋养，因为"蓄意的政治谋划可以将种姓间的矛盾转变为公众暴力行为"。[20] 但是此举也渐渐使得新生群体——中产阶级帕特尔、婆罗门和巴尼亚斯——即那些反对保留份额的人，开始转而支持印度人民党，于是这个新生党派自出生以来初次迎来了第一个小小的激励。[21]

在历尽艰辛的20世纪80年代初，作为民族卫队的宣传干事，莫迪在古吉拉特四处游走，以保证他管辖领地内的组织能够蓬勃发展。当德赛的人民同盟政府垂死挣扎时，他就坐在场边近距离地看着那一切，此时的他同当时一样，又再次眼睁睁地看着种种混乱危害着他的故土，而罪魁祸首正是国大党的分裂和剥削策略。

矛盾的是，KHAM计划后来演变为众人皆知的世俗运动，中央和地方邦的政党们都开始推行它。他们全都怀抱着帮助少数族群和穷人的虔诚构想。这本该有利于更多的社会公平，然而事实上政治的偏好却只瞄准了人群中的一部分——出于在竞选中获利的目的。到了20世纪80年代，古吉拉特邦内获得了政治利益的是其他落后阶层和部落民；之后，由于拉吉夫·甘地单方面推翻了最高法院对一个简单的离婚案的裁决，穆斯林少数派从此在全国范围内取得了压倒性的、饱受争议的政治胜利和利益。

从保留份额事件和索兰奇的国大党政府所定义的原始"世俗主义"中，莫迪学会了一件事：他开始尊重宪法，以及宪法定义下的世俗主义。狭义上说，世俗主义被理解为"国家对所有宗教一视同仁以及国家将不主动对任何宗教采取行动。国家将不基于宗教的区别歧视人民，这是世俗主义的精华"。[22] 推行世俗主义的行为必须被遵守，必须超越个人信仰，因为每个人都知道宗教存在于社会之中，因此宗教上的困难就常常被简化地表现为种姓间或群体间的冲突矛盾——在印度教与锡克教，或是印度教与伊斯兰教之间。

广义上说，真正的世俗主义即意味着法律面前，人人平等。为此，同样的法律必须同样适用于所有人。由保留名额事件煽动起的动乱，彰显了终止这条原则所引发的危险。制宪原则的失效导致不同的群体遭受着不平等的待遇。这些群体通常由于自己宗教信仰的不同而获得了不同的身份认定，这还是次要的。重要的是，在国家的制宪定义下，一个人首先必须是印度人，然后才是印度教教徒，或锡克教徒，或穆斯林，或其他。

在莫迪坐着他的摩托车奔波往返于古吉拉特各地的过程中，他多次观察到限制人民权利和自由所导致的危害。下层阶级完全有理由就上层种姓总是霸占社会福利的做法表示憎恨；反之，上层种姓也会保护自己的财富和地位，而且对于给处在他们之下的那些人特殊待遇可能带来的好处，他们也持怀疑态度。然而假设所有的人都在当前的水平上又再接受平等的、等值的待遇，事情将如何达到改变，进步又将如何发生呢？在法律之下人人享有公平的权利，这自然极好，然而，如此一来，还有什么办法可以终结印度严峻的不平等和社会不公正的情况呢？①

大概在那一段时间前后，莫迪一直思考着这个复杂的问题，并且渐渐开始构想出了自己的结论和应对措施。2001年10月就任古吉拉特首席部长时，他立即将它们付诸实施。能够如此迅速并且大范围实施他的想法的原因是，那时候的他已经可以高调地向人们展示自己的格言——发展。

得益于他博览群书的习惯，以及作为宣传干事工作期间观察到的许多事件，莫迪开始意识到，在尼赫鲁式的国家社会主义框架下坚持经济上的"印度增长"，完全于事无补。[23] 在国家独立后，这样的年均增长率仅3%，考虑到印度日益增长的人口，这数字对于改变贫穷状态的目标而言，还远远不够。

在许可证和配额制度的王朝里，印度政党们的眼光永远不会改变。如果没有足够的财富在国内流转，不平等和贫穷将永远存在，人们所能做的不过就是从一个人那里把他分到的一小块饼拿走，再递给其他人吃。莫迪想，为什么不烤个更大的饼呢？很明显，这个决策旨在制造更多的财富，那么每一个公民都能从中受益。然而这意味着要采用一种与现行政策不同的经济模型——自由市场经济，并且需要政府方面对社会和经济基础设施进行投资，只有这样，穷人才可能同时获得成功的机会。

---

① 译者注：作者此句的意思应承接上一句，即在当前贫富不均的情况下，人人享有等额的附加福利，那么贫富不均将依旧保持不变。

显然，这种想法势必将使莫迪与国大党格格不入。同时它还迫使莫迪将自己与民族卫队的同事们摆在了对立的位置上，因为他们对未来的展望同样也是墨守成规的。在莫迪的心里设想出了一个组织，这个组织的基本目标是"要在全国范围内提供人力资源管理。如果能够在全国范围内实现目标，那么人力资源的平等就可以成为现实"。

因此，这种想法可能带来相当可观的改变，此外莫迪还有许多其他崭新的想法。在此后的多年内，他一直努力试图劝说民族卫队以及在印度人民党内的同事们，希望他们接受并采纳自己的想法，可是这份工作的进展之路面临着各种阻力。"没有一个提议、一项倡议得到过他们的欣赏，"莫迪谈起当时的经历时说，"过程中总是充满了阻力，总有各种问题出现。但如果我对自己的想法坚定不移，我就会向他们展示一些结果。这些结果最终也能够说服他们。"

一个晚上，我们坐在他的办公室里，他语气温和地同我说着话。回忆起那些必须和民族卫队的高级领导们辩论，需要哄骗他们把自己当作经济改革者，而不仅仅是空想家来开展工作的岁月，他说起话来，声音抑扬顿挫。这是他与世界印度教理事会及其领导人普利文·托加迪亚之间越来越大的分歧的前兆。发展，而不是神，将成为莫迪的主题词。

"民族卫队的系统非常民主，"莫迪说，"他们总要辩论数个小时，并且公开进行辩论。人们认为他们很独裁，这种看法完全是错误的。他们对于辩论的结论一贯都欣然接受。"

然而莫迪在联合家庭组织中的经历明显使他自己成了局外人，因为他的想法与众不同，看待和解决问题的方式也异于常人。"我总是坐在最后一张椅子上，从来没有坐在前排，"他说，"我总是聆听而已，从不加入辩论——这就是我的性格。大部分时间里，我发现他们并不理解我。这是我的第一感觉。然后我就会加入辩论，但他们都不和我争辩。"

最后他感觉到，为了改变他们的思维方式，必须冒险，必须疏离一些同事。随着我们的谈话渐入佳境，他说："我给你举一个非常小但非常好的例子。在1985年或1986年的时候，邦里遭遇了一场大旱，非常非常严重的大旱，连牛吃的草料都供不应求。民族卫队决定开展一些社会活动，尤其是要为牛群和穷人们做点儿什么。当时他们的想法是要从国际上争取资金，这个话题的讨论在公开辩论的民主系统里已持续了数个钟头。忽然有一刻他们得出了最后结论,然后我举手了。在座的某个人对我很愤怒,他说:'我们讨论了4个小时,你都一言不发;现在我们已经得出了结论,你却又举手要发言。你想说什么呢?时间已经不多了啊!'"

莫迪回忆起这件事的时候津津乐道:

> 我说:"如果你不想听我说,我就会违背民族卫队的原则。但我想发表个建议。"他们都很了解我。他们说:"好吧,你想说什么?"然后我开口了:"我们为什么要开展这样的救援工作呢?我们为什么要向外国求助?我们是一个国家,我们有自己的人力。基于我们的人力,我们的国家,我们的劳动力,整个救援工作都可以自己开展。我们可以为此提出不同的策略。"
>
> 然后我就提出了一种策略:我们的组织有如此多的分支,这么多数量的救援工作者,如果我们可以搜集到一种叫作苏克里的甜味植物——苏克里富含营养成分,那么我们每一个家庭、每一个成员都可以采摘6个月(为支持自己的观点,我引用了数据)。我们可以依赖铁路取得运输方面的帮助。我们没办法做到为牛群储存饮用水,但可以把牛群从易旱的地区转移到绿地去。政府可以免费为运牛提供铁路的便利。
>
> 然后他们思考了一下,说:"好,现在我们吃个午餐休息一下,然后我们来考虑莫迪的建议。"当我们回到会场时,我的建议都被接受了。起初我们想为救援工作募集1000万卢比。由于这个计划的实施,我们的服务值超过了3亿卢比。

这真是则意趣横生的逸事,莫迪讲述它的时候,并不是出于自吹自擂的目的,而是要证明几个要素:第一,在当时的印度,常规性的思维无论在民族卫队还是在国大党内都普遍泛滥——人的思维都顺着一成不变的现有的固定渠道流动着;第二,印度缺乏这样一种感觉,或可称之为自信的感觉,即它其实拥有足够的资源、足够的智慧来独立解决自己的问题,换言之,它能够依靠自己成功;第三,当前存在着一种取得进步的新途径,它要求人们能够带着乐观的态度重新评估并重新整合自己拥有的资源(他们为救援工作想到的只是"募捐",而不是像莫迪提议的那样,利用自己的资源和长处,自己为自己"提供服务");第四,要想采用新的方法看待问题，人们就必须做到进行横向思维，这种思维方式看起来往往有悖常理，比方说，相比起为牛提供草料，把牛群送到草料边的做法更加可行，但这种想法在过去并不存在，因为铁路和干旱二者从表面上看来根本毫无干系。

当人们谈论起莫迪那自以为是和傲慢自大的名声时，这则故事就被描绘得更加绘声绘色，尽管它明明只是个简单的、真实的故事，纯粹是个技术性的事件，和英雄主义无关，和个性与自我也并无关联。人们怀疑关于莫迪自大的共识并非来自他自大的行为。相反，从跨越了民族卫队的框架、上升到国家层面的舞台来看，这名声来自于人们对他的期待，人们认为一个政治暴发户就不应该以如此自信的方式侃侃而谈。对于阶级和种姓之间存在关系这一点，莫迪含蓄地表示了否认的态度，也许组织内部的许多反对意见也就来源于此。对于那些在社会上比他"高级"的人而言，他依旧只是个来自工薪阶层的野心家，满脑子都是越俎代庖的痴心妄想。

当然，在国大党的眼里，在竞选方面，他无疑是个活生生的威胁。那些人早就发现了这个威胁的存在。这也就能部分地解释为什么莫迪连续3次在古吉拉特大选中大获全胜，然而在此期间却遭遇了无情的政治攻击，其势之凶猛，空前绝后。

5. 向权力朝圣

宗教和文化的纯洁是一种原始幻想。

——V.S. 奈保尔

1984年10月31日，英迪拉·甘地遇刺身亡，凶手是她的锡克教保镖。她的儿子拉吉夫接管了总理职务，此时，在德里，这个国家现代历史上最耸人听闻的一次大屠杀正慢慢拉开序幕。屠杀行动由一心复仇的国大党党员领导，他们至今仍未为此受到惩罚。在古吉拉特，保留席位的问题引发的断断续续的骚乱已经持续了一些时日，连警察们自己也开始卷入骚乱，曾有一家报纸对于他们的这种行为和腐败的情况做了十分尖锐的报道,他们则索性烧毁了那家报社的办公楼!邦内的法律和秩序似乎早已荡然无存。军队简直无时无刻不在艾哈迈达巴德的街道上巡逻执勤。由于暴力行为无休止地进行着,古吉拉特的产业和工厂不得不首次面临关闭的命运。[1]

与此同时,莫迪依旧安静地为人民卫队从事着组织管理方面的工作,小心翼翼地避免自己被卷入选举政治中去。印度人民党在邦内政界活动中开始缓慢地取得了一些小小的进步,在之前的5月举行的市政选举中还控制了拉杰果德和居那加德两个地区。之后在连续的议会补选中,他们获得了5个席位。[2]

但英迪拉·甘地过世后,对国大党的同情情绪席卷了印度。在1984年12月的大选中,拉吉夫·甘地获得了印度独立后的历史上最大比例的选票。国大党在人民院中获得了414席;印度人民党只获得了区区2席。在当时,这个政党想要突破重围、想要在全国范围内获得存在感的希望,看似着实微乎其微。

尽管索兰奇在古吉拉特保住了国大党的选票,拉吉夫还是认定他是个灾难性的首席部长。动乱再次燃起了烈火,火势愈演愈烈。1985年7月,拉吉夫对他们在3月的邦选中取得的破纪录胜利置若罔闻,依旧解雇了索兰奇,当时印度人民党只获得了11个席位。索兰奇领导古吉拉特5年,将此地变成了一个战争地带,"回顾国大党统治古吉拉特的那些岁月,人们对统治者们全然无效的统治和孤注一掷的鲁莽感到万分惊讶。种姓制度茂盛地生长,印度教社团四分五裂,腐败大行其道"。[3]

然而在战火和死亡的气氛中,有一个后果,是"计划内"的:一位部落民,阿曼森·乔杜里担任了新的首席部长,因此索兰奇的 KHAM 策略好歹为落后的种姓培养出了一个积极的成果,有鉴于此,他总算安全地完成了谢幕。同一个月内,莫迪的导师瓦基勒阁下过世。这对莫迪而言无异于一记沉重的打击,但他的事业很快又将踏上新的舞台。

在阿曼森·乔杜里开始自己的首席部长任期后,古吉拉特的街头曾有过一段安宁的时光,这意味着索兰奇本人真的就是许多事件的起因。但是 KHAM 计划带来的潜在问题并没有因此远去。1986—1988年,古吉拉特爆发了近100起爆炸事件,这标志着动乱开始盘踞此地,并且越发难以控制,穆斯林和印度教教徒之间的矛盾对抗导致了日益激化的冲突。

随着 KHAM 变革的展开，古吉拉特的社团渐渐分裂，他们将自己各自孤立起来。"不同的社团居住的社区之间竖起了高墙，宗教的分割更加突出。早些时候，人们还会在街道之间迂回行走，会跳到别区的屋顶上去；现在砖混结构的墙体和铁门阻止了通行的道路。"这发生在 1986 年，正是国大党对古吉拉特的 10 年统治进行到一半的时刻，"到了 1990 年，这种情况随处可见。印度教和穆斯林社区间的界线被称作'边界'，穆斯林的社区则直接被称为'巴基斯坦'"。[4]

邦政府内部也出现了许多困难。国大党内部存在分化，阿曼森·乔杜里严阵以待，甚至完全不和忠于索兰奇的一些同事说话。

由于国大党在 1984 年人民院大选中大获全胜，确保了拉吉夫·甘地的总理职位，此时的印度人民党依旧溃不成军。一年之后，在古吉拉特议会选举中，几乎一败涂地的结果又加剧了它的迷失，尽管它在选举中占据了 19% 的席位，可这份安慰依旧无济于事。国大党可是得到了超过 53% 的选票，保住了它无懈可击的地位。

转机出现在 1987 年 2 月艾哈迈达巴德市政选举期间。当时 36 岁的莫迪被委以重任，奉命组织竞选活动。需要使用多少党内工作人员才能游说多少选民、从每个选区中付出多少精力能确保大概几成的成功，这些细节问题他全都一丝不苟地计算着。如此有条不紊的精密计划令政党在艾哈迈达巴德的市政局中赢得了 2/3 的席位，命运可谓实现了完全的逆转！[5]

现在轮到古吉拉特的国大党开始担心了。它知道这正是开始攫取孕育在当地分离政策中的胜利果实的时候了，这些政策导致了艾哈迈达巴德地区的民族和宗教的隔离。同时它也知道，由于国大党的政策偏袒少数派，印度教教徒对此极为不满，而印度人民党则会是最大的受益人。宗教的分化甚是流行。普通市民感觉自己遭到了重重围困。黑手党领导人（后来的恐怖主义者）阿布杜尔·拉蒂夫甚至在监狱里赢得了艾哈迈达巴德地方机构的选举。印度人民党则利用了这次暴行。[6]

事情接踵而至，最终导致印度政坛乌烟瘴气。这么说吧：纳伦德拉·莫迪目睹了这一切，并从中受益，他可谓是在正确的时间点上处在了正确位置的那个人。民族卫队一直有委派一些宣传干事与人民同盟组织共事的传统。1980 年，当旧的政党消亡、印度人民党诞生时，这个惯例也随之终止。但是到了 1986 年，阿德瓦尼接替瓦杰帕伊成为党主席。一年后，由于印度人民党在艾哈迈达巴德的市政选举中大获全胜，莫迪被大家公认为是党内的大才子，此时的民族卫队再次决定，要将自己的人马融入自己运动期间的政治职能部门中去，让他们成为连接者，这一次活动涉及印度人民党内的多个阶层。

由于大家对莫迪组织方面的成功还记忆犹新，他自然成为这个角色的不二人选。另外，从紧急状态时期起他就认识阿德瓦尼，阿德瓦尼也特别提名了他。[7] 这次突如其来的调动是他职业生涯中的重大提升，37岁的莫迪由此完成了自己从理论家到政客的转变，虽然他的主要职能范围依旧是管理性质的。1987年，他被任命为印度人民党古吉拉特分部的组织秘书。[8]

与此同时，拉吉夫·甘地年轻有为的偶像魅力以及这份魅力最初带给人们的精神快感已渐渐消退，人们日渐发现，虽然这种快感带来了一定的幻想，但幻想之外的真实的他其实并不具备足够的政治常识。人们曾将复兴印度、带领印度实现现代化的伟大希望寄托于他。他也曾谈及电脑的使用，但从1984年当选总理以来的3年内，并没有促成任何改变。他所采取的一些措施也丝毫未曾达到鼓舞人心的效果。在臭名昭著的沙·巴诺案中，拉吉夫优柔寡断，最终屈从于穆斯林激进主义的压力，这件事产生了决定性的结果，它唤醒了印度教教徒的民族主义运动，10年后，他们也发展成为一股竞选势力。

沙·巴诺是位年长的赤贫如洗的穆斯林女性，居住在中央邦的印多尔，她的律师丈夫遗弃了她，与她离婚。但是紧接着，丈夫就拒绝支付每月仅数百卢比的赡养费，根据印度《刑事诉讼法典》第125条，他有义务支付这笔费用。然而他却提起了诉讼，并得到伊斯兰教牧师们的支持，他们指控该印度邦政府对穆斯林的"个人生活横加干涉"。这个案子闹到了最高法院，诉讼被驳回。沙·巴诺是位印度籍女性，有权享受离婚赡养费用。牧师们掀起了一场轩然大波，他们提醒拉吉夫，自己对国大党的投票可是做出过贡献的！

塔维琳·辛格是当时唯一能够找到沙·巴诺的一名睿智的新闻记者，当她找到巴诺时（那是一位像小鸟一样的女性，满脸刻满了皱纹，她绿色的双眼非常美丽），这位被迫失婚者遭受的苦难显得如此令人怜惜，以至于一瞬间，因她而起的、打动人心的案件本身变得十分惹人生疑起来，连带着拉吉夫的怯懦也顿时凸显得昭然若揭。塔维琳回忆道："她看似对自己引起的争论感到十分不解。"之后她又补充说：

>（沙·巴诺）告诉我，她所要求的不过就是，在原来她丈夫支付给她的每月180卢比赡养费的基础上再增加100卢比，她不明白为什么这个要求会很过分。她说她的丈夫是律师，每月能赚到成千上万的卢比，完全可以给她更多的钱。[9]

然而拉吉夫决定通过一项法律——1986年穆斯林女性（离婚权利保护）法案，此举撤销了最高法院之前的裁决，并且否认了穆斯林妇女作为印度公民所应享有的权利。由于这一决定，拉吉夫永远地更改了宪法中关于世俗主义定义的争论的性质。只待时机一到，这就将在全国范围内点燃起地方社群主义爆发的导火索。现在有两套法律正式并行：其一，只针对穆斯林；其二，适用于此外的其他所有人。在1989年人民院大选中，国大党和拉吉夫本人都将为此付出巨大的代价，而由此案引发的强烈不满，可算是其中的原因之一。

由于沙·巴诺案件，人们把拉吉夫·甘地撤销最高法院裁决的做法，看作他对少数社团的绥靖姑息，这激励了印度人民党。同时，他的做法也令非穆斯林男性承受了宪法的歧视，因为根据法律，他们依旧需要支付赡养费用。当然，实际上，更有权表示极度愤怒的应该是穆斯林妇女们。[10]

到目前为止，拜议会的分裂政策所赐，印度人民党已经收获了两份礼物，它们说大则大，说小则小：首先，在当地，这礼物源于KHAM计划以及保留政策；其次，在全国范围内，它源于沙·巴诺案。拉吉夫接下来将进行的误判，又将进一步伤害印度的社会结构，而此举对于反对党而言，无疑算是更直接的帮助。为公平起见，他进行了一次笨拙的、注定要失败的尝试：他允许阿约提亚的巴布里清真寺为印度教教徒打开大门，允许他们入内供奉罗摩神，然而事实上，他亲手开启的，正是宗教风暴的扇扇大门！

巴布里清真寺于1527年由印度第一位莫卧儿皇帝巴布尔建成，位于今天的北方邦。人们认为印度教的立法者摩奴于9000年前修建了阿约提亚城，之后人们又将此地视为罗摩的诞生地，因此阿约提亚成为印度的7座圣城之一。此前人们称它为罗摩科特，或"罗摩的堡垒"。直到19世纪中叶，穆斯林和印度教教徒都在那里举行敬拜活动。1857年兵变后，焦虑的情绪最终导致了印度教教徒被禁止入内的结果。一个世纪以来，情况日益紧张，阿约提亚的民众冲突终于达到了高潮，巴布里清真寺的一个穹顶在1934年的动乱中遭到了毁坏，后来由英国人将其重建。

印巴分治后，民族主义者曾在清真寺内摆放罗摩的雕像。尼赫鲁担心那些雕像会树立起"危险的例子"，便勒令将它们移除。然而当时阿约提亚的议会补选即将举行，国大党需要印度教教徒的选票支持。于是雕像还是留在了原地。[11]此后这些建筑物被锁了起来，印度教牧师每年中只有一天能够获得进入寺内的机会，举行供奉仪式。现如今，经历了沙·巴诺案上的行差踏错，拉吉夫·甘地却又下令：清真寺必须再次为印度教教徒开放。

由于世界印度教理事会这一激进的民族主义组织所提倡的宗派哲学理念，它获得了人民越来越多的支持，该组织一向致力于打开清真寺的大门。大门一开，印度教徒主义中的激进分子立即瞄准了机会，提出要在原址上修建一座向罗摩致敬的庙宇，誓将清真寺取而代之。这个理事会于1984年掀起了一场分裂性质的、多少有点儿古怪的罗摩·雅嘛布胡米（罗摩诞生地）运动，在印度那基本上能包容多种信仰共存的社会里，这场运动本来是不能形成任何气候的。然而，拜拉吉夫的行为所赐，这场运动瞬间获得了一种能够反驳世俗主义在宪法中的定义的权利，并演变成一场举国上下人神共愤的运动，成了印度教徒主义手中的一支利箭。

莫迪正式加入印度人民党时，古吉拉特及全印公众的紧张情绪已持续升温数年。但是由于阿德瓦尼让他从事邦内的基层工作——那只是为了让印度人民党渐渐树立起自己的形象而进行的耐心的、培养性质的、以人民为中心的工作，他得以远离硝烟与战场。事实证明，在他着陆印度人民党之后的很短的时间内，莫迪思维独立，好点子用之不竭。

"战车朝圣之旅"，顾名思义，就是一场战车的狂欢，宗教里众神的雕像被置于战车之上，去往各地，其中最重要的一场是为札格纳特神而做。在印度，以朝圣为政治舞台的做法是政治运动与政党宣传活动不可或缺的一个组成部分。因为这是与数以百万计的民众接触的一种方式，尤其是农村地区的民众，若非如此，那里的人们往往对当前正在流行的政治与社会问题无从了解。

装扮华丽、色彩鲜艳的卡车和拖拉机满载着著名的政客和电影明星,同行的还有高声喧哗、激情高涨的成群结队的党内工作者,这些人组成了游行队伍,此时,演讲的声音能够被大家听见,人民的抱怨能够得到关注,提问能得到及时的回答,甚至还有人借此机会向人民做出承诺,这一切瞬间将娱乐与希望合二为一。改变的愿景,以及自己的声音被重要的人物听见的期待,忽然获得了一个千载难逢的机会。在永不停歇地重复繁重劳作的村子里,它种下了支持政党的希望的种子,等待着日后的收割。

莫迪的第一次朝圣之旅——尼亚圣旅,或称为"正义之旅",几乎就是他开始着手计划的第一件工作。它开始于莫迪正式加入印度人民党后的一两个月内。它的初衷是要尽可能多地在邦内穿行,走访村落。最后他们几乎踏遍了古吉拉特的每一个角落,好让大家知道印度教即将另辟蹊径。人们普遍认为这次朝圣是成功的,它也提高了莫迪在印度人民党内的地位。

在阿德瓦尼的领导下,印度人民党抛弃了他们旧式的甘地社会主义,在过去这只是对国大党进行模仿的尝试,并没有使印度人民党显得与众不同。现在政党期冀能建立起属于自己的新身份,要树立起一个民族主义性质的形象,将独立后的印度王朝那无趣的、墨守成规的意识形态取而代之。

1987年,印人党采纳了潘迪·迪达雅尔·乌帕迪亚耶于1965年首次公开提出的"完整人道主义"计划。当人们了解了这个理论的内容时,他们才开始慢慢理解了莫迪,尤其是他在私底下常常提及的那些与此类似的内容。乌帕迪亚耶希望成立非中央集权政府,希望组建一个能够自食其力的自下而上发展的经济组织形式,而不是自上而下的,他提出必须脱离后者的中央控制和计划,因为它们正在慢慢地扼杀印度。人民和村庄应该是中心和重点,应该成为建立完整的民主政府的基石。"当邦政府掌握了所有的权力,无论是政治的还是经济的,结果只能是达摩之正法的衰亡。"乌帕迪亚耶如是说。[12]

与莫迪对发展的歌颂类似,乌帕迪亚耶吹响的号角是"要现代化,不要西化",他认为必须使现代技术适应印度的需求,绝不能进口外国的理念并强行嫁接。比方说,正如 V.S. 奈保尔所说,过去印度设计和修建的房屋既清爽又阴凉,能够轻松抵御热带的热浪。现在,一个个密不透风的混凝土小盒子拔地而起,横空出世，墙上拴着空调，不断地对周围喷出有毒的气体。无论事关住房，或是经济，都必须提出更好的解决办法。

乌帕迪亚耶包容又坚决的世俗主义可以用民族主义而非宗派主义的话语来加以表达，这一点十分重要。"我们并不是为某个特定的群体或教派服务的，我们致力于服务全民族。国家内的每一个人都与我们血肉相连。我们要让每个人都为生为婆罗多母亲的子孙而感到骄傲，不达目的，我们绝不罢休。"[13]

这种想法与莫迪对维韦卡南达的奉献完美地交织在了一起，对于他一直进行的精神层面的思考而言，这就是它们在政治经济方面的相应体现。评论家说基本人道主义是一种信念，说它给走强硬路线的民族卫队铺设了一条中间路线，[14] 如果大家铭记着阿约提亚那些满是冲突的岁月，那么这样的想法也许会听起来更加水到渠成。但我们依然应该小心地加以分辨，要记得，莫迪常常是要偏离主流的，毕竟他才是这里的主角。

最后，印人党对基本人道主义计划的采纳出现了问题，不过问题与该计划的包容性并不相关，印人党只是部分采纳了乌帕迪亚耶的经济理念，这才是问题之所在。当时身为古吉拉特首席部长的莫迪是唯一一个全身心投入计划执行的人，尽管由于缺乏足够的投资追加（印人党于1998—2004年修建的全国公路网络慢慢地碎裂、消失，而印度人民最终只能眼睁睁地看着这一切发生），但回忆起瓦杰帕伊政府提出的那些基础设施提案，他们至今心存好感。

组织1989年的乐·沙克蒂战车朝圣之旅是莫迪在印人党内负责的第二个主要项目。它于1月31日从安巴吉的沙克蒂寺出发。这次朝圣之旅的名称意为"人民的权力"，它是"针对艾哈迈达巴德老城里黑势力垄断酒业而发起的运动"，全程大约经过了一万个村庄，[15] 不过此行还有另一个目的，那就是要提升党的形象并募集资金。

对于古吉拉特东部的部落民们而言，这是第一个让他们印象深刻的朝圣之旅。他们日后成了印人党在该邦内的重要支柱。也许就是在这前后的时间里，留心到主管安巴吉的沙克蒂女神那神秘的力量，莫迪开始考虑起沙克蒂理念在自己的政治哲学中可能存在的用武之地。

也正是在1989年，莫迪的父亲达摩达尔达斯过世了。距离莫迪上一次见到他已经又过去了许多年，现在他终于又回到沃德讷格尔向父亲告别。然而回家的时间却很短暂，不过一两个钟头。当 V.S. 奈保尔提及印度的传统时，提及它的传统是怎样削弱了它前进的努力时，他说："服从，这就是印度对它的民众所要求的一切，民众也心甘情愿地双手奉上。"[16] 莫迪先是拒绝同自己的童婚对象结婚，然后又拒绝了种姓和阶级在沃德讷格尔给自己设定好的未来，转身离开，去追求自己的命运，他已经将自己和曾经从属的那个社团隔离开了。他拒绝服从，把自己变成了一个局外人。"局外人"的标签一直附在他的身上，贯穿了他整个政治生涯。他属于党，为党服务，依附于党，但与此同时，他的行事作风却又不仅如此，另有超越。

印人党于 1990 年又再次向他敞开了一扇走向未来的大门，此时的莫迪至少已经为自己画满了一个圆，收获了某种圆满。现在他对法律有了新的认识，是个新人，从此他的未来将进入加速发展，虽然沿途也出现了诸多转折，甚至反复，但他选择的道路绝不是条死胡同。

当时 40 岁的莫迪在心里觉得自己与自己的出身有点不相符，甚至完全互不相干，他决定在政治生涯里绝不提及自己的背景，这种做法是对这种思想的一种表达。他告诉我："我决定，将永远、永远、永远不会在政治领域对公众使用种姓体系。"他把"永远"一词强调了 3 次。

在我对他进行采访的数个星期内，莫迪一直是那么镇定、冷静，几乎像个僧侣。每当他表示出感情，往往都是谈及改变体制、革新方法、引进新技术的话题之时。说起不使用种姓体系——永不，他兴致勃勃，真情流露。

"我渴望和谐，渴望一致。"他说。这意味着他的背景在他自己的生活中，或在他的脑海中曾经导致了不和谐，这至少是他不愿提及它的原因之一，虽然拿背景做文章也许会为他赢得出于同情或认同感的选票。[17] 当然，这也和他在古吉拉特经历的 KHAM 计划有关。

莫迪又一次接受了朝圣之旅，而这一次圣旅意义非凡，它深深地刻入了民族的记忆，将成为印度人民党的历史转折点，也将是印度历史的转折点。[18]

那是 1990 年 9 月 25 日，V.P. 辛格任期的最后几个礼拜内，也是第 9 届人民院大选举行的两个月前，苏摩纳特－阿约提亚朝圣之旅从古吉拉特的苏摩纳特庙出发。这座寺庙在过去的一千年内曾多次被拆毁，又数经重建，对于许多民族主义印度教教徒而言，它是印度活力和耐力的象征。在萨达尔·帕特尔的授意下，最近的一次重建发生于1950年。此次旅程原计划以阿约提亚的巴布里清真寺为活动结束的地点，该寺正是当时政治与民族主义矛盾爆发的火药桶。

一如往常，莫迪以他谨慎、细致、完整的态度有条不紊地计划着古吉拉特圣旅的脚步，沿途穿过了600个村庄，其后更远行至孟买。他本人并没有继续跟进。他的主要工作职责都在邦内，这使他十分繁忙，当然，他继续前进的脚步也有可能是遭到了来自党内对手的阻挠。态度强硬的 L.K. 阿德瓦尼是这次圣旅的领导，他希望借此机会为自己树立民族领袖的形象，希望达到名声大震的效果，人们不免感到疑惑，在如此这般的游行气氛中工作，莫迪是否也会因此略微放慢了脚步。保持这种猜疑的思路对我们理解他的人生而言，绝不会是徒劳。

且不论圣旅的象征意义有多浓厚，世界印度教理事会要在现存清真寺的原址上建起供奉罗摩的寺庙的热情却着实极度高涨。它全然不顾自己所提的要求正义与否，将这次运动演变为反抗印度穆斯林的公众冲突。尽管他们的观点缺乏足够的考古证据支持（最近方才得到确认，当时则尚未获得），但在过去的数个世纪里，阿约提亚对于印度教教徒而言确实至关重要。

从历史上看，阿约提亚对于穆斯林则几乎毫无意义，只不过那里恰好有一座清真寺，仅此而已，然而拜世界印度教理事会所赐，现在巴布里清真寺也成了他们原则性的重心。1987年3月，在新德里爆发了印度独立史上最大规模的穆斯林游行，超过30万人加入了游行队伍，要求该清真寺再度向印度教教徒关上大门。

当阿德瓦尼那喧闹的战车之旅进入了比哈尔邦，拉鲁·普拉萨德·亚达夫（时任古吉拉特邦首席部长）将其叫停。满脑子一如既往地记挂着他的穆斯林选票库的拉鲁在杜姆卡逮捕了阿德瓦尼。后者随后被监禁在马桑乔大坝附近摩由罗克什河上的邦水利部的招待所里，此举对他而言可谓莫大的羞辱。[19]

朝圣之旅渐行渐止，但10月30日，当游行队伍终于抵达阿约提亚时，联合家庭组织中的年轻人挥舞着弓箭冲入清真寺，并在那里插上了一面旗帜。暴力伴随着汹涌的人群而来，50位民众死在了警察的弹药之下。[20] 骚乱瞬间横扫全国。在古吉拉特，世界印度教理事会号召它的支持者走上街头举行罢工，此举引发的公众骚乱导致200人死亡。

当20世纪80年代这一个10年接近尾声之际，古吉拉特开始收获KHAM计划所种下的果实——激进的、自负的印度教徒主义运动兴起了。与此同时，索兰奇于1989年短暂回归，但古吉拉特的选民拒绝了国大党。1990年邦议会选举开始后，人民党—印人党同盟在查曼罕·帕特尔的领导下接管了政府。此时此刻，凤凰浴火，展翅待飞！

1990年，莫迪被任命为印人党全国选举委员会17名成员中的一名，这是对他作为党内组织者的优秀表现的再次嘉奖，是对他在古吉拉特完成的功绩的正式认定。这次升职可谓至关重要，因为自1987年加入印人党以来，莫迪的操控领域这才第一次延伸到了古吉拉特邦的疆土之外。

苏摩纳特—阿约提亚的朝圣远行结束一年后，莫迪迎来了他本人的最后一次朝圣之旅，这也是莫迪首次与印人党国家主席穆拉利·马诺哈尔·乔希共同担任主要角色，全程出现在战车之上。这次尔克塔战车圣旅持续了47天，1991年12月开始于印度南端泰米尔纳德邦的坎牙库马里，第二年结束于克什米尔的斯利那加，在那里，莫迪和他的同事齐手升起了国旗，以示圣旅的圆满完成。

"分裂主义者过去总是烧毁国旗，过去就是这样，"他回忆说，"他们不允许我们在斯利那加高举国旗。他们还挑战并威胁说无论谁升起国旗都会被杀死。我们坦然接受了挑战：好，我们就到那里去，我们一定要让国旗高高地飘扬！"

特别引人关注的是，就是在这趟旅途中，大家都劝莫迪穿上护身铠甲，却遭到了他的拒绝——这真是一块成功的沙场，他唤起了人们必须站出来与恐怖主义对抗的意识。[21]然而，比起恐怖主义者给他带来的担忧而言，他自己的政党却给他带来了更多麻烦！

历来没有什么好事不会引来批评，当莫迪带着尔克塔圣旅的胜利凯旋，回到古吉拉特时，情况正是如此。他遭到了常任古吉拉特印人党主席并刚刚被选为议员的沙克森·瓦格海拉的攻击。一位新闻工作者细腻地描述道：瓦格海拉"拒绝将纳伦德拉收入队伍"。[22]对莫迪而言，这是一个处心积虑的羞辱，在过去的4年里他给党贡献了优异的服务，实际上，正是在他的努力和帮助下，印人党才得以首次成功地控制了古吉拉特政府。

问题是，这是否又是出于人们的那点共识：人人都在谈论莫迪，说他以自我为中心，四处彰显自己，或者说，这是否又是一个对品级低于自己却工作优异的人产生了嫉妒心理的俗气的案例，就因为他掩盖了前辈们的光芒。并且，在此前一两年间，莫迪还曾在乐·沙克蒂战车朝圣之旅中帮助过瓦格海拉的对头克苏布哈·帕特尔。总而言之，无论出于什么理由，当前的情况至少能证明威斯敏斯特流行的那一句话：你的对手坐在你对面的板凳上，而你的敌人却就在你自己的阵营里！

就在这个时间点上，莫迪个性中最恒久不变的特性显露了出来：除了机敏精明，他还极有耐心。面对瓦格海拉排挤他的企图，他的反应只是默默走开，这个行为模式在他后来的职业生涯里又重复出现了好几次，简直成了他的标志性策略。现在的他敢于如此行事，因为他知道大家会想念他。如果瓦格海拉不需要他，党内自然还有其他人对他的才能表现出欣赏。

莫迪在公开场合里对此一言未发，从争斗场上扭头就回到了党组织的工作中去。这一步回头路既不是背弃，也不是愠怒，他很快又致力于自己的幕后工作，为即将到来的竞选工作组建起5个邦的印人党基地。

在我们的谈话过程中，莫迪多次表示，他对这段几乎马不停蹄的游牧生活抱有非常美好的回忆，他走遍了北方邦、中央邦、拉贾斯坦邦、阿萨姆邦，还有他心爱的喜马偕尔邦。不过，起初他把自己大量的精力投入到了艾哈迈达巴德的一所叫作圣思达曼的特殊中学的筹建中去，这所学校为纪念瓦基勒阁下而建，表达了他对导师的敬意和责任。

圣思达曼致力于对自己的双轨制学生灌输和培养民族主义及甘地精神的风貌。学习内容包括瑜伽和时事，其中还有他从民族卫队的辩论席中汲取的元素，也覆盖政府规定的课程。学校的环境十分宁静、适合冥想，这样的设计旨在培养自立并富有想象力的公民。莫迪把大部分空余时间都花在为圣思达曼中学帮忙的工作上，这里的风格总能让他回忆起早年在海德盖瓦府里所做的工作。1992年6月6日，学校终于建成了。

> 纳伦德拉提出的任何意见对与学校运作相关的一切问题都大有裨益。如何接待与招待客人、开展览、确保来访的贵宾的司机们能及时吃上饭而不需要自己特别照顾自己，在这些问题上他都能给出最细致的指导。没有什么细节在他眼里是微不足道的。[23]

莫迪政治上的失望和挫折演变成了创造性的回击，他并不愤怒，也不计划复仇。眼前摆着好几项选择，但他却选择为学校服务，以纪念自己亡故的导师。对他而言，学校仿佛成了家的替代品。时至今日莫迪依旧与这所学校保持着联系。

莫迪在这个特殊的时间点上选择退出，其中是否另有深意？这个念头一直在我的脑海里萦绕不去。他的新导师 L.K. 阿德瓦尼正忙着计划和安排一系列事件，它们最终导致了 1992 年 12 月巴布里清真寺的灭亡。然而莫迪同阿德瓦尼的计划毫无关系。在推倒清真寺的那历史性的一天里，印人党的其他高级领导人全数到场，莫迪却是个例外。他自己的炼狱之火要在 10 年之后才会到来。

批评者们认为，把自己深藏于政治的帷幕内不过是莫迪的精打细算，认为他为了使自己日后颜面有光，并不希望和印度教徒主义那粗糙的言行作风扯上关系。但是这种计谋显然需要敏锐到近乎拥有心灵感应能力的人才能办到。与此同时，莫迪坚持日渐淡化自己在党内的吸引力——他常常缺席那些重要的"胜利"场合。

那些反对莫迪的人说他急切地渴望自己的政治履历表里能增加一个"阿约提亚的时刻"，但他却被排除在外，故而十分沮丧。[24] 而事实却是，考虑到他与阿德瓦尼的亲密关系，倘若他真有这种期待，那么当天的他一定能够如愿出席。

事实摆在大家眼前：1992 年年初，莫迪从活跃的政界暂时撤出，经历了公众暴力、骚动、刺杀拉吉夫·甘地这些纷至沓来的事件后，国内的气氛甚至更加危险。莫迪远远地撤离了开来，而我们最终知道，这是个相当幸运的选择。现在批评他的人们不得不沮丧地承认，无论是在摧毁巴布里清真寺的行动中，还是在计划进行摧毁的过程中，莫迪寸步都没有涉足。他的选择是远离阿约提亚事件，到圣思达曼去，为孩子们工作，只不过迄今为止，在关于莫迪生平的记述中，对这个简单的事实却从未有过一笔描述。但想要对他的生活和工作做出客观、公正的评价，就必须牢记这一刻。

巨大的人群在节日的气氛中相聚在阿约提亚。阿德瓦尼与其他领袖于 1992 年 12 月 5 日到达当地，人们因而更加激动和焦躁了。第二天举行了一个堆放石块的仪式，这标志着他们修建新罗摩寺的心愿。12 月 6 日的仪式活动迅速失控，许多评论家认为这个结果恰恰就是他们长久以来的计划,成千上万的宗教志愿者企图将清真寺拆为瓦砾,他们或徒手,或使用简单的工具忙活了数个钟头。

紧接着,血腥的公共骚乱爆发了,再之后,指责与控诉从四面八方潮水般涌来,而身处风暴中心的印人党却并未做出道歉。在全国范围内总计有 2000 条生命——大部分都是穆斯林——消失了,血腥冲刷着德里、孟买和古吉拉特,尤其在艾哈迈达巴德和苏拉特地区。

印度教教徒们情绪激动,尤其是右翼分子,他们怒气冲天、跃跃欲试,想要发起攻击,不过印度教教徒的做法也有自己特殊的历史背景:考虑到 20 世纪 80 年代国大党的政策,在当地开展 KHAM 计划并保留更多席位的见利起意的要求,以及中央的拉吉夫·甘地在沙·巴诺案中的拙劣表现,他们的行为也可以被视作是对这一系列事件的回应,当然,这些也只能是事发背景,绝不能成为他们的理由。

随着巴布里清真寺的毁灭,全世界都看到了"对现代民主印度的威胁"。[25] 新式的世俗主义学派正在形成,它将给"世俗主义"灌输一个独属于印度的定义。

总理 P.V. 纳拉辛哈·拉奥当时的处境十分艰难,当国大党中的一些人或辅助,或筹划,或以其他方式促成了阿约提亚事件时,他的日子就更加难过。他遭到了严厉批评,人们说他没能采取足够的行动阻止拆毁清真寺的行为,并且讽喻地说他"睡"过了最关键的时刻。孤独地退休后,他向资深新闻记者谢克哈·古普塔披露了没有采取强硬行动的原因。"为什么没有命令中央军开火?"古普塔发出了这样的疑问。

他问,袭击清真寺的暴徒们喊的是什么?"罗摩,罗摩。"当士兵们听从我的命令开火时,也许会射杀成百上千的人,那时候他们自己高喊着什么呢?"罗摩,罗摩。"他在我的脸上读到了困惑,问,假设一些部队掉转火力,加入了暴徒,那会如何?那很可能将燃起一把大火,吞噬整个印度。

古普塔问拉奥,为什么批准人们在阿约提亚举行集会时,他相信印人党的首脑不会引起骚乱呢?"肇事的是阿德瓦尼,"他说,"人们会让他付出代价的。"[26]

阿德瓦尼确实付出了代价，拉奥后来将他牵连进一桩地下钱庄洗黑钱的丑闻，然而这仍然是场得不偿失的胜利。

巴布里清真寺的拆毁在许多方面都标志着印度教教徒与穆斯林之间长期的、争端不断的关系走入了低谷，各个政党中都有相当多的政客也应该为此负责。如今看来，拆毁事件同时标志着充满敌意的、沙文主义的印度教民族主义走向了高潮，它几乎从不向印度的少数群体做出让步。

经历了阿约提亚事件以及它的余波之后，印度教徒主义背上了不宽容的、政治化的名声。没过多久，空气开始渐渐地从气球中泄漏出来。"强硬"的印度教徒主义仍旧持续发展着，然而它越发成为类似普利文·托加迪亚这样恃强凌弱的、边缘化的叫嚣者，以及诸如"印度觉醒"这一类非主流的边缘军事组织们的活动领域。印度的文化渐渐开辟了一条不断拓宽的渠道，这有部分要归功于总理拉奥和财政部长曼莫汉·辛格推广的经济措施所产生的良好效应。当有序的经济改革终于给印度献上了繁荣的大计时，最强烈的民族主义挫折感也随着这个渠道流走了。在之后的20世纪90年代及21世纪里，一种更为宽松的印度的身份认同开始随着这个国家现代中产阶级的膨胀而发展起来。

宗教性的民族主义那最初的愤怒和仇恨都包裹在激进的印度教徒主义中，现在它的能量开始消退。富足和经济自由拓宽了它、软化了它，最终，印度教徒主义成了一个容器，可以包容一种看似更有自信的、文化上的民族主义，新生的中产阶级从中享受了许可证王朝的灭亡，以及全球化生活方式带来的快乐。

这改变了印人党的命运。此后阿德瓦尼接受了一个采访，他向一名记者指出："基于意识形态的政党所能做到的最多不过是在小范围内获得权力。它不能赢得全国的信心。"记者则反驳说当人民同盟解散时，它的影响仍然一直在增加。阿德瓦尼对此做出了这样的回应：

> 影响力随着意识形态的淡化而增加。只要意识形态加强，政党的影响力就会减少。[27]

也许印人党是在巴布里清真寺的废墟中学到了这一课，因为在那之后，它很快就不再将印度教徒主义鼓吹为自己的核心价值。置身事外的莫迪静静地吸收着这一切。他也知道印度只能抓住主流,而不能依靠极端。他精明地做出了判断:印度教徒主义或许可以赢来最初的选票,但唯有发展才能为选举提供持久的动力。

10年之内,身为古吉拉特首席部长的莫迪使用了这条原则,但初期的结果却充满了各种意想不到的突如其来。

6. 飞向责任之高位

离开舞台倒着走,我登场了。

——罗伯特·洛威尔

巴布里清真寺被拆除后,古吉拉特燃烧起熊熊的骚乱之火:街头不断爆发动乱,一切都在预料之中。紧张的局势撕裂了随之而来的整整一个10年。古吉拉特再次成为火药桶。

情况到了1992年开始有所改变,在邦内,国大党开始收获分裂性质的、最终被证实为目光短浅的KHAM变革的果实,一切的发生恍若飓风过境。自1960年诞生于孟买以来,国大党在几乎所有的年份里都能入主政府,只有4年例外。人民阵线——或称人民党——曾两次短暂接管邦政府,都是在巴布哈尔·帕特尔的领导之下。接着,查曼罕·帕特尔于1990年作为人民党联盟的领袖接管了政府,联盟中也包括印人党。在此之后,除了1994—1995年(当时情况非常特殊)以外,古吉拉特的国大党实际上一直是一股垂死挣扎的统治势力。20年后,它连仅剩的一息之力都将荡然无存,对当地国大党的领导人而言,这一段岁月真是举步维艰,他们曾在非正式场合承认说,为了阻止莫迪上台,中央领导层时至今日依旧给他们施以莫大的压力——真可谓无所不用其极。

1992—1993年,印人党的内部斗争即将拉开序幕。它信心大涨,期待在下一届古吉拉特大选中掌权。贵重的奖项依旧悬而未决,为了问鼎,它必须谨慎地着手调兵遣将、安营扎寨。帕特尔团结起堡垒一般的人民党联盟,意图阻止印人党"雪崩"[1],直到他于1994年2月被心脏病夺去了生命。他的财政部长奇哈比尔达·梅塔继任首席部长。梅塔是个国大党党员，帕特尔曾经于 1990 年"将自己的党融入国大党，然而却收效甚微"[2]。在梅塔的领导下，国大党入主邦政府，但这只能说是个技术性的细节处理，并不是常见的选举任命。现在只需静静地等待，直到 1995 年年初，下一届邦政府选举的到来。

此刻，古吉拉特的印人党内出现了 3 个名字：沙克森·瓦格海拉、克苏布哈·帕特尔、纳伦德拉·莫迪。1992 年，莫迪出局，瓦格海拉坚持将他逐出邦内的党——就在他在尔克塔圣旅中成功高调现身之后。莫迪很清楚这份"惩罚"从何而来，时至今日，每每谈及瓦格海拉，他总是忍不住神采飞扬："我的品级更低，我的年龄也小，我是如此年轻但媒体却都爱我，我收到了来自全印度的莫大的关注。我的演讲能力一直帮助着我。但也正因为如此，嫉妒自然随之而来——就在我们内部。瓦格海拉决定说，现在莫迪在这里，对他而言会是个麻烦。所以 1992 年我才会被开除出组织。"

莫迪不止一次对我提及此事：第一次是在公开场合，言语中没有一丝遗憾。私下里的他总是很镇定，对比起他作为公众人物的强硬，甚至是闹腾的突出表现，二者真是判若云泥。正是这种内在的沉思式的镇定令他能够抵御住种种中伤，从 2002 年以来，在所有针对印度政客们所发起的中伤运动中，抵制莫迪的这一场最是经久不息，迟迟不肯落幕。

古吉拉特印人党主席瓦格海拉虽然已经大权在握，却依旧野心勃勃。虽然他事后百般否认，但在阿约提亚事件发生时他确实在场，在古吉拉特的立法会议上，看见老对手坐在对立方的板凳上，明显惹恼了莫迪。2009 年 11 月 26 日，《今日邮报》刊登了一篇文章，其中突出描述了瓦格海拉在巴布里清真寺被夷为平地的事件中所充当的角色：沙克森·瓦格海拉（在摧毁巴布里清真寺的事件里）是遭到莱博汗委员会指控的 68 人之一。

除此以外，瓦格海拉还觊觎着首席部长的职位，并准备为此孤注一掷，包括在必要的时候放弃，或者甚至摧毁自己的政党。他把莫迪视为克苏布哈的人，这在当时也是真实情况。在印人党内的权力之争中，克苏布哈是瓦格海拉的致命对手。同时，莫迪的同事桑杰·乔希又加重了整个局面的复杂程度：1987 年，桑杰和莫迪一起从民族卫队被派入印人党，当时他追随的正是瓦格海拉。桑杰和莫迪已共事多年，但选择立场的时刻到了，他们第一次站在了对方的对立面上，之后更是成为宿敌。

再次被选为印人党全国主席的阿德瓦尼是莫迪最后的王牌，他支持莫迪。在阿德瓦尼的坚持下，1994年，莫迪又再次被派回古吉拉特——就在预定将于第二年举行的选举开始之前。阿德瓦尼抵制住了来自瓦格海拉、苏雷什·梅塔和新任邦主席克什拉姆·拉纳的压力，任命莫迪为古吉拉特印人党秘书长。[3] 随后他交给了莫迪一项训练党员的工作：共15万人意图协助政党在即将到来的、"以组织为中心的选举"的新式邦内民调中克敌制胜。这种基层管理工作正是莫迪的强项，他立即全身心地投入其中。

结果印人党大功告成，大获全胜，赢得了2/3的多数席位，贻笑大方的国大党则被碾为齑粉。在古吉拉特议会的182个席位中，印人党捕获了其中的121席，占选票总数的66.5%，高于此前选举中的27%。[4] 在之后区一级的长老会投票中，有时还能赢得100%的席位。就像一位新闻记者所指出的那样，在印度历史上，"从未有过任何一个党派取得过如此轰动的进展"[5]。在古吉拉特，凤凰终于要从人民同盟的灰烬中展翅腾飞，这个奇迹的诞生有部分要归功于莫迪的努力。当然，这也使瓦格海拉聚集了满是敌意的怒光，冲莫迪袭来，当克苏布哈·帕特尔于1995年3月14日被任命为首席部长时，他的情绪更加猛烈了。

瓦格海拉暴跳如雷，他认为德里方面对选举横加干涉，于是刚刚从德里返回的莫迪便承受了他的指责。他可能也是对的。莫迪当然把瓦格海拉当作一个危险的我行我素者，认为他必须被拉下台。虽然年龄上小了10岁，但瓦格海拉的政治地位比克苏布哈高，因此他在党内控制的议员数也确实比后者略高一筹。

由于瓦格海拉营造出的阻力，新政府很是花了一番时间才安顿下来，莫迪开始着手"从重要的位置上拔除瓦格海拉的支持者"[6]，削弱他的势力基础。与此同时，反对克苏布哈的叛变行动却正在酝酿中。瓦格海拉已经秘密地与国大党展开协商，想要为自己的下一步计划赢得他们的支持。

当时的瓦格海拉是人民院的老议员。莫迪曾利用这一点阻止自己的敌人，想依靠"一人一职位"的一贯原则将他排除在竞选之外。但1995年9月底，瓦格海拉策划发动了反对克苏布哈的政变。他租赁了一架飞机，同支持他的47名立法议员一起飞往中央邦克久拉霍的一家奢华酒店,在那里举行军事会谈,克苏布哈·帕特尔当时正在美国访问。此前国大党已经承诺让自己的 45 名立法议员支持他,他在会上对这份隐情供认不讳。这将使瓦格海拉能够掌握大多数议员,并意味着首席部长的职位变得岌岌可危,即将落入他的囊中。

"当时,"莫迪回忆说,"克苏布哈和我非常亲密。沙克森·瓦格海拉想要成为首席部长,但我支持克苏布哈·帕特尔。然后造反行动就发生了,就在 6 个月内,克苏布哈不得不离开。但那时大家达成了一个妥协,妥协的内容是,我必须离开古吉拉特。"

瓦格海拉的阴谋给克苏布哈的首席部长任期画上了一个句号。为表安慰,克苏布哈随后被任命为党的国家副主席——不过这也并不意味着位子就落入了瓦格海拉的掌中。相反地,经过协商之后,瓦杰帕伊在瓦格海拉屈指可数的余部中选取了忠于印人党的一个人。于是首席部长的人选有了折中的结果:苏雷什·梅塔。人们相信梅塔会听命于端坐在德里的国会中的瓦格海拉。由于梅塔同时也深受瓦杰帕伊器重,因此他对双方而言都是个很合适的人选。[7]

于是,莫迪再次被逐出古吉拉特。这在当时看起来更像是一个永久的安排。克苏布哈·帕特尔也很愤怒,他指责莫迪害他丢掉了领导的宝座。莫迪是否低估了瓦格海拉背后的力量,曾向克苏布哈断然保证说瓦格海拉的支持者绝不会超过两三名立法议员,并应该为此背负罪责呢?倘若真是如此,那么这个失误确实是个灾难。然而据一名记者所说,这看起来更像是桑杰·乔希散布的谣言,后者公开宣称自己与莫迪势不两立,而部分理由至少是,他认为莫迪试图在刚刚举行的竞选活动中抢夺功劳。[8]

今天的莫迪对这种说法表示了驳斥。他说为了努力确保印人党能够在 1995 年 9 月的长老会中赢得更大的胜利,自己在邦内民调结束后的那段期间内十分忙碌。不过他把瓦格海拉视作是毫无原则的唯利是图者,以党为代价,为自己的权力四处奔走,是印人党在古吉拉特的选举霸权中的新威胁,对这一点他倒是毫不否认。莫迪正是出于这个原因而同他势不两立。就像历史证明的那样,莫迪的预测并没有错,然而当时的局面还需要一头替罪羊,而他正好填补了这个角色的空缺。

当瓦格海拉在克久拉霍运筹帷幄之时，莫迪则于1995年9月28日递交了一封辞呈，他本人对这封信的内容至今仍感到十分骄傲。他在信里阐明了自己对局势的看法：

我要引用一个例子——这个故事在印度社会里耳熟能详。曾经有两位母亲，她们都争着要一个孩子，都说自己是孩子的亲生母亲。这件事闹到了法院。法官说："好吧，我们能怎样呢？我们把这个孩子砍成两半吧。"真正的妈妈哭着说："不，不，不，把孩子让给她好了。"于是法官就判定说这才是真正的母亲，另一名是假的。我引用这则故事想说明的是，我也不能眼睁睁地看着自己的政党被砍成两半。因此还是由我把它拱手让给你，转身离开比较好。

这真是个精彩绝伦的故事。其实它已流传了3000年之久，出自犹太教典籍《所罗门王的智慧判断》（王上3：16—27）。莫迪接受的惩罚也同样带有《圣经》里的意味：他流亡到阿萨姆和古瓦哈蒂，在那里日渐衰弱下去，或者还能见到他的老朋友——那位隐士。

然而事态的发展却与此计划截然相反，阿德瓦尼介入了，1995年11月20日，莫迪被任命为印度人民党全国秘书长，这说明他在古吉拉特付出的努力并非不被欣赏，反之，它们还产生了重要的影响。[9]

莫迪的根现在在德里。他是阿德瓦尼的宠儿，可以随时进言、陪伴。但莫迪并不喜欢德里，在那里他只待了一个月多一点儿的时间。[10]

莫迪说："实际上我是个很离群的人。"有天晚上我们坐在他家里聊起了"克己"这个话题，我们说他像个能够离弃一切而去的僧侣。"我没有什么挂念，所以我无论身在何处都能全情投入。而且我基本上都不在德里，我主要在昌迪加尔。"

1996年，莫迪受命负责组织哈里亚纳、喜马偕尔、昌迪加尔、旁遮普、查谟和克什米尔地区的印人党。这是项"艰巨的任务"[11]，但莫迪不辱使命，此后印度人民党在这几个邦的投票中多次获得显著胜利。[12]

据莫迪自己说，之后的5年——1996—2001年——是他生命中最富有成果的时期之一，这或许是出于他的新责任区位于国家西北部的原因。

我非常高兴，因为我距离喜马拉雅山更近了。那是我最喜欢的地方（一直笑），所以我过去常常去喜马拉雅山，我喜欢它。于是在那段时间里，我得到了一个很好的学习机会。也是在那段时间里，我走访了如此多的国家；我有机会与如此多强健的领导人共事。还是在那段时间里，我试着学习计算机和技术知识，时至今日它们对我仍然十分有益。所以我把那段时光视为自己获得的一个契机。

他甚至还平静地、心满意足地看着瓦格海拉于1996年丢掉了人民院的席位。"我总是要把逆境变成机会，总是这样。在我的个人生活或政治工作中一贯如此，"莫迪坚持说，"失败，这个词不在我的字典里。我从没想过失败。我从不停止。"

负责北部各邦的那段岁月让莫迪不仅收获了大量出国的机会，更让他能够接触到许多印人党内国家级别的领导者。他学习并掌握了与印人党的政治，以及印人党内部运作相关的更加深入的细节，除此以外，他与印度西北部来自所有其他党的政客们也展开了深度交往。这是因为，在印度步入政治联盟的新时代之后，印人党常常需要与其他伙伴党派共同掌权或共同参选。"他们当时还没有和印人党结盟，但是我的机会很好，得以和这些人共事。"他同印人党假想敌中的许多人成了朋友，既是私人的朋友，也是政治上的朋友。

后来有一种关于莫迪的职业生涯的观点普遍存在，人们认为他只是个区域性的领导，与德里的政界并不熟悉，这种观点明显是错误的。另一种看法则认为他没法和他人达成共识，只适合孤军奋战；其实当印人党领导的全国民主联盟在20世纪90年代后期掌权时，他在自己领导的北部诸邦里一直成功地充当着调和者的角色，由此可见这第二种观点也经不起仔细推敲。

难怪莫迪要将这一段"被驱逐"出古吉拉特的岁月视作生命中最有成果的时期之一。当时的他又成了一个快乐的流浪者。事实证明，对于即将来临的一切，这段时间也是个很好的锻炼。

莫迪离开后，印人党在古吉拉特的势力便衰败了，这就仿佛是要证实说党内的乱象并非出自莫迪的阴谋似的。瓦格海拉依旧讨厌莫迪，依旧牢牢地抓着权力不放。莫迪说："对，瓦格海拉想要我付出代价，我离开以后，苏雷什·梅塔成了首席部长，瓦格海拉又发起了一次叛乱。那时候我并不在古吉拉特。然后他自己就成了首席部长。所以对于古吉拉特而言，那是一段动荡的时光。"

到了 1996 年 9 月中旬，总统统治令生效，中央直接接管了邦政府。苏雷什·梅塔真的带着耻辱走了，由于他试图操纵竞选票，结果自食其果。永远在叛变的瓦格海拉迄今为止已经烧断了自己所有的退路，1997 年 8 月，他离开印人党，组建了自己的武装：全国人民党（RJP），凭借这层保护，他向国大党投去了橄榄枝。总统统治令解除后，瓦格海拉梦想成真，在国大党的帮助下，他有滋有味地享受了担任古吉拉特首席部长的 370 天，国大党现在更像是瓦格海拉个人的党了。

在中央，虽然印人党在 1996 年人民院选举中的表现已经相当差劲，但应该说，局势还是朝着有利于印人党的方向发展着。1997 年 2 月 8 日，在沙克哈奇选区的古吉拉特补选中，邦议会里出现了一名年轻的股票经纪人阿米特·沙阿。在 P.V. 纳拉辛哈·拉奥离开后，瓦杰帕伊创造了印人党的历史，于 1996 年 5 月在印度总理的宝座上待了 13 天，后来又不得已在大半个国会缺席的情况下落寞下台。

由 H.D. 德韦·高达及其后的 I.K. 古杰拉尔领导的联合阵线政府，受到了来自国大党的外部支援，但它却并没有持续多久。1998 年 3 月，在瓦杰帕伊领导下，印人党接管了政府。这是印度的第一届全国民主联盟政府，它标志着多党联盟政府时代的到来。

到目前为止，总理拉奥和财政部长曼莫汉·辛格施行的经济和政府改革的结果开始显现。1991 年爆发的收支平衡危机得到了国际货币基金组织的救援。印度几乎破产，财政外汇储备仅仅足够再支撑 3 个星期的进口量。作为紧急救援的条件，少数派的国大党政府被告知他们必须抛弃导致国家破产的、毁坏性的社会主义政策。各项具体要求中最主要的一条就是解除官僚资本的许可证和配额制度，因为它盘踞在印度工商业的头颈之上，将它们慢慢地扼杀。

就像是被注射了一剂奇迹般的多巴胺似的，一个昏迷数十年的患者又缓缓地苏醒过来，经济中开始显现出相应的反应：增长现在上去了，繁荣的指标四处可见，志存高远的中产阶级的缓慢兴起也可以为证。但其中却并不存在奇迹——这是科学的、可预见的。拉奥为曼莫汉·辛格巧妙地抵制住了来自内政部和政府内代表王朝利益的保守派的压力，让他可以放手解决许可证制度并引入结构性的经济改革。

讽刺的是，尽管印人党于1998年组建的政府本应是这些改革的受益人，但这些革新同时也永远地伤害了印人党，因为后者从未对自己的经济哲学做过任何认真的思考。印人党总是试图通过宣扬所谓属于印度自己的本土斯瓦代希经济政策而将自己与国大党区分开来，然而这个理念同来自20世纪中叶的中央控制的平等主义费边理念的区别其实并不明显。

正如贝德威·瑞吉·纳亚尔于2000年时所指出的那样："关于经济政策方面，印人党的统治真的没有什么独特之处；也就是说，它和国大党很难区分开来。"[13]但印人党也有一项过人的技巧，即它的基础设施计划，尤其是修路计划。这是个长远的项目，它的优点在当时尚难以显示出来。

沙克森·瓦格海拉大肆宣扬印人党内部存在腐败问题，之后更是爬上了古吉拉特首席部长的宝座。然而仅1年之后，他自己也于1997年10月因为深陷腐败的指控而离职。之后他的同事、全国人民党的底里波白·拉曼博哈尔·帕里克特短暂继位，直到1998年3月4日选举重新开始为止。[14]这宣告了全国人民党的死亡，他们收获了4个席位，这实在不值一提，很快，瓦格海拉扔掉了所有的伪装，带着全国人民党的席位加入了国大党，后者获得了53席。[15]印人党大获全胜，东山再起，在182席中赢得117席。克苏布哈·帕特尔再次成为首席部长。

自1995年被"驱逐"以来，莫迪曾数次回到古吉拉特，主要是为了拜访圣思达曼学校。从1998年2月以后，一直到大选结束前，他又再次造访，这依旧是次合法的行动。他的辛勤工作收获了成功。桑杰·乔希因接管了莫迪曾经的组织秘书长的工作而如坐针毡，他害怕人们会因为莫迪的成功而给他颁发殊荣。[16]现在的乔希和当时的莫迪一样，与克苏布哈十分亲密，尽管二者对莫迪都怀有敌意，不过印人党在1998年的人民院里获得了绝对的胜利，这个局面"意味着莫迪已不再是古吉拉特的政治贱民了"。[17]

1998年5月19日，回到德里的莫迪正式接受了党的全国（组织）秘书长职务，这次显著的升职很可能是考虑了古吉拉特之前的选举结果后做出的决定。他保留了在西北方诸邦的职责，但必须在首都停留更长时间，他又开始了游牧生活，轮流在朋友们家中的某个房间里安营扎寨，所有的生活用品依旧全在一只手提箱内。[18] 未来的各种潮流正在不断地翻腾涌现中,但此时更需要的是发动一场风暴或一场地震来对未来的可能进行重组。

想要理解莫迪此后身为古吉拉特首席部长的职业生涯,接下来的 2~3 年至关重要。从这时开始,莫迪的敌人们——他一直树敌颇多——开始使用一种叙事般的手法来描述他,说他密谋推翻克苏布哈·帕特尔,为争夺古吉拉特首席部长的职位要排除异己。这种说法看起来很荒谬,不仅仅是因为克苏布哈刚刚带领大部分席位凯旋,更是因为莫迪的继任距离此刻还十分遥远,并且他的继任极大程度上取决于一连串他无法预测的自然灾害的发生,它们分别是 1998 年坎德拉的飓风、2000 年艾哈迈达巴德的洪水,以及在那 4 个月之后发生的凄惨悲凉的 2001 年 1 月大地震。

那时候,因为对这些不幸事件的笨拙处理,克苏布哈不幸赢得了"灾难先生"的绰号[19]。但印人党领导层直到卡奇大地震结束数月之后才决定把他换下台。从 2000 年年初灾难性的竞选结果中也可以预测到他们的这个决定,不过对他职位的调动经历了很长时间的争论,最终才勉强执行。

1998 年后,有人把莫迪描绘成野心勃勃的阴谋家,说他蠢蠢欲动、要对古吉拉特出手,这种描写手法,以及把他描绘成策划了 2002 年动乱的同谋分子的行为,二者在关于同一个人心理描述的手法上有异曲同工之妙,自有它的道理。换句话说,把莫迪形容成冷酷无情、极端自私的政客,一直都是所有反对他的运动中的固定保留节目,因此前一次的手段就像是带了一种特殊的"后见之明",与后来者分享了共同的主题。随着莫迪在古吉拉特乃至全国范围内越发地名声显赫,这些行动更是加快了它们的脚步。

莫迪给德里的领导层留下了越来越深刻的印象,1999 年,他赢得了瓦杰帕伊的绝对信任,后者任命他为党的发言人。他开始从事国际外交工作,代表党组织出访马来西亚、澳大利亚等国,这拓宽了他的眼界。

正如莫迪告诉我的:"我为能够访问 40 多个国家感到十分幸运,正因如此,我接触了很多东西。我了解到世界如何运转,哪些类型的事物在发展,我们国家的立足点在哪里。我不得不进行思考:为什么我的国家会这样?为什么其他国家会进步?以色列降水量很少,但以色列正在进步。我们为什么不能呢?"

他更为频繁地出现在电视摄像机前,并用行动向大家证明,自己很擅长处理记者们提出的尖锐问题。德里的印人党总部现在把他视为机敏的谋士和自己安全的双手。当卡吉尔战争于1999年爆发时,他正在克什米尔,这很好地使他规避了责任。[20] 他向大家证明了自己在采访中可以保持坚定主线的能力。他毫不犹豫地对新闻界批评巴基斯坦总统穆沙拉夫的"早餐会议",言辞中却又丝毫不带极端沙文主义的情绪。

当2001年的古吉拉特需要一位新的首席部长时,这一切都令莫迪成了很合适的候选人,可那时的他对自己德里的工作毫无不满。

与此同时,克苏布哈·帕特尔却根本不需要莫迪的帮助,在摧毁自己在古吉拉特的领导地位这件工作上,他完成得非常好。据说在他的领导下,腐败猖獗,裙带关系盛行。古吉拉特内外许多中立的观察者都曾简略地提及此事。[21] 斯瓦潘·达斯古普塔对克苏布哈的日渐式微给出了这样的诊断:

> 开始时,他享有反抗腐败的无情的改革者的盛誉。(现在)人们认为他维护着官僚们的利益,而后者的正直却值得怀疑。他强调大家必须把所有重要的决定都提交给他,就此抢夺、控制所有的权力。政府的成就不可能被转化为政治资本,因为克苏布哈的形象急剧下降[22]。

在2000年市政选举时,印人党丢掉了对艾哈迈达巴德和拉杰果德市的控制,并且还几乎被扫出长老会,丢掉了23个区中的21个。他们拥有的选票份额从80%一落成为20%,还丢掉了宝贵的萨巴尔马蒂选区的席位以及萨巴坎塔县的人民院席位。在2000—2001年,印人党在所有邦的补选中败北,无一例外。德里害怕了,他们担心古吉拉特的车轮即将从组织的客车上散架!在2003年大选中铩羽而归的结果忽然变成了可能,但中央领导层却依旧无动于衷,无所作为。

之后就发生了始于2001年1月的损失惨重的卡奇地震。选民的不满情绪更加螺旋式上升,与此同时,还有一些旱灾也影响着2000年里的17个区以及2001年中的22个区。救援行动明显迟缓。政府最初似乎是被自然灾害吓得一度瘫痪,然后便也只是勉强做出些平庸无能的举措而已。

"官员们拒绝执行命令,不愿通报信息,这就是震后头5天的行动标志。当克苏布哈终于在电视上出现、提醒人们小心余震的时候，他笨拙的表达方式又触发了恐慌。"达斯古普塔这样写道。

在距离地震震中 400 公里之外的艾哈迈达巴德，由于有人从中谋取回扣，大约有 200 座粗制滥造的高楼拔地而起，它们在这次地震中全部坍塌，导致 750 人死亡。反抗现任政府的情绪开始初见端倪。"民间流传着这样的故事，说那些平日里骑着自行车或摩托车四处游走的执政党主角们现在已经拥有了自己的汽车。"[23]

克苏布哈日渐沉默了，而莫迪却正在乘风破浪中。2000 年 6 月 28 日是个关键的日子，莫迪再次轻装到访古吉拉特。在那里他依旧不受欢迎，至少不受政党的领导们的欢迎，然而这次旅程却证明民众对莫迪的热情已高涨到了顶峰。在一个聚会的场合里，25 年前的紧急状态中，由于英迪拉·甘地那臭名昭著的《紧急维护内部安全法令》(MISA) 而被拘留的人们聚集到了一起。

这是个官方活动，因此他们允许莫迪出席。在贵宾席中显要人物的队伍里，他坐在最尽头的椅子上，虽然从技术上讲他也算是在台上，但他靠在高台的边缘，那位置十分危险。出人意料的是，印人党的国家主席请莫迪走上前台，给他披上了披肩，并介绍了他在紧急状态期间完成的地下工作，人们献给了他长达 5 分钟的热烈掌声。《印度时报》这样写道："首席部长克苏布哈·帕特尔、邦首脑拉贾德瓦森·拉纳以及其他人都大为惊讶。"[24]

这一插曲说明莫迪在古吉拉特深受欢迎，人们牢记着他，记得他在紧急状态时期付出的辛苦，以及在最近的那些选举活动中从事的辛勤又有效的工作。现在人们也能从电视上认识他。早些时候，当山崩地裂般的选举失利发生时，他并不在场，这一点对于目瞪口呆的首席部长而言，更无异于在伤口上撒盐。

《印度时报》写道："即使是莫迪也为自己受到的巨大的关注而感到惊讶。"这意味着他并没有密谋夺取克苏布哈的工作。批评莫迪的人们，从来没有在他们描写的莫迪问鼎的故事中提及此事，这本身就很能说明问题，耐人寻味。许多人听说并相信莫迪在古吉拉特极不受待见，为了成为首席部长而不得不设计击败每个人，而这一事件则无疑足以推翻他们的这些描述。

事情再三接踵而至，于是莫迪被任命为过渡性的首席部长。有一份绝不喜欢他的报纸当时报道说，只有在市政选举中一败涂地，并丢掉了补选之后，"害怕在大选中经历同样的灾难,国家领导人才决定把阿德瓦尼的人送到古吉拉特"。[25]另一则报道说莫迪"本来可以继续担任德里的秘书长的职位,如果不是2001年卡奇地震迫使克苏布哈退出的话。决策层在当时排名靠前的邦领导人中再三筛选,最终莫迪幸运中选,以'代理人'的身份来到了甘地讷格尔"。[26]

莫迪在德里并不全然开心,他梦想着古吉拉特,但又明显没有回归的计划。有趣的是,他说印人党的领导人最终是出于他们自己的"政治"原因将他送回来的。党需要一位有经验、有组织能力、守纪律的人,需要看到古吉拉特的局面得到拯救的希望。但他们也需要一位毫无影响力的人。因为作为"幕后男孩"的莫迪并没有自己的势力基础,在过去也从来没有为获得任何职位参加过竞选,他们认为如果由他出任首席部长,那么他们一定可以驾驭他。[27]这听起来很有道理。但作为一个心怀抱负的人,莫迪对即将慢慢降临到古吉拉特头上的灾难有着充分的意识,他一定——至少潜意识里——已经给自己设置好了定位,做足了准备,这样在面对这个工作机会时,他就能做出一副"经得起考验"的样子来。

对发生在被任命为古吉拉特首席部长之前的一些事,莫迪本人也做了一番描述。[28]当时他也常常应印人党国家领导层的要求,到古吉拉特去帮助震后协调救援行动。2001年10月1日,他正在德里参加一位丧生于空难的记者朋友的葬礼。就在那里,他接到了总理A.B.瓦杰帕伊的来电。

瓦杰帕伊问:"你在哪里?"然后他们约好了当晚见面,见面时瓦杰帕伊开玩笑地说莫迪太胖了;说那是因为他在德里待得太久,"吃了太多旁遮普食物"的缘故。[29]

瓦杰帕伊告诉莫迪,他必须到古吉拉特去工作。莫迪的第一个猜测是,他将以自己党内全印组织秘书的身份监管该邦。他问,这是否意味着他要失去他正在负责的其他邦,这个问题的提出说明他并没有领会瓦杰帕伊的意思。当被告知他要从克苏布哈手中接任首席部长的职位,并且必须参加议会补选时,莫迪立即拒绝了。

相反地,他提出自己愿意每个月到古吉拉特工作10天,同时依旧从事从前的日常工作。瓦杰帕伊却以一种命令的方式一再劝说他接受这个职位,然而仍旧遭到了莫迪的拒绝。之后,阿德瓦尼致电莫迪,询问此事的进展,虽然他肯定早就知道了结果。阿德瓦尼与他的谈话十分直截了当："看，每个人都决定了，就看你的了。"

这话是否奏效呢？9月30日，星期天清晨，一架飞机在前往坎普尔的途中坠毁了，机上载着莫迪的朋友、原全印电视台的摄像师毕希特·戈帕，电视新闻记者兰季安·吉以及其他6名乘客，其中也包括拉吉夫·甘地的老朋友马达哈拉奥·辛迪亚。[30]

莫迪的年鉴记录中必须包含这么一天：10月1日。因为在这一天里，在德里，人们为罹难的往生者举行了火化仪式。莫迪说，在接受党的命令之前，他的心里曾有过数天的抵触。10月4日，星期四，古吉拉特，莫迪在印人党全国主席贾纳·克里希那穆的陪伴下，正式就职为新一任印人党立法委秘书长。

星期一晚上，莫迪接到了阿德瓦尼言简意赅的通话；星期二上午，他决定接受任命，于是收拾了三两件物品，在德里处理好自己的事务；10月3日，星期三，他飞到古吉拉特，为第二天的工作做准备，也向克苏布哈递上了绸带，表示慰问。

莫迪说，他对瓦杰帕伊的提议犹豫不决，因为他离开古吉拉特已有6年，和当地事务缺少联系，也不认识那里的人。这话说得言不由衷。他认识所有人；他在党员中明显享有很高的支持度，虽然或许党内其他领导人并不把他当成朋友；但他也曾经在邦里为竞选活动添砖加瓦，最近又刚刚为了地震救援的事务再次造访。

莫迪真正缺乏的是——当初在犹豫是否接受瓦杰帕伊关于让他出任首席部长的提议时，或许他也曾提及此事——统领和执政的经历。从政治上考虑，由党内的组织者一跃成为首席部长的大动作，哪怕自信如莫迪，一定也难免望而却步。同时，很明显，对于越过选举、直接任命的现状，他也十分敏感。

2001年10月7日，星期天，莫迪宣誓就任首席部长，仪式持续了40分钟，此时距离瓦杰帕伊的来电只有6天。虽然国大党的政客们拒绝到场，宣称说他们憎恨举行仪式耗费了开销（此举也许暴露了他们的不安），但还是有至少5万名党员到场参加。盛大的欢迎仪式过后，第二天清晨，《印度人》又锦上添花地做了报道："仪式进行到最后，党员们纷纷高喊着，要爬上讲台迎接新任首席部长，这时莫迪先生向大家发出了呼吁，要求大家保持冷静。"[31]

必须感谢他远在德里的重量级的支持者们,由于他们的存在,当时和当地印人党内的敌人们一起共事的莫迪才能保证自己的安全。但是他知道他必须迅速出手,必须着手清理覆盖在古吉拉特的党组织之上的断壁残垣。即将到来的邦内选举将于2003年3月举行,在此之前,可用的时间所剩无几了,几乎不到一年。他把自己比作"一日竞赛"中的击球手,[32]暗示说自己能行动的时间并不多,同时也透露出他并不认为自己在邦议会选举后,还会在当地做长久驻留的念头。这说明他把这次任命视为必须向德里的领导们复命的一项任务,事成之后他就会回到喜马偕尔和喜马拉雅。可以说,去看望年迈的母亲是上任后的他所做的第一件事。母亲对他说的话很简单:不许接受一丁点儿贿赂!

这或许是成年后的莫迪第一次接受来自母亲的建议。

第三部分　回归

7. 那些动荡的日子

没有血（必须是人类的，必须是纯洁的）筑的水泥，就建不起坚固的世俗之墙。

——W.H. 奥登

2002年2月27日，星期三，清晨，古吉拉特的小镇戈德拉，天气晴朗、空气干燥，这是潘奇马哈斯县的行政总部，位于中央邦的边界。四处没有一丝风的气息，温度却早已快速地攀升。上午7点42分，一辆晚点了近5个钟头的列车驶进了站台，太阳在它身后缓缓地升起。车上载有2300名乘客。

大部分乘客是宗教志愿者，即罗摩的信徒，这些古吉拉特人正要从北方邦的阿约提亚返乡，大约10年前，阿约提亚当地的巴布里清真寺正是在像他们这样献身印度教的人的手中被夷为了平地。他们当中也许有部分人真的也曾参与其中，可车上大部分的孩子当时根本尚未降临在这世上。这些男人、女人和孩子在朝圣归来的旅途中已经走过了1200公里，禁闭在车厢中令他们焦躁不安，睡眠也时断时续、迷迷糊糊。现在他们又饥又渴，疲惫不堪，但是即将到家的快乐念头使他们精神振奋起来。一些人甚至开始吟唱，或开始呼喊口号。

他们乘坐的是9166UP号，大家称之为萨巴尔马蒂快车。萨巴尔马蒂是流经艾哈迈达巴德的一条河流，该市就是此次旅程的终点。对于印度人而言，"萨巴尔马蒂"还有另一重含义，那就是圣雄甘地于1917年在萨巴尔马蒂河岸上修建的静修院。13年后，圣雄正是从那里启动了"非暴力不合作食盐进军"运动。

这趟列车和它承载的旅途都饱含着象征意义。在旅途遥远的另一端，在阿约提亚，列车曾在这个被许多人视为印度教信仰之源的地方做了停留，那也是当时宗教与政治的争锋之地。而现在，萨巴尔马蒂快车要将这些罗摩的门徒们送回另一个重要地点，这个地点又与印度历史的最新阶段——反抗英国殖民者、印巴分治、独立、国家的新生——休戚相关。

在阿约提亚的巴布里清真寺被摧毁了大约10年后，萨巴尔马蒂快车在戈德拉连接站停歇了5分钟左右。之后它面朝西向，从站台发车，此时便开始有石块掷向车厢，经过了不过700米之后，列车于距离森格纳·法力亚站不远的地方再次停了下来。据说这是由于有人拉响了警报，于是释放了真空压，列车只能被迫启动了自动刹车。

那是上午8点，此时已有接近2000名当地的穆斯林靠近了铁路，他们仿若从天而降，包围了列车。[1] 这些人一边扔石块，一边反复地喊着："烧死他们！打死印度教教徒！砍死印度教教徒，烧死他们！伊斯兰教危险了！"[2] 带领他们喊出这些呼语和口号的人的声音，通过附近清真寺里的公共广播系统被不断地反复接力，大声重复，远近可闻。

火车司机不能操控火车前进，因为引车员——当他试图去重置紧急链的时候——被人投掷了石块，被迫撤退到车里。

被围攻的朝圣者们关上了窗户和门，但继续投掷过来的石块砸碎了窗户之后，燃烧着的布条和充满酸性物质的电灯泡又紧随其后。他们用行李箱顶着敞开的窗户，可是S-6号车厢很快就化作一片火海，那些试图从火焰中逃离的人一现身就立即遭到刀剑和铁棍的殴打。有传言说，曾有人爬出了窗外却惨遭斩首，头还被扔回了车厢内。[3] 有一两名乘客想方设法躲在了车厢下方，但那些困在车厢内的人们却很快就被活活烧死。不过数分钟之内，59个人，包括26名妇女和12名孩童，就这样离开了人世。

消防队终于赶到了——沿途遭遇了数次阻碍。首先，消防队员发现他们的两台供水车都无法工作。其中一台的离合器盘在一两天前已被拆除，因此完全不能驱动，另一台的软管也无法运作，因为把它同水箱连接起来的螺母中的一枚已被卸掉。值班人员上午8点来轮班时发现了这个情况，警报响起时他们正在维修机器。

修理完工后，他们立即起身前往车站，但遇到了以哈吉·比拉勒为首的一大群愤怒的民众的阻拦，这位两腿叉开骑在一辆摩托车上的比拉勒是戈德拉当地政府的议员，也是车辆委员会的主席。[4] 在此前一两天的夜间他曾经到访消防站，这却是个不同寻常的举动——他声称自己是为了看电视才在那里待到很晚。另有一名暴徒向供水车丢掷石块，将挡风玻璃和窗户都砸得粉碎。这个"又高、又壮的年轻人"竟然站在马路中央挑衅消防员，叫嚣着让他们继续向前开车，让他们试试从他身上碾过！

消防队员们遭到了四面八方而来的团团围困，自己的生命也受到了极大的威胁，但最终他们还是突出了重围。若非受到阻碍，20分钟之前他们本就应该能到达戈德拉车站，但此刻他们却发现所有被困的受害者都已经死去。消防员维杰·辛格看见一名绝望的妇女紧靠在窗上。他两次试图够着她，然而热浪却太过猛烈。他们用了半个钟头才扑灭了车厢里的烈火。[5] 大约43名幸存者被送往医院。

在场的警察寡不敌众，明显被吓坏了，简直可谓呆若木鸡。不久后，有位逃离出来的乘客向他们苦苦哀求，请求他们伸出援助之手，甚至奉上了自己的珠宝作为报答，他们这才向空中鸣了几枪，但此举依旧收效甚微。[6]

到目前为止，暴徒已经略略退后了一些，但他们继续高喊着口号，并继续投掷飞弹，直到上午11点30分时，他们又发起了新一轮攻击。此时匆忙赶来增援的铁路保护部队（RPF）用连番的来复枪射击和催泪瓦斯成功将他们击退。至此，暴动的消息已渐渐蔓延开来。

戈德拉连接站大屠杀还只是个开始。

严格说来，2002年2月27日，星期三，这仅仅是莫迪被选为议会议员的第二天。从上一年的10月开始，他接替克苏布哈·帕特尔就任首席部长。当时他还不是古吉拉特邦议会议员。4个月后的2月24日，他参加并赢得了拉杰果德第二选区的补选，获得了1.4万张选票，这只是印人党前一任议员在这个职位上所得票数的一半。这个结果有部分是由于克苏布哈政府不受欢迎的程度所导致的。但是更有可能的是，这是世界印度教理事会和印度青年民兵不愿意为莫迪助选的结果。

世界印度教理事会和印度青年民兵组织明显都为印人党"关于在阿约提亚建立罗摩神庙表示不确定的立场"[7] 而感到不满。莫迪本人与10年前的此事毫无关系，2002年的他对罗摩神庙的事更无丝毫热情。因此他在动乱开始之前和世界印度教理事会之间就存在不和。2001年10月7日，在地方长官的陪伴下，莫迪宣誓入职为首席部长。2002年2月25日，他宣誓成为议员，此时距离骚乱开始只不过区区2天。这与他在接下来的日子里处理那些可怕事件的手段和方式没有必然联系，但要对他做出公正的评价，就必须关注这个事实，可关于这个阶段的论述在此前的新闻报道中都鲜有提及。

莫迪通常上午 5 点起床做瑜伽。之后他上网浏览网页，再之后，数份当日的报纸才会被送到首席部长居住的平房。当他在那致命的清晨吃着早餐时，新闻里的一切都还风平浪静。

到了上午过半，莫迪开始接到关于上午 9～10 点发生于戈德拉的一起致命铁路事故的模糊的报告。[8] 他迅速做出了反应。一听到消息的他立即决定停止当天所有的议会议程，可是根据法律的规定，财政部长必须于当天内按原计划对预算问题进行介绍。

"我们完成了预算方面的讲话——这是法律强制的工作，"他告诉我，"那时候我们并未收到任何有关该事件性质判定的细节信息。我们只是接到了有人发起攻击、有人死亡的消息，仅此而已。但死亡人数尚无报道，进一步的消息大概是在下午 2～3 点收到的。"

对情况一概不知的他决定在结束议会预算讲话后立即启程前往戈德拉亲自视察。有一些不确定数量的死亡事件发生，这就是他出发前掌握的全部信息。攻击发起者的身份也依旧不明。前往戈德拉之前，莫迪召集了紧急内阁会议。他坚持要在全邦范围内向全体执法机构拉响警报，取消一切出行计划，并呼吁所有储备力量必须随时待命。

下午 1～2 点，莫迪准备动身。戈德拉距离甘地讷格尔有 115 公里远。他说："我想直接去戈德拉，但当时我们没有可用的直升机。因此我先乘飞机到了巴罗达。我要求石油与天然气公司（ONGC）提供他们的直升机。他们同意了，但却说：'这是一架单引擎直升机。我们不能让贵宾冒险乘坐这架直升机飞行。'我的回答是，我甘冒生命危险前往现场，就坐这架直升机！"

大约下午 4 点，莫迪赶到了森格纳·法力亚的现场。触目所及比他想象的更加不堪。"上午我已经派去了我的邦内（内政）部长和一些高级官员，"莫迪回忆道，"他们已经到达现场。他们告诉我，伤亡十分惨重。"

前往戈德拉之前，莫迪已发布了全邦警报，要求所有执法部门取消其他出行行动，严阵以待，准备应对人人担忧的、即将到来的狂风暴雨。古吉拉特是印度共和国里最容易产生骚乱的邦，社群主义的思想就像是民间社会里流着脓的创口般根深蒂固。

视察过被烧毁的车厢后,莫迪用对媒体发布的第一句话来表达自己的判断:"这是一起惨绝人寰的公共、大规模恐怖主义罪行,绝不是偶然的群体暴力事件!"

很明显,目标人群、一些有计划有组织的标志、受害者的身份,这些因素结合在一起,敲响了警钟。从眼前这些证据中,莫迪感觉到这是一起恐怖主义行为、一个阴谋,而不是公众仇恨的表达。二者间存在天壤之别。后来发生的事实证明了莫迪直觉的准确。

媒体发自戈德拉现场的报道又指出:"政府派出的警力不会不足……政府将不遗余力地确保执法,维持秩序。"[9] 一些有针对性的措施迅速生效。戈德拉进入宵禁状态,第二天,邦内的其他28个城市和村镇也随之进入宵禁状态。

一天之后的3月1日,宵禁的命令蔓延到邦内几乎所有的城市和地区。与此同时,警察开始围捕印度教和穆斯林社区中的所有滋事者,他们认定这些人只要一得到机会就会罔顾法律、肆意妄为。仅在2月27日这一天,出于预防的目的,有217人被捕——其中有137名印度教教徒,80名穆斯林。

还在戈德拉的时候,莫迪指挥警察专员、地区长官和警长回到他们分别从属的总部,以便监控事态的发展。民政部门发布了警报,强行实施禁止令,为印度教寺庙和清真寺提供保护。[10]

紧接着莫迪又惊恐地获知,就在事发第二天的2月28日,世界印度教理事会发起了一起全邦大罢工。这样的行动与行政职能部门毫无关系,因此莫迪对此束手无策,无法阻拦。然而这意味着会有一群愤怒的印度教教徒在清晨的艾哈迈达巴德街头四处流窜。莫迪立即向印度官方发出申请,要求政府派来致力反恐的快速行动部队(RAF)中的4个连队,以及中央准军事部队(CPMF)中的10个连队。[11]

所有的命令都在2月27日晚上8点之前下达,当时莫迪还在戈德拉,尚未返回甘地讷格尔,夜间10点30分他才回到官邸。"回来时,已是深夜,"他向我解释说,"所以不可能坐直升机回来。我先从陆路赶往巴罗达,然后再从巴罗达乘飞机飞回艾哈迈达巴德。从艾哈迈达巴德我再走陆路回甘地讷格尔。"

这一天十分漫长,然而一切却还没有结束。

到目前为止，除了萨巴尔马蒂快车案以外，古吉拉特的其他地方还没有传来死亡报告——第一则死亡的消息直到2月28日接近中午时才得到证实。与此同时，艾哈迈达巴德的全部常规警力——大约6000人——都已经调动起来了。

此外，古吉拉特邦的后备警察部队（SRPF）派出的58个连和中央准军事部队中派出的4个连也都到位增援。为了在骚乱爆发前将其消灭在萌芽状态，快速行动部队——其中有2个女性军营长期驻扎在甘地讷格尔——立即赶到了艾哈迈达巴德、巴罗达以及戈德拉。

莫迪也早已申请得到正规军的支援。据3月1日的《印度人》报道，莫迪"疯狂地要求军队来到艾哈迈达巴德"，这意味着他对事态的发展感到极度的担忧。

和莫迪谈话的过程中，我小心翼翼地聆听，不错过任何一个细节，随着时间的推移，它们一件件地慢慢铺陈开来，莫迪开口说："有一件事，我从来没有对任何人说过。"

确实，莫迪从未像现在这样，向他人袒露过那人命关天的重要日子里的这些细节：

27日那一天，在戈德拉事件发生以后，我深夜回到甘地讷格尔，我对我的官员们提出了非正式的要求，让他们提醒军队，务必做好万全准备。他们于27日当天就告诉我，由于此前两个月发生了一起对国会发动的进攻，军队已经驻扎在印巴边界。巴基斯坦和印度之间局势紧张，因此所有的武装部队都赶到了边界上。这就是我得到的答案。军队在边界，没有一丝军力可以支援我们。然后我和他们说："好的，我能理解现在军队无法来帮助我们的情况，但是一定还有青年军。只要他们穿着制服，那也可以帮助我们。"

不幸的是，"帕拉克拉姆行动"的发动给他们传来了这样的消息：完全没有多余的兵力可以前来助阵了。

于是莫迪又向德里方面提出了申请军队支援的请求，这个请求于2月28日下午2时30分正式通过传真发送了出去。2月27日夜间，当他从戈德拉返回时，已经致电L.K.阿德瓦尼，并私下提出了派兵的申请，阿德瓦尼时任瓦杰帕伊第二届团结进步联盟政府的内政部长。现在，请求又再次以传真的方式正式发出。

莫迪还在戈德拉的时候便咨询了地区行政长官贾扬蒂·拉维。如她在最高法院指派的特殊调查小组（SIT）面前做证时所说的那样，莫迪正是在她的建议下决定允许人们将遇难者的尸体连夜运往艾哈迈达巴德，因为在那里，死难者的家属，或者大部分情况是，他们尚存的部分家属，正在等待他们归来。索拉区位于城市西郊，就在帕特尔酋长环城路内，当地的一家医院被选定为最终目的地。[12] 做出这个选择的目的是希望戈德拉不要沦为吸引印度教动乱者寻求报复的磁石。另外，将尸体安置在远离艾哈迈达巴德市中心的地区举行葬礼，也可以避免该事件成为媒体关注的焦点。计划奏效了，尸体于黎明前运达，当时新闻记者们并不在场。

在动乱的过程中，开始出现了一些针对莫迪的指控，人们说他光天化日之下将尸体运往艾哈迈达巴德，并且招摇过市，意图引起印度教教徒针对穆斯林的愤怒和过激行为。鉴于这种针对莫迪的严厉指控，那那瓦提委员会再次扩大了对此事的调查范围。然而这次调查，以及紧接其后的数次调查，都认定这项起诉的内容并不真实。如果真的有什么结果的话，与指控截然相反的情况反而显得十分突出。据索拉医院民事外科医生证明，2月28日凌晨3点30分，有54~57具尸体运达医院。当时在场的人很少，还有政府官员陪护，完全不存在任何形式的喧闹。大部分尸体都迅速被自己的家庭成员和爱他们的人认领回去。剩下无人认领的19具罗摩教徒的尸体被交给了世界印度教理事会，他们举行了一场盛大的火化仪式，地址就在医院后方，当时在场的有医院的官员和当地议员贾格迪什·帕特尔。[13] 以下是艾哈迈达巴德都市法院的加纳特法官在2013年12月26日的命令中写下的内容：

特殊调查小组在报告中说，由于可怕事件的发生以及58名无辜的男性、女性、孩童的死亡，另有超过40人受伤，戈德拉陷入了紧张的局势。受难者的家属试图赶往戈德拉。大部分往生者都来自艾哈迈达巴德或者临近的地区。在戈德拉当地税务兼行政长官办公室里举行的会议上，大家一致决定要将遗体运往艾哈迈达巴德，这样亲属们不需要长途跋涉到戈德拉就可以认领遗体。因此当地行政部门将尸体运往艾哈迈达巴德索拉地区的民政医院，该医院坐落在人口并不稠密的市郊。在警察的护送下，遗体半夜被运走，于清晨抵达索拉医院。当地行政部门在那里进行接收。据法院观察，当局在考虑到当时的局势之后所做出的决定是公正的、恰当的，法院认同特殊调查小组调查的结果。

然而，关于印度教殉道者的尸体在艾哈迈达巴德的街头巷尾被游街示众，以燃起暴徒的怒火的不实传闻已经广为流传开来，渐渐便披上了一层无可争议的历史事实的外衣。[14]

2月27日晚10点30分，莫迪回到甘地讷格尔的首席部长平房，半个钟头之后，立即召开了高层会议。有7位高级行政官员和警方官员到会。[15]据数位非政府组织的政界人士和活动分子说，正是在这次会议上，莫迪发布了针对古吉拉特穆斯林的"格杀"令——这则指控之后也被最高法院指派的特殊调查小组驳回。

2月27日夜间，莫迪几乎没有入睡。第二天上午8点30分，他再次对邦议会做出讲话，更新了他将要采取的措施。他呼吁国大党的议员们不要提出朋党性质的抗议。

到了2月28日上午10点，位于艾哈迈达巴德东北角的纳罗达·帕提亚发生骚乱的消息开始传来。[16]有一群印度教暴徒（据《特殊调查小组最终结案报告》所述，"达到2万名之多的庞大的暴徒群"[17]），当中有许多人是来自世界印度教理事会的凶徒，他们聚集在穆斯林移民区，意图将整个区域烧为灰烬。这群暴徒全副武装，穿过小租屋之间狭窄的巷道，追赶着那些惊恐万分的穆斯林。这些人主要是由于贫困才离开了自己的故乡，是连古吉拉特语都不会说的外邦工人。暴徒放火焚烧了沿途经过的车间、商铺，他们居然还放火烧人！

当第一份粗略的死亡报告送达时，莫迪才开始意识到这糟透了的局势背后的真相。警察在哪里？他是一个邦的继任者，这个邦在数个世纪里彻头彻尾地浸淫在苦涩的社群主义里，从它那满是血海深仇的历史中诞生出一个结局——偏执，这份偏执渗透了政治、官僚以及警力系统中的每一个阶层，这就是现实。无论从哪一个意义上说，这当然都不是当地的特产[18]，可是公众的社群情感根深蒂固，这一点却毋庸置疑。戈德拉火车纵火案点燃了公众的怒火，针对如此这般汹涌澎湃的怒潮，指望邦政府能采取有的放矢的行动，控制住印度教的暴徒，当然只能是一厢情愿。这一点随着那一天里的每个时辰、每个事件的不断推进，表现得越发明显。

巴布哈尔·帕特尔，更广为人知的是他的别称巴布巴让，他是印度青年民兵组织的极端主义领导人，据法院判决，此人在东艾哈迈达巴德的纳罗达·帕提亚地区举刀屠杀了许多手无寸铁的穆斯林工人。还有位令人惊讶的人物在此时助了他一臂之力——那是一位女性医生，同时还是产科诊所的业主，她给印度教暴徒们递上了刀剑，并持手枪向穆斯林开火。她的名字是玛雅·考德纳尼，令人不可思议的还有，她居然是纳罗达地区的印人党议员，此前于1995年被选入艾哈迈达巴德市政组织。"她从车上下来，"一位备受创伤的证人回顾说，"玛雅说，'杀了他们'，然后暴徒开始袭击我们。于是我们都只好退回到我们的穆斯林小屋里去。"[19]

后来法院判决对考德纳尼处以无期徒刑。巴布巴让也被判有罪，终身监禁。然而回到2002年2月28日，当时的莫迪还无从获悉，甚至无法猜测这些人群中的活跃分子究竟都是些什么人。稍后，国大党利用了对考德纳尼的审判，提出要莫迪辞职，虽然考德纳尼在印人党内的职务其实早于莫迪的任期。事实上，作为克苏布哈·帕特尔的支持者，她是坚定不移的莫迪的反对派。

在那一天里，当地各个政党中的政客以及警方都被严重地两极分化了，若说他们当即投身于纳罗达·帕提亚地区大屠杀的调查工作中，那这只能是个嘲弄的歪曲的说法，此后特别调查小组对此说法也进行了纠正。但必须说，许多警员和女性在动乱中都有英雄般的表现。[20] 根据《今日印度》的记录，警察在森杰利救了2500名穆斯林，在伯利德救了5000名，在维拉姆加姆至少救了10000名。当邦外的警力到来时，他们的专业表现也堪称完美。[21]

活动分子缇斯塔·塞塔尔瓦德指控说头一天夜里也出席了莫迪的平房会议的前警察局长P.C.潘德助纣为虐，是动乱者的帮凶。在关于断言说莫迪策划了"格杀"令的传说中，这是至关重要的一环。但事后特殊调查小组证实当时潘德正在协助政府把受伤的受害者送往医院。[22] 在军方到来前，艾哈迈达巴德警方玩忽职守的例子比比皆是。但军方于2月28日还未能赶到。许多无辜的男性、女性和孩子——大部分都是穆斯林，当然也有印度教教徒——在军队到达前就已经死去了。

同是2月28日清晨的这几个钟头内，在距离纳罗达西南不足5公里的杰曼布拉，被人们称作古尔伯加社区有铁门把守的高档穆斯林居住开发区遭到了另一群咆哮的印度教暴徒的袭击。高墙之后站着艾森·贾弗瑞，他是一位已经退休的73岁的国大党议员，当时他手持一把手枪，试图自卫。

有谣言传开，说在暴徒抓住他、放火烧他、把他肢解致死之前，他给警察打了多个电话但都未果。[23]"这次暴动的一个很重要的方面就是，这不是印人党对抗穆斯林，或只是世界印度教理事会对抗穆斯林这么简单。"扎法尔·萨拉斯瓦拉说，此人是艾哈迈达巴德博哈尔穆斯林商会的领导人，在动乱后，他曾带领发动了一起反对莫迪的运动，但之后又转变立场，成为莫迪的助手。"许多国大党党员也一样涉入其中。我个人就认识好多加入了骚乱的国大党党员。甚至在艾森·贾弗瑞的屋子外面站着的杀人犯中，就有许多国大党人。他们中的一些人将要面临在古尔伯加社区进行谋杀的审判。"[24]许多议员已经在此前的戈德拉火车纵火案中被控有罪。

但是警察在古尔伯加社区中拯救了150人。可以肯定的是，艾森·贾弗瑞打了几个电话，向他当地的国大党党员同志求救。他们并没有前来相助，因为，据扎法尔证实，他们中的很多人——例如当地议员梅赫尔辛·乔杜里——就站在袭击他的房子的这些暴徒中间。[25]在古尔伯加社区，与贾弗瑞一同死去的还有68名穆斯林，该社区至今依旧无人居住，只有在一年一度的2月28日，死者的亲属们会聚集到那里，为往生者献上祈祷词。

关于2002年的叙述极少描述许多国大党党员也参与了暴乱这一事实，正如他们也参与了戈德拉连接站的暴行一样。在戈德拉案件的罪犯中，有梅赫木·侯赛因·卡罗达（潘奇马哈斯县少数选区的议会召集人，以及戈德拉市政组织的主席）、萨利姆·阿卜杜勒·格法尔·谢赫（潘奇马哈斯地区青年国大党主席）、法洛可·薄那（国大党潘奇马哈斯地区委员会书记）、阿卜杜勒·拉赫曼·阿卜杜勒·马基德·甘提（国大党党员），当然还有哈吉·比拉尔。

在戈德拉事件发生后的动乱中，穆斯林和印度教派的议员中都有人参与谋杀。艾哈迈达巴德市市长海玛特辛·帕特尔是国大党党员，梅赫尔辛·乔杜里和巴罗达副市长尼萨·巴普也是（他最终被判无罪，但他的儿子和女婿却被判处无期徒刑）。[26]

有些人至今仍然声称国大党人不抵制动乱的原因"很明显，即国大党缺少对抗莫迪的精神信心"，这种说法是对史实的公然违背。[27] 自从骚乱发生以来的10年间，中伤莫迪从来就是反莫迪的宣传中的重要部分，他们说有罪的人被保护起来了。其实事实正好相反，萨拉斯瓦拉曾强调说，一直以来，无论有罪的人来自什么政党，手握怎样的人脉，都受到了毫不留情的追责："事实上，世界印度教理事会、印度青年民兵组织以及他（莫迪）自己政党中的一部分人都掉转了枪口针对莫迪，正是他拒绝为他们逃脱审判和监禁的缘故。否则你觉得他们是出于什么原因在最近的选举中都和国大党并肩作战呢？"[28]

值得注意的是，2008年，前任国大党邦主席和渔业委员会主席穆罕默德·苏尔地由于他在1993年苏特拉地区领导了爆炸事件而遭到囚禁，国大党却对此保持了沉默。根据印人党的观察，在印度很少有人在群众骚乱后受到司法的惩罚，但2002的古吉拉特暴乱却是个例外。2013年，萨拉斯瓦拉说："超过200人已被定罪，152人获无期徒刑。对更多人的审判还在筹备中。关于这些审判的一个很重要的内容是，它们都是基于目击者的证词完成的。告诉我，在印度的法律和政治系统中，目击者通常能活着给出证词吗？……可这一次，他们出庭，并拿出了不利于巴布巴让的证据——对于生活在纳罗达·帕提亚地区的人而言，要举证反对像巴布巴让这样的人，并不容易。"[29]

在一个断裂的论证中寻找并保持平衡很重要。在这一章接下来的部分里，我们将详细分析印度独立以来最惨烈的这起群众骚乱的起因和结果，其中有超过1000人失去了生命，包括754名穆斯林和274名印度教教徒。2002年对于古吉拉特和莫迪而言，在许多意义上，都是个转折点。

以下是作者帕特里克·法兰奇对古吉拉特2002年骚乱的描述。在涉及历史和政治方面时，他的《印度：一个肖像》一书采取了公正、公平的态度，就当今世界除了印度以外的其他国家如何看待这些事件的这一问题，他的描述堪称典范。要是说法兰奇对莫迪入主古吉拉特以来的4个月内所发生的暴力与恐怖事件的描述甚至多少有点儿避重就轻的话，也还算公允。

2002年年初，一辆载满印度教朝圣者的列车停在了戈德拉车站，据说此举为一群穆斯林所为，他们放火杀害了59个民众。为了反击，有组织的印度教暴徒横扫古吉拉特中部，采取了针对穆斯林展开的复仇行动；印度教暴徒把穆斯林一个接一个地从民居中强行拉扯出来，把他们砍死、烧死；清真寺和穆斯林的圣墓与神龛毁于一旦。在这一切发生的过程中，警察却作壁上观，毫无作为，而这恰恰是在遵守上级下达的指令。大约2000人被谋杀，却几乎没有谁对凶手和屠杀的组织者提起控诉。纳伦德拉·莫迪没有表示出一丝遗憾，他只关心列车袭击案的受害者，并暗示说穆斯林不过是咎由自取。[30]

法兰奇在这短短一个段落中就多次犯错，事后发生的许多事件都可以为证，然而他的这则描述却已经成为许多人毫不质疑地接受了的故事。实际上，当时的情况是如此骇人听闻，因此对它做一些尖酸的幽默调侃反而变得可以接受，于是残酷的2002年3月的故事就变成了这样：据说只有一个留着胡子的男人成功地离开了古吉拉特。

从那以后，莫迪带来了平静的、没有骚乱的、不用宵禁的12年，这段时间是对他"大杀人犯"的名声的否定——一位记者就是这么称呼他的。尽管有如此漫长的平静的光阴，每一天，还是有大量的媒体故事要把莫迪描绘成古吉拉特的纳粹长官。

然而在过去的大约12个月里，那些关于莫迪在2002流血事件中扮演的角色的没完没了的复述中，开始出现了一定形式的改变。越来越高的声浪对之前广为流传的故事版本表示了质疑。在每天都习惯性地践踏莫迪名声的公众辩论声中，一个理性的辩论元素出现了：此时至关重要的人民院选举即将开始，莫迪已当选为印人党的总理候选人。新风向的讨论充满了张力，但仍举步维艰。倘若有任何人试图要改善对莫迪描述的丑化，一定会立即有人指控他们犯了错、站到了历史的对立面上，一定会遭到排挤。

在不断将莫迪妖魔化的表象背后更隐藏着各种精打细算：其一，印人党涉猎广泛且行之有效的竞选诉求是，把印度教的理想重新打造得更加柔和，更有包容性；其二，对于国大党和其他诸如印度社会党、社会民主党、（联合）人民党的"世俗"党派，以及左派而言，莫迪是个令人不舒服的榜样，他问鼎的计划对于他们自己能够攫取权力以及对于发展印度的另外一种惯行模式而言，都是挑战。

且先撇开莫迪在2002年中扮演的角色不谈，那种一成不变的批判是如此的目光短浅，这才最引人注目。为了发生在10多年前的一起动乱，莫迪每天都遭受着威胁，尽管许多调查都并没有能够得出他有罪的结论，它们甚至都不足以被用来起诉他。

印度骚乱的记录从整体上看真是骇人听闻。自印巴裂变以来，国内存在着两条裂痕，一直引诱着社会暴力的发生，那就是种姓和宗教。在长期的执政过程中，国大党却几乎没有做出任何试图弥合裂痕的举措。人们可以说——也确实有人这么说——在拉大国家社会经纬线间的裂缝一事上，国大党及其同盟的选票库策略可谓居功至伟。

到2002年为止，发生在古吉拉特的最近6起大规模群众骚乱中，有5起发生在国大党在邦内大权在握的阶段内。2002年之后，古吉拉特再也没有发生过大规模骚乱，但在其他许多政党，包括国大党领导的那些邦内，动乱依旧频发。古吉拉特是个工业化和商业化主导的邦，也是有史以来最容易产生公众骚乱的邦。自1970年以来，古吉拉特曾发生过440起动乱，[31] 国家独立后，全国范围内总计曾发生超过3万起骚乱，在这3万起骚乱中，比起古吉拉特的2002年动乱而言，有许多骚乱的情况其实更加糟糕，只是在骚乱前受到的刺激较轻。

比方说，孟加拉分裂后不久，有5000人惨遭杀害；1967年8月，在兰契，有200人死亡的事件发生；1969年的艾哈迈达巴德有超过512人死亡；1970年，在邻近的马哈拉施特拉，大约80人被杀害于孟买附近的比宛迪；1979年4月，贾坎德邦的詹谢普尔（当时是比哈尔的一部分），死亡人数为125人；1980年8月，莫拉达巴德公共骚乱见证了约2000人的死亡；1983年，超过2000人在阿萨姆邦的内尔遭到屠杀；1984年5月，依旧是比宛迪，又有146人死亡；在古吉拉特邦内，艾哈迈达巴德保护区于1985年4月发生了骚乱，此地在随后的1986年内又先后两次见证了300人和59人的离世；此后的1987年4~5月间，北方邦又有81人死亡；就在近期，已经有超过100起大大小小的公共骚乱发生在北方邦，特别是在穆扎法尔讷格尔地区。

"集体大屠杀"也曾数次发生，部分情况之惨烈，完全吻合了这个词在字典中的定义，其中最臭名昭著的一起是1984年的德里屠杀案，案发期间，至少3000名锡克教徒失去了生命，而与此同时，在全国范围内还有更多的锡克教徒被推向死亡。以上列出的每一次骚乱（注意，其中唯一的例外是詹谢普尔大屠杀）都发生在国大党的统治之下。以 1989 年发生在比哈尔邦帕戈尔布尔的那一桩为例，死亡人数高达 1000 人。随即被免职的首席部长萨地扬德拉·纳拉扬·辛哈声称，是国大党的同事们为了能够在政治上摧毁他而鼓动的暴力行为。令人伤感的是，这却是一则可信的事实。塔维琳·辛格说大多属于上层种姓、信奉印度教的官员们对谋杀案进行了一些毫无结果的调查，以此来为自己壮胆，实际上他们对阻止向少数人群施加暴力的动作毫无兴趣，比方说，拉吉夫·甘地本人在 1984 年针对锡克教的大屠杀之后就毫无作为，这一点简直令人无法饶恕，其实他也根本无力采取任何抵抗暴力的行动。

然而，这一切都无法为拉吉夫·甘地的政府在 1987 年的无动于衷与无所作为做出解释，而且北方邦的首席部长"允许自己的警察把穆斯林当作动物一样进行屠杀，却居然可以逃脱罪行"。辛格谈及的是发生在密拉特的哈西姆普拉暴行，当时警察包围了许多 17～75 岁的穆斯林男性，把他们塞进货车，然后用子弹把货车打成了筛子，最后还把尸体抛入运河。有一位幸存者讲述了这则令人发指的故事，而这些凶手虽然在调查之后丢掉了工作，但当人们"不再为此大惊小怪"时，他们立即又纷纷官复原职。[32]

说"我们杀的人比你们少"这样的话，当然无益于解决道德纷争，而指出国大党政府比莫迪政府的应激反应慢得多，同样也无法成功解释莫迪在 2002 年的浩劫中所扮演的角色。媒体也从未站在平等的视角上对它们加以描述。唯一真实的问题是：莫迪是否竭尽所能阻止骚乱，并拘押、严惩罪犯？从媒体中所能听到、看到的一切中，结论却恰恰相反。那么，有鉴于史料记载的客观无情，这些描述都值得怀疑、引人深思。

戈德拉骚乱发生后的整整一天里，莫迪一直试图保证尽快获得军事援助。他从阿德瓦尼处获悉，考虑到印度和巴基斯坦边境的局势，军队必须通过空中补给的方式从邦外进入古吉拉特。资深的社会主义政治家乔治·费尔南德斯——莫迪在紧急状态时曾与他有过初次会面——现在是瓦杰帕伊政府的国防部长。此人于事发当夜就乘飞机抵达邦内，并于 2 月 28 日晚 10 点 30 分与莫迪进行了会晤。到了午夜，第一批士兵降落在艾哈迈达巴德机场，第二天，3 月 1 日，13 个连队迅速地包围了城市，进入战备状态。

至此为止，单起死亡人数最高的暴乱事件已经结束。从这时开始，动乱的情况已经可以用"警察有效地与伤人暴力进行对抗"来形容。人们通常私下判断说——虽然这就是一项无可争辩的事实——大屠杀最糟糕的情况发生在最初的两三天之内，而不是接下来的两个月间。刚开始警力和准军事化的管制只有部分奏效，但地面部队紧随其后也迅速地接到了命令。暴力的规模得到了控制，爆发的地点也更加零散。

戈德拉事件后不到 48 小时内，士兵们进入了与暴徒对抗的状态，而戈德拉事件发生 20 小时后，公众暴力事件中传来了第一则死亡消息。这个情况当然并不理想，但士兵们的出现比在其他任何一次暴乱中都更加迅速，比起国大党执政时所做的表现更是迅速得多。1989 年在帕戈尔布尔、1987 年在哈西姆普拉、1993 年在苏拉特以及 1992 年在孟买，暴乱都时有发生，倘若不是国大党政府在恢复秩序的问题上态度拖拉迟钝，它们的持续时间本可以更短，死亡人数也会更少。1984 年，德里的残杀彻底结束之后，人们才在街道上看见了士兵的身影——而那已经是屠杀开始后的第四天了！

2002 年动乱的第二天夜里，古吉拉特没有任何一位国大党党员发表反对暴力的声明。"艾哈迈达巴德市政组织中的大多数人都是国大党人；可是，有没有哪位国大党党员走上街头，对杀戮暴行表示抗议，保护那些惨遭杀害的人，保证他们的商铺免于掠夺？"新闻记者及作家 M.V. 卡马特如此说道，"根据我们所知道的一切消息来判断，没有一个人敢于做出这样的行为。"[33] 当然，有许多国大党党员并没有亲临现场，但是当一些国大党党员煽动，或甚至加入了暴力的时候，也许他们根本没法腾出抗议的时间。

与此同时，在一两个月之前刚刚宣誓就职为首席部长的莫迪则于 2 月 28 日登上了全印传媒晚间 7 点的新闻：

我双手合十，祈求这一刻能维持和平，我们需要做的是控制情绪……保持自控非常重要。我们已下定决心，要严惩那些有罪的人，无人可以法外逃生。您不愿意拯救古吉拉特吗？请来帮助政府吧。政府请求得到您的帮助。政府正在寻求您的帮助，希望能通过法律的手段严惩罪人。当您愤怒时，我请求您，继续表现出古吉拉特独特的气质——在逆境中确保克己，维持和平。来吧，让我们通过和平和自控来拯救古吉拉特，让我们加强法律的武器……仇恨永远不会战胜仇恨。[34]

这就是来自"古吉拉特的希特勒"的讲话——他宣讲自控和克制，他哀求古吉拉特人民帮助政府、保持镇定、维护和平，提出要让法律来惩治有罪的人。后来所有的这一切都实现了，确确实实地实现了，虽然并不是在最初的那几天，而是在其后的10年及更久以后。其实哪怕是在危险爆发的最初阶段，古吉拉特大部分地区都还能够保持冷静。

在媒体、非政府组织及社会活动家们的眼中和笔下，2002年动乱的情景仿佛就像是整个邦都陷入了烈焰火海一般。真实的情况却绝非如此。

确实有骚乱局部发生，四处狼烟，也有些骚乱在彻底被扑灭之前又被再次点燃，但通观全局可知，冲突被控制在古吉拉特少数几个区域内：在全邦所有248个镇子和18000个村子中，有40个地方发生动乱。[35] 总计在25个地区中有7个区域遭受动乱的影响。在那一年的2~3月，古吉拉特大部分地区庆祝的所有宗教节日，都得以顺利进行，平安完成，也包括2月28日的印度教霍利节（洒红节）和3月12日的大湿婆之夜。

在一片混乱中，有6000名前往麦加朝圣的穆斯林，正在或即将要从麦加返回到古吉拉特的家中。莫迪要求警察务必把每一位朝圣者安全地护送回他们居住的村镇，即使当时公众的紧张情绪就弥漫在他们房前屋后的街道上。3月20日，这6000人全都在警察的护送下安然无恙地返回了自己的家。

莫迪呼吁邻近古吉拉特的3个邦的首席部长们——拉贾斯坦的阿斯霍克·盖洛特、已故的马哈拉施特拉的维拉斯拉奥·德希穆克，以及中央邦的迪格维贾伊·辛格——为古吉拉特提供执法和准军事的人员增援，这份援助意义重大、至关重要。莫迪提出了适度的要求，希望每个邦能派给他10个武装警察连。

根据莫迪的确认，信是于2月28日，星期四，撰写完成，并且传真给了收件人，之后于次日上午，即3月1日，星期五，又再次通过快递发送。3月1日的那封写给迪格维贾伊·辛格的邮件和写给其他人的邮件在内容上大同小异。[36]

古吉拉特邦政府

第 SB.V/ISS/102002/173 日

内政部（Spl.）

萨奇瓦拉亚，甘地讷格尔

日期：2002年3月1日

发往：

中央邦政府首席书记

博帕尔（中央邦）

先生：

如您所知，在2002年2月27日的萨巴尔马蒂快车事件中，有58名乘客被烧死，这起令人发指的事件严重违反了古吉拉特的法律和秩序。纵火、抢劫、谋杀和其他暴力行为大面积爆发，从昨天开始，邦内大部分地区都有相关报道。

我邦政府一直致力于充分利用现有的一切资源，为了维护法律和秩序，我们也已请求印度国家政府提供额外的人力支持。然而由于其他地区存在工作任务，印度政府在目前所处的局势中，无法提供更多的准军事力量。当前的形势已经蔓延到乡村，主要公路也被封锁，我们可用的资源已经不可能再扩大。我们认为，若贵邦及其他邻邦能给我们提供额外的军队支援，这将有助于我邦政府处理法律与秩序面临的现状；法制如此珍贵，必须维护。因此我们特向您提出请求，请您考虑、支持，为我们安排10个连的武装警察部队，帮助我们解决法律和秩序问题。

感谢您，

您忠诚的，

（K. 尼提亚南达），古吉拉特邦政府秘书，
内政部

副本敬呈（中央邦）博帕尔警察局长

莫迪写给3个邦的邮件内容都遵守了议会规则。马哈拉施特拉邦最终派出了极其有限的人员增援，其他邦则断然拒绝。令人万分惊讶的是，中央邦的迪格维贾伊·辛格在收到信后的两周内毫无回应，而两周后的古吉拉特已经不再需要帮助了。当回复终于姗姗来迟，其内容也不过就是敷衍了事、草草打发。

第1523-1557 / 2002 /C-I
中央邦政府
内政部（C段）
博帕尔，日期：2002年3月1日
从
R.C.阿若拉，
政府秘书
致
秘书，
古吉拉特邦政府，内政部
甘地讷格尔
标题：中央邦特殊武装部队向古吉拉特增援10个连

先生：

关于主题中提及的问题，请参阅您的SB.V/MMM/102002/769日邮件，日期为2002年3月1日。遗憾的是由于中央邦特殊武装队伍沉重的工作任务，我们此刻不能抽出空余的力量。

您忠诚的，
（R.C.阿若拉）
政府秘书

中央邦政府的回复明显敷衍了事，对古吉拉特面临着暴乱的情况也丝毫没有报以任何形式上的同情，不仅如此，虽然古吉拉特发出请求的原件是公开的，但他们的回复却贴上了"机密"的标签。倘若不是后来迪格维贾伊·辛格让自己化身为犀利的莫迪批评者，那么也许，据莫迪一贯的作风来判断，后者对这样背信弃义的行动也还是会保持沉默。

迪格维贾伊·辛格的冷漠在相当程度上又加重了古吉拉特的苦难，加速了穆斯林的死亡。在2011年国家安全会议后的一次新闻发布会上，莫迪很谨慎地亲自向他指出了这一点。[37]

尽管军队进驻了古吉拉特的街头，这令莫迪略感安心，然而他着实深受震撼，这一点毋庸置疑。在全印传媒上所做的讲话中，他提及自己已双手合十进行祈祷，并提到要大家"控制情绪"。这些都是最原始真实的情感流露，当时他心中的感受必定十分强烈。记者希拉·巴特声称当时的莫迪已然崩溃，也许她并没有错。他推动了操纵机器的大杆，然而却毫不奏效，而且事情的发展甚至朝着和他预期恰恰相反的方向进行，这种不愉快的经历在他的职业生涯中还是第一次出现。

这并不是在政治的后台操控下产生的一枚路障。成百上千的人民正在死去，这就是真实的生活。到了最后，一切都将是莫迪的责任，因为是他掌管着政府。在他自己的队伍中，存在背叛的行为，在国大党那里，机会主义两面派的行为也依然存在——后者倒是在预料之中，然而可绝不光彩。

这一切都没能改变一项无法逃避的事实，即在就职为首席部长的一两个月内、在被选为议会议员的两天之内，严峻的考验已降临在莫迪头上。此前他从未担任过任何选举职位，2月25日，那是他第一次宣誓成为议员。当然这并不能成为借口。动乱在他的管辖下发生了，它们还将在此后的10年，以及更长的时间内，对他纠缠不放。

诽谤莫迪的运动就是这种纠缠中的一部分，其规模和恶毒的程度前所未有，他的政敌、活动分子们以及非政府组织是运动的发起者。其中有部分指控确实出于很重要的目的——为大屠杀的遇难者寻求正义就是他们的初衷。而其他的仅仅是出于中伤并终结印人党在古吉拉特统治的企图——同时需要终结的当然还有莫迪的政治生涯，因为它威胁着固有的秩序。

关于媒体在动乱期间所扮演的煽风点火的角色，加尔各答、旁遮普和哈里亚纳高等法院的前首席大法官特瓦提亚做出了言辞暴怒的报告。他说它们哗众取宠，以揭丑闻为要责，还传递纯粹错误的信息，助长了死亡人数的攀升。其中一个主要的例子发生在 3 月 1 日晚间，这也是常常被用来攻击莫迪、作为莫迪是动乱同谋分子的证明的例子之一。

莫迪发表了新闻宣言，并在那之后表示愿意在邦政府所在的圆房子里接受 Zee 新闻台（当时的）记者苏达喜·乔杜里对他进行的 10 分钟采访。他们在采访的过程中讨论了前一天发生在古尔伯加社区的艾森·贾弗瑞谋杀案。关于残暴的酷刑是如何周而复始地继续发展这一情况，莫迪尝试使用了这样的形容："从行动到反击的链条正在运转。"

有许多自以为是的社论已经就莫迪为穆斯林、为印度教的暴行"正名"的做法发出了痛苦的呻吟，而这句话自然也夹杂在其中发布了出来。首先是戈德拉事件，接着就是那些自然"反击"的动乱暴行。

经过了处心积虑的编辑后，莫迪的原话产生了令人误解的效果，所以，当采访内容被播出时，在莫迪最初的陈述之后，最重要的句子——一个可能完全改变其意义的句子——就这么被删掉了！莫迪完整的原话是："从行动到反击的链条正在运转。可我们既不需要'行动'，也不需要'反击'。"[38]

对于那些指责莫迪没有尽力阻止骚乱，反而加以煽动而实际成为动乱共犯的人们而言，这个被精心设计过、以不完整的方式呈现的句子，成了他们的家常话题，而那被遗忘的句子却鲜少有人提及。

作家阿兰达蒂·洛伊宣称有一名怀孕的穆斯林妇女惨遭谋杀，暴徒把胎儿从她的子宫中撕扯了出来。人们后来获悉，其实并没有任何人听说过这起事件，警察闻讯之后也曾要求洛伊前去协助他们参与调查，寻找不幸的被害人，而洛伊却通过她的律师们回复说没有什么力量能够迫使她到场。她更宣称在古尔伯加社区里，艾森·贾弗瑞的女儿们与他同时惨遭杀害。这话促使贾弗瑞的儿子从美国写来了邮件，明确表示贾弗瑞只有一个女儿，并且同他一起正在美国。

一如往常，洛伊对此做出的反应依旧是——不屑一顾，她说：

这件事和在对古吉拉特暴力事件的细节进行转述的过程中出现的其他真实的错误一样，完全不会改变记者们、寻求事实的代表们以及像我这样的作家们所述说的内容的本质。[39]

拉开了长达 10 年的并不准确的诋毁传奇运动之序幕的，却恰恰正是乔杜里的采访。对于莫迪的对手们而言，这才是他们骄傲的来源。

莫迪在该采访开始前的一则媒体讲话中宣布，现在——既然火力已经在他的指挥之下——可以对违法的暴徒实施当场击毙的政策。由此总计开火 10500 轮，耗费 15000 枚催泪瓦斯弹。这导致 100 多人死亡，其中大部分是印度教教徒。

这是一份自说自话的统计。

在动乱传来第一则死亡消息的数个钟头后，莫迪——在乔治·费尔南德斯的陪伴下（后者的车很快也被暴徒纵火点燃）——下令官方迅速进入紧急状态，与掠夺成性的暴徒作战。他们使用了卡车和通信设施，出动了最重要的 32 名执行地方长官来辅佐军队，这些长官每一位都具有授权真枪实弹开火的权力。

3 月 1 日上午 11 点，士兵们在艾哈迈达巴德的各个区域巡逻，其中包括帕尔迪、居哈普拉、维加尔普、萨布尔、巴潘纳格尔、拉克哈尔、公提普尔、迈玛尼纳加尔、达瑞尔普尔、卡鲁普尔、纳罗达，以及丹尼里姆达等。但到了 3 月 1 日，巴罗达区最佳烘焙店里发生的一起凶残的袭击又造成了 10 多人死亡。

数小时内，9 列纵队赶到街头。局势很快朝着不利于暴徒的方向扭转回来。[40]

死亡人数证明了莫迪的迅速行动产生的效果：绝大多数杀戮行为——1044 例中的 741 例——都发生在第一个星期内，之后，冲突的情况日益减少，并如此延续了数月。在这些第一批的 741 例死亡中，有 611 起发生在最初 3 天内，其中也包括纳罗达·帕提亚事件、最佳烘焙店事件和古尔伯加社区事件。

与此同时，士兵们继续涌进古吉拉特。第一批 14 架军用运输机于 3 月 2 日凌晨降落在拉杰果德。部队也于午后赶赴戈德拉，黄昏时进驻了瓦多达纳。3 月 2 日，在这一个星期六，当场击毙的指令执行了 12 次，造成 8 名印度教教徒和 4 名穆斯林死亡。此举迅速平息了暴乱。防预性的逮捕行动——仅在那一天之内就有超过 700 人被逮捕——也消除了街道上的流氓分子。记录显示，2002 年 3 月 2 日，星期六，由于违法乱纪，有 482 名印度教教徒和 229 名穆斯林被捕。到骚乱结束前，共有 66268 名印度教教徒和 10861 名穆斯林遭到拘禁[41]——这两个数字间的比例也反映了古吉拉特的人口构成比例，从中可以看出当局在处理过程中并不存在带有偏见的行为。

戈德拉连接站暴行过后，印度教教徒的愤怒情绪汹涌而出。然而冲突的模式很快被改变。穆斯林们开始用激战的形式进行反击，他们早在2月28日即开始对印度教教徒的领地发起了攻击，例如在艾哈迈达巴德的巴潘纳格尔。后来，从3月中旬开始，组织有序的穆斯林暴乱又开始在一些城镇中有所出现，例如巴鲁奇。在莫达萨的一个圣战激进主义中心，1000名穆斯林暴徒发动并持续了狂暴的行为，而此前一个月，该中心刚有123名印度伊斯兰学生运动（SIMI）组织的激进分子被捕。[42]

到了2002年，极端主义教派瓦哈比的激进主义者在古吉拉特的土地上劈开了一条狭窄但具有腐蚀性的裂缝。其拥护者决意将戈德拉发生的事件继续向前推进，然而他们的影响力在数个星期之后也遭遇了下滑。执法部门把他们的行动控制在越来越狭窄的范围内。而媒体报道时的语气却居然是这样的，它们说在动乱中有254名印度教教徒丧生，穆斯林暴徒们使用汽油弹袭击了印度教教徒的住所和商铺，导致4万人流离失所，可大家对他们的遭遇却居然浑然不知！

劫后余生，大家把注意力转向了修复工作。救济中心——虽然对于那些被迫居住在其中的人而言，这并不是个愉快的所在——向大家提供了包括正常体检在内的免费卫生健康服务。尽管如此，强迫穆斯林搬进临时居住区的这一安排却引发了尖锐的批评。

而世界卫生组织于2002年4月做出的报告却对古吉拉特救济营的专业性表示了赞许，获赞的内容包括它们开展的心理支持、成功控制传染性及水源性疾病的氯化和卫生措施，以及有效的免疫项目。[43]

与此同时，动乱的暴行及穆斯林群体的居住条件却激怒了非政府组织，它们向法院起诉莫迪。然而每一则控诉都被驳回。相反地，古吉拉特邦高等法院还为莫迪颁发了嘉奖。内容如下："邦政府在此方面所付出的努力，如上所列，必须得到赞赏。"[44]

此时的邦政府正在着手确保学生们能够顺利参加一年一度的考试，哪怕这意味着他们不得不想方设法把学生从难民营送入考场。[45] 政府采取了极大的动作来确保这项工作的顺利进行，当第一期考试于2002年3月开始的时候，部分暴力行为仍在继续。当月共有 90 万名考生坐进了 1000 个考试中心，从艾哈迈达巴德最不受动乱影响的地区运来了新鲜出炉的试卷，巴罗达地区把考试的时间改到了 4 月中旬。这些安排也同样适用于穆斯林学生，他们想加入考试的愿望也十分明显，他们勇敢地面对着来自极端组织的恐吓；为了继续教育，为了未来，他们甚至打破了一项宗教指令，《今日印度》为此做了如下报道：

> 上周，一个运动引起了大家的嘲笑，一群国大党控制的、受到激进的真理会影响的穆斯林领袖发出呼吁，要抵制中学考试改期。抵制活动未遂，且其结果坐实了莫迪的含沙射影：在当前的古吉拉特和它的常态之间，横亘着一起"阴谋"。[46]

最后，尽管面临着来自他们自己团体中的威胁，在 14000 名穆斯林学生中还是有 9000 名参加了考试。此后 10 年间的事实证明，这些意志坚定、勤奋好学的年轻穆斯林成了古吉拉特未来的重要组成部分。

那么，萨巴尔马蒂号快车为什么会遭到如此疯狂并致命的袭击？还有另一个必须问的问题：为什么偏偏发生在那个时候？展开推理工作的第一要素依旧是时间，我们需要把发生在 2 月 27 日戈德拉连接站暴行之前的事件按照时间顺序简要地勾勒出来。

2001 年年底至 2002 年年初的历史和地缘政治背景是这样的：2001 年 9 月，基地组织恐怖分子劫持了两架客机并撞向纽约世界贸易中心双塔，导致 1500 多人死亡，而该事件至此才刚刚过去了区区数月。

与此同时，在德里，2001 年 12 月，恐怖分子袭击了印度国会，他们杀死了数名安保人员，之后自己也被击毙。10 个星期之后，戈德拉大屠杀爆发了，而美国对喀布尔施行的主要轰炸突击恰恰开始于那一天。

"9·11"事件之后，一者，印度的伊斯兰激进主义者发动了尖锐的恐怖行动；二者，针对塔利班政府在阿富汗庇护乌萨马·本·拉登的行为，美国迅速发起了军事动员，此二者同时发生。

证据很快开始显现，它们说明为屠杀所做的准备远不是破坏消防设施那么简单。然而幸运之神还是存在的,比方说,萨巴尔马蒂快车晚点了几乎 5 个钟头。此前的夜间,一群暴徒已聚集在车站等待它的到来,在发现快车晚点之后,他们又四散开去。在黑夜的掩盖下,损失本可能更加惨重,因此特瓦提亚法官做出了这样的结论,他认为这起有计划的袭击的本质是恐怖主义行为,因为它的计划和执行过程全都带着十足的冷静。"暴徒企图杀死乘坐萨巴尔马蒂快车的所有人!"[47]

暴徒们"尽职尽责",准时准点地在萨巴尔马蒂快车修改过的到站时间点上又再次于车站集合。此举绝对需要通过足够的协调工作才能完成。事件发生后不久,特瓦提亚法官和他的同事们做出报道,指出就在暴行开始前夕,镇上曾有奇怪的现象出现。之后的那那瓦提调查公布了详尽的细节。比方说,枪支许可证的发放数量骤然增加;该地区一些无业的穆斯林似乎最近刚刚取得了移动电话;在列车纵火案发生的前几天,似乎有大量并不持有配给卡的外来人口涌进了镇子;就在袭击发生前,镇上的人口数量突然有了明显的增长;这又恰巧与有外国人参加的几次宗教集会活动同时发生。

人们现如今已经找到了当地的阴谋分子,他们也受到了应有的惩罚。然而是谁让他们与恐怖代理取得了联系?那那瓦提调查得出的结论是,这些联系人从查谋和克什米尔一路向南来到戈德拉。当克什米尔联系人(吴拉姆·纳比·丁果和阿里·穆罕默德)同意与卡拉奇形成三角关系时,那么他们也就可以充当本次行动在三军情报局那一端的"切口"的角色,即为他们提供一个否认参与其中的机会。[48]

2002 年 5 月初上任的莫迪的个人安全顾问 K.P.S. 基尔也赞同这个观点。他曾是旁遮普的警察局局长,在 20 世纪 80 年代驯服了锡克教喀里斯坦分裂主义行动发起的恐怖行为。基尔是安全和情报方面的领衔专家。据当时内政部长 I.D. 斯瓦米说,莫迪点名要基尔相助。他详细检查了证据,关于大屠杀背后主要推手的人选,他很快就有了自己的判断——他说,那必然是三军情报局,并且他们使用的是克什米尔的渗透人员。[49]

古吉拉特拥有肥沃的动荡的土壤。那里的穆斯林们在 20 世纪 80 年代就已经日益清醒,他们当中有许多人在邦内从事纺织业,而当时的 64 家纺织工厂经过缩减，仅存12家。[50] 工业的收缩把大批三班倒的工人抛入了绝望的失业状态。又过了10年，邦内穆斯林的经济窘迫状况依旧没有得到改进，在戈德拉的穆斯林人群中还孕育了满满的仇恨和恐惧，这些情绪随时可能落入别人手中，遭人利用。

接下来我们谈谈行动发生的时间。人们指出，到2002年2月底，载满罗摩教徒往返于阿约提亚的火车已经运营超过一个月了。还有更多的旅程正在计划之中。然而为什么偏偏选择这一辆列车呢？这确实一直是反对阴谋论的看法（倾向于是意外事故，因为车上有一只生火的炉子）中的一个观点，但事后有大量的实体证据推翻了这种看法。

萨巴尔马蒂快车至今依旧每周运行3次。经过戈德拉连接站的那一班列车原定于2002年2月27日上午到达，这个时间与印人党新任命的首席部长走马上任的时间最为接近——人们认为他是印度教的倡导者，是穆斯林公开的敌人，他也是1990年阿德瓦尼罗摩神车圣旅的倡导者。

"9·11"纽约袭击事件发生时，莫迪发布了反对恐怖主义的声明，这距离他离开德里回到古吉拉特并不久。他在演讲中呼吁禁止印度伊斯兰学生运动组织，因为它接受基地组织的支持，并且曾在印度的数个邦内涉嫌发动公众骚乱。[51]

鉴于仅在1个月前——正如前文提到的——已有123名伊斯兰学生运动组织的激进分子在莫达萨被捕，那么倘若要让这位刚刚宣誓入职的首席部长莫迪尝一尝他公然反对的势力的滋味，还有什么时机更胜此时呢？10年前，阿约提亚巴布里清真寺被毁于一旦，那么，既然要对此事进行侮辱性的回击，还有什么比放火烧了从阿约提亚开出的载满罗摩信徒的萨巴尔马蒂快车更有象征意义的呢？

武装分子的目的不仅是要让印度教教徒流血，穆斯林的血也并不能幸免。戈德拉只是一个"小鱼钓大鱼"的行动，它旨在刺激印度教教徒，让他们燃起完全可以预测的、规模更大更广的熊熊燃烧的烈火。就这样，很讽刺的是，在对邦内穆斯林的福祉置若罔闻的情况下，针对萨巴尔马蒂快车的行动开始了。请永远记住，大多数受害者都是穷人或者文盲，他们都是移民工人，都需要到古吉拉特来工作才能担负起远在故乡的家人的生活。

作为一名冷静的观察者，经过了一年详尽的研究，至少在我本人看来，关于2002年的那些现成的叙述都缺乏平衡和客观，这一点是显而易见的。第一位受害者正是事实本身。最初的公告几乎全都拒绝指出暴徒的穆斯林身份（哪怕到了2011年，帕特里克·法兰奇依旧使用了"据说"一词，尽管阴谋分子和他们的同谋早已被判有罪）。众所周知，戈德拉是个穆斯林人口稠密的区域，此外它也是个动荡不安的地方。然而，戈德拉暴行的大多数报告却都未能细述那些赤裸裸却不争的事实。《亚洲时代》记录说，一批"据说属于少数族群"的暴徒袭击了火车，导致"有一些"——而不是准确的59名——乘客死亡。《印度时报》同样也奇怪地使用了匿名的方式提及这批暴徒，而在《印度人》上，只提到"一批人"，ND电视台的报道更是把袭击者直接形容为"未被辨识身份的"人们。[52]

虽然袭击者的身份是个秘密，可记者们却似乎能准确地辨识出火车上的乘客们的身份。特瓦提亚法官的报告得出结论如下："大部分国内报纸和新闻频道都淡化了戈德拉大屠杀的强度，并将其形容成是印度教清教徒挑衅引发的结果。"[53]

有一则与此对立的观点说，列车上的印度教教徒袭击了火车站台上的穆斯林小贩。另一个版本说他们曾经企图绑架一位年轻的穆斯林姑娘，并将其拖上满载着多个家庭的一节车厢。那那瓦提调查报告不仅否认了针对骚扰商贩的指控，还深入浅出地分析了关于骚扰年轻姑娘的指控的细节。

她的名字是索菲亚巴努。

当萨巴尔马蒂快车在戈德拉车站做短暂停留时，有人大声喊叫，说一名甘奇穆斯林女孩儿索菲亚巴努被罗摩教徒绑架了。这声音来自萨利姆·潘瓦拉，此人在站台上跑来跑去，不断地重复自己的话，煽动群众攻击火车。但事后证明，索菲亚巴努当天根本就不在车站，她自己首次声称曾有印度教教徒企图抓住她，那已是在相当长的一段时间后了，当时来自"她的种姓"中的某个人已经把她送进了伊克巴尔学校，那里建有一家救助中心。正如那那瓦提委员会干巴巴指出的那样："在这种情况下，为什么有人在大概5天后找到她，把她带进救济站，同时还有新闻记者在场？这一切都十分可疑。"[54]

委员会一点一滴地剖析了她的故事，在那那瓦提报告的第67段和第68段中做了详细的汇报。例如，她声称自己被一群高喊着"巴让万岁"的"藏红花肤色的人"攻击时所在的那部分站台，恰恰是穆斯林商贩、铁路职工以及铁路保护部队官员都聚集在一起工作的地方。而当时居然没有引起任何人的注意！她也并没有向任何人说起这个事故——直到某人于5天后把她领到媒体的面前。

那个发出警报说有人绑架了当时并不在场的女孩的男人，也正是在前一天晚上购买囤积了140升汽油并在事件中纵火焚烧S-6号车厢里的乘客们的那个男人。委员会同时指出，当萨利姆·潘瓦拉沿着站台大声喊出警报的时候，他的同伙穆罕默德·拉卡和斯蒂卡·巴卡尔充分利用了潘瓦拉转移大家注意力的时间，他们"跑到靠近列车引擎那一侧附近的空地上"，当列车出发时，他们就从那里紧紧地抓住火车，并在列车驶向等待着的暴徒时拉动了警报链。后来他们都被判有罪。

与许多围绕着2002年2月的事件展开的虚假的目击陈述一样——其中也包括臭名昭著的人权激进分子们在事发之后或威逼利诱，或掏钱购买的那些——索菲亚巴努的声明已经成了历史挂毯中的一部分，然而很明显的是，编织这一幅挂毯的材料却只是凭空捏造的事实。在悲剧发生的那些日子里，这些伪证破坏了辩论的理性、客观和平衡。

有人别有用心地指控说戈德拉连接站的列车大火或源于电线短路，或是乘客在拥挤的车厢内烹煮食物所致，与暴徒向列车投掷的汽油弹毫无关系。这则说法已经遭到多次否认——特瓦提亚法官委员会、特别调查小组、修改了调查小组的审查报告的最高法院，以及那那瓦提委员会，都对此予以否认。根据物理定律，法庭科学家已确证了被告们扔进车厢内的可燃促进剂的扩散并导致致命结果的过程。

只有唯一一个调查结果是例外，那就是2004年的班纳吉委员会，该委员会在拉鲁·普拉萨德·亚达夫的要求下组成——因为选举迫在眉睫，当时的他正对着当地穆斯林的选票垂涎三尺。委员会中只有一名比哈尔法官，它裁决认定攻击的暴徒和大火毫无关系。当该份报告的结果公布于众之时，正是拉鲁至关重要的选举进行的两天前，人们普遍对其片面性表示了质疑。然而它却沦落为某些人手中的武器，这些人罔顾事实真相，称莫迪的政府为动乱的同谋，或叫嚣着说至少可以指控他动乱当前却玩忽职守。[55]

在那些动乱的日子里，甚至在那数个月中，这一切都并不能将真正的恐怖之苦减小到最低限度——对于穆斯林是如此，对于印度教教徒亦然。然而，他们忽视那些不容置疑的有记载的事实，反而报道一些未经确认的、明显别有用心的描述，这样的做法既不专业，也不合理。

这类叙述中有一则这般说道：发生在多起动乱前的戈德拉暴行或者是个"意外"，或者是罗摩教的流氓信徒挑衅滋生的结果。而特瓦提亚法官在观察到"当地和区域性报纸的社论页在提出多种观点时保持了一定的平衡"之后，又补充说："在德里出版的英文报纸无一例外地对新闻发表了评论。新闻评论中直接或间接的描述是如此的栩栩如生，以至于记者们个人的喜好和厌恶根本不容错过！"

这些个人喜好和厌恶具体包括哪些内容呢？特瓦提亚法官仔细地对它们进行了列举：

看似是从第一天起，德里出版的英文报纸就承担起反对邦府的"十字军"的角色。这影响了新闻采集、个性写作以及社论的整体操作。

英文媒体编辑页面的评论明显带有如下偏见：
· 与古吉拉特邦政府针锋相对；
· 支持国大党、左派政党和世俗主义知识分子；
· 对戈德拉大屠杀漠不关心；
· 反对印度教组织，并反对中央联合阵线政府。

特瓦提亚法官还使用了异常坦率的语言指控一大批社论和文章，因为它们将"戈德拉大屠杀描绘成对罗摩教徒挑衅滋事的反应，并将邦内其他动乱描绘成'得到邦府支持的恐怖主义'"。电视台则无视官员的警告，"继续把公众骚乱当作娱乐资讯一样播出"，于是"为把紧张状况扩散至未受影响的区域推波助澜"。[56]

不实的信息泛滥成灾。比方说，在 2002 年 3 月初，有人对受害者赔偿的最初水平提出抗议。划拨给戈德拉死难者家属的抚恤金已经有所增加，但付给穆斯林家属的金额却依旧停留在旧水平之上。古吉拉特的政府迅速地承认过失，在 3 月 9 日宣布说每一位受害者，无论是印度教教徒还是穆斯林，都将享有平等的权利。而国大党的一位政客于一个月后出访美国时，却依旧大声地对这种分歧提出了谴责。尽管媒体播放了他的指控，却没有一名记者指出大家明明已经了如指掌的情况：分歧早已不再是个真相。

与此同时，当地民众的愤怒之火正越烧越旺，但愤怒的对象却并不是少数族群。特瓦提亚法官已经"由于邦内民众针对来自德里媒体和电视新闻频道的敌意的强度之盛而感到恐慌……连部落民都抱怨说媒体不再有时间聆听他们痛苦的故事,还四处散播不利于印度教教徒的谣言"。他总结道:"电视中传播仇恨和煽动暴力的图像是不健康的,反复地播放则更加致命。媒体的行为就好像是对抗双方中的一方,而不再是立场中立的事实汇报者。"[57]

真正把愤慨的古吉拉特人团结在一起的唯一因素就是这种报道,它试图把他们描绘成橙色皮肤的冲锋队,而他们的首席部长则是种族屠杀的主谋。对这种描述义愤填膺的大有人在,无论是印人党或国大党支持的印度教教徒,还是极大数量的一批有公德心的穆斯林都是如此——后者人数之众,远超过媒体的计算。大家抱成团,为数家电视频道、报纸以及在德里的政客们所持有的态度表示羞耻。

到 2002 年为止,党主席索尼娅·甘地带领的国大党下台已有 6 年,从莫迪的身上以及 2002 年的动乱中,他们看到了两个危险:其一,一位强健的民族主义领袖出现了;其二,2002 年在古吉拉特及此后在全印范围内的选民阵营开始两极分化,并显示出朝着有利于印人党的方向发展的潜力。精明又一意孤行的索尼娅和她的顾问们决定把莫迪当作未来竞选中可能阻碍国大党霸权的首要威胁来加以应对。不久后,激进分子和媒体组合成一个完整的系统,无情地对莫迪开始进行妖魔化的描述。莫迪获得成功的代价实在太高了。

重新权衡有关 2002 年古吉拉特暴乱的那些有失公允的报道十分重要,但无可避免的事实是,莫迪当时正是首席部长,大屠杀就发生在他的眼皮子底下。虽然许多理智的人要求他以文字的形式为此事道歉,他却一贯拒绝,但这并不意味着他不会因此而感到懊恼,或不觉得自己负有一定责任,因为罪责和责任二者毕竟是泾渭分明的。有充分证据表明,这也是他生命中最受震撼的一段插曲,在他绝望地想要全力以赴、尽快应对纷至沓来的事件的同时,这一段经历也使他筋疲力尽。即使没有来自政客和媒体的敌意,他也依旧是个孤独的人,为了保持镇定,他被迫调动了自己性格中所有的储备力量。

虽然政治也可能是部分原因(莫迪本人曾指出,右派力量可能会杀了他),但他拒绝道歉的主要原因是:他认为道歉其实根本无济于事。来自左派的敌人只会加倍努力地谴责他,指控他。他说如果他真的有罪,他就该被吊死。他是认真的。2003 年，他在讲话中如此回忆道：

> 在我的任期内产生的污点，我必须把它洗刷掉。有人说，莫迪从没道歉过。我说，道歉是什么意思呢？在这个国家我们有刑事司法系统，这个系统并不接受道歉。对我们而言，纳伦德拉·莫迪的道歉意味着什么呢？我们可以从他真实的行动中看出他的歉意来。[58]

尽管动乱导致的死亡就发生在他的任期内，尽管他必须为此抱憾终生，事实却已经向我们证实：莫迪并不希望它们发生，并没有帮助它们发生，并已不遗余力地尽可能迅速地阻止它们发生。对比国大党的首席部长，他的表现是否更好，这一点对他而言毫无意义。

在我们漫长并坦率的谈话中，他和我都毫无保留，我们常常谈及这个话题，他也总是一如既往地说："我为所发生的一切感到悲哀，但我并不内疚。也并没有一个法庭做出过类似的裁断。"他这话是确凿有据的。自动乱发生以来的 10 年间，从未针对莫迪生成过一张第一信息报告或控告记录，最高法院监管下的特殊调查小组也认定他无罪，当然，在低级法院中陆续还存在着来自法律方面的挑战。

2002 年，以惨痛的教训为代价，莫迪意识到领导职位的一部分——正如人类学家告诉我们的那样——有时是一种牺牲，或许你还难免要成为替罪羊。人们常说，政客们最终难免要为别人的——如果不是为自己的话——过失来承担后果，因此所有的政治生涯都只能以失败告终，说的就是这个意思。不过在莫迪的故事里，他的职业生涯还远远没有终结。

莫迪说他希望通过未来的行为在公众面前洗刷掉污点，并在私下排解自己的懊恼情绪。另外，他开始日益强烈地感觉到自己作为古吉拉特首席部长的存在并没有对邦内的人民起到帮助作用。

当局势特别糟糕的时候，领导者通常不免要遭到朋友们的遗弃。2002 年动乱之后，莫迪的政党出于完全合理的理由，开始反复思考让他下台与否的问题，此时的莫迪发现自己正是处在这样一个孤立无援的位置之上。印人党的国家级执行官们计划于 2002 年 4 月 12 日在果阿的帕纳吉召开会议，人人都能预测到期间非官方的重点议题——或者说，重点人物——将会是谁。

尽管发生了这一切，在 4 月 4 日之前，瓦杰帕伊却并没有屈尊访问古吉拉特，后来他终于姗姗来迟，也为迟到表示了道歉。他给莫迪带来了一句话：身为首席部长，应该"遵守王者之道"；当然，这就意味着统治者必须平等对待所有子民，不偏不倚。莫迪静静地答复说："我一直就是如此做的，可是……"[59]

这既不是总理和年轻的宠儿间充满慈爱的交流，也不算是一份死亡通知书。二者都不是。瓦杰帕伊只是以他父辈谆谆教诲的方式给莫迪提出了这样的暗示：倘若他要在政治上继续生存下去，就必须保持邦内的和平。这是摆在莫迪眼前的唯一选择。

瓦杰帕伊的来访自然也向莫迪彰显出他职业生涯所处的危险。然而在他自己的古吉拉特故土之上，如果莫迪预设民众对他的拥护将日益高涨，这种预设也是对的。相信自己能够获得故土的支持，这绝对错不了，而在果阿，巨大的麻烦却正等待着他。

但莫迪是否特别希望在政治上继续生存下去？他私下向我吐露说——也许也算是在有即时录音的采访中的首次——在动乱之后，他已经不再想继任首席部长，因为他认为这对邦内的人民不公平，他们为了他不得不承受媒体施以的极度踩踏，这才是事实真相。莫迪认为自己最好在果阿提交辞呈，这就是他一心一意的计划。

结局和他的预想却并不相同。

抵达果阿的第一个下午，当所有人偶然凑在一起，莫迪宣布："我宁愿以执行委员，而不是首席部长的身份坐在这里。"这虽然并非官方辞呈，却也差之不远矣，这句宣言就像是把猫放进了鸽笼，引起了骚动。印人党的全国执行委员会立即决定当夜启动议程，而没有按计划等到第二天上午召开首次会议之后——以免经过一夜的阴谋和对抗，谣言和派系之争使会议陷入混乱，从而产生不可预知的伤亡。

莫迪辞职的决心很明确。印人党主席贾纳·克里希那穆随后发表了稍微有点儿令人胆战心惊的演讲，严厉谴责了"咆哮着要首席部长付出代价的那一些人"。克里希那穆本来只是影射媒体和国大党，但莫迪现在却发现，他的演讲暴露了党内部分人士心中的感觉。主席先生继续使用一些公文化的修辞术语来表示要对恐怖行为和恐怖的源头采取强硬的态度，然而莫迪却无心聆听。

他礼貌地一直等到主席的讲话结束，才站起来发表了简短的声明：

我想为古吉拉特说几句。从党的角度来看，这是一个沉重的话题。我们需要进行自由的、坦诚的讨论。为促进讨论，我希望能在大家面前提出辞职。现在，是决定党和国家从此将何去何从的时候了。

莫迪的表达再明了不过——他想辞职。他准备以前任首席部长的身份离开这个房间，依旧做一名党务工作者。那就是他心中所愿，因为他已经受够了。"但是背景是这样的，"他对我说，"我想离开这个位置，可党组织还没有做好离开我的准备，古吉拉特邦的人民还没有做好离开我的准备——我所面对的（必须处理的）就是这样的局面。一切由不得我做主。我也并不准备违抗党的纪律，我绝不想与党为敌。我必须遵守领导的命令，无论内容是什么。"

对于莫迪的辞职可能引发的后果，印度人民党必须计算清楚，其中可能将包括古吉拉特公众骚乱的持续、动乱后的停滞以及党必须承受的来自全国的羞辱。

这一刻，莫迪无意中在印人党内唤醒了存在主义。他提出的辞呈产生了一个效果：同事们因此意识到未来可以掌握在他们自己手中。他们都知道动乱的真正背景，克里希那穆已经表示支持莫迪，他宣布说三军情报局的指纹遍布戈德拉。他们是否乐于聆听国大党与媒体集团的说教，批评印度教太过残忍——他们认为后者高举的世俗主义招牌是对宗派主义的迎合，还是要代表莫迪表明立场？现在大会必须对此做出选择和决定。

总理瓦杰帕伊建议最好等到第二天再对莫迪的提议做出决议，然而当时的国会事务部长、受到桑杰·乔希支持的帕拉蒙·马哈詹在这一时刻似乎暂时克服了他对莫迪的厌恶，坚持必须立即做出决定。很快，甚至连瓦杰帕伊本人也为这群情激奋的气息而迷醉，有一位记者这样描述道：忽然奇迹般拥有了一颗年轻的心的瓦杰帕伊"发表了一个演讲，这就像是他在印度诺娃同盟时期工作时的那些令人陶醉的岁月的重现"。[60]

莫迪的辞呈被驳回。果阿会议闭幕。4月16日，当领导人一行返回机场时，《印度快报》上气不接下气地写道："强硬的印度教徒主义回归了党的议程，另外还有一张新面孔出现——纳伦德拉·莫迪。"[61]

然而《印度快报》的理解是错误的。从果阿会议中也许确实诞生了一个焕然一新的莫迪，但它却绝对和强硬的印度教徒主义毫无关联。莫迪接受了党的意愿，撤回辞呈，现在他慎重地考虑着他的下一步。其中也包括解散邦议会、为他的领导职位寻求一份全新的指令。

在3~4周内，经过了风暴般的思考思考再思考——在此之前我从未与我的任何同事谈论此事，我们召开了内阁会议。在会上，我提出了这样的解决方案，得到了所有成员的一致同意，于是我们决定解散政府。[62]

他总结说，把一切留给选民，这是决定他未来的最佳的、最民主的办法。他已经向后退了一步，让自己游离开来，目前很乐于看到事态顺其自然地发展。

莫迪暂时依旧担任着首席部长的职务，古吉拉特的生活回归了常态，经历了夏季和季风，这种平静令人惊讶。看起来就像是被尘封已久的毒气逃出了瓶子，它腾空而起，四散而去。在言语都难以形容的血腥事件过去之后，邦里并没有什么不同。动乱是恐怖的，然而它们与那些无法计数的旧日的动乱相比，也并没有什么不同。

有些东西已今非昔比；另外一些则依然故我。2002年9月24日，距离萨巴尔马蒂快车被烧毁不到7个月，古吉拉特再次遭到袭击。

站在甘地讷格尔的阿克沙德罕寺扔出一块石头，就可以扔到首席部长所住的平房，该寺是一个人气很旺的旅游景点。那里有一尊7英尺（约2.13米）高、黄金叶片覆盖的斯瓦米纳罗衍大神像。神社之外、栅栏围起来的圆圈之内，是雯哈嘉南德·范花园，这既是一座供人沉思的花园，同时也是儿童乐园，其中包含游乐设施、游戏场所、草药园、湖泊和瀑布。该庙于1992年11月落成，以示对神的献祭。

在那个平静如水的9月的下午，4点30分，两名全副武装的恐怖分子爬上围墙，翻入花园，立即开始不加选择地大面积扫射，并向正在那里游玩的一个个家庭投掷手榴弹，最终导致29名男子、妇女和儿童死亡。国家安全卫队迅速地从德里赶来，两名恐怖分子在整夜的交火过后被击毙。同时丧生的还有一名卫队队员和一名邦内警察。有70人受伤。

然后再没有其他事情发生了。古吉拉特彻底没有了动乱，没有屠杀，没有一起民众起义。调查随后展开，案件的同谋被一一缉拿，法律行使了它的职责。然而这次袭击中，四处依旧清晰可见三军情报局的指纹。尽管内心既悲哀又愤怒，人民和政府都以文明的、成熟的态度控制着自己，正如莫迪在之前的2月里向他们请求的那样。该寺的精神领袖普拉姆克·斯瓦米·马哈拉奇为被告请求了宽恕。[63]

古吉拉特的一些东西的的确确已发生了改变，同时还有更多的改变正在路上，即将到来。

8. 为古吉拉特而战

他们已经建立起来的、关于我因为戈德拉事件而进入了对抗模式的形象，是错误的。

——纳伦德拉·莫迪

戈德拉事件发生后的几个月内，常态日渐恢复。最严重的状况已经过去，129所难民营中关闭了122所。[1] 然而莫迪的想法却是这样的：需要为全新的开始举行全新的选举。2002年7月从果阿失望而归，又经历了长时间的思考之后，莫迪解散了邦议会，因为如果印人党不允许他辞职，那么人民的意愿仍然可能给他带来解放。他将遵从他们的决定。

当时莫迪在印人党内的地位已经十分稳固，但他却希望能在古吉拉特继续完成自己的使命，那么他需要知道，忍受了许许多多沉重创伤的古吉拉特人民，是否还愿意接受这位遭到媒体万夫所指的首席部长的留任。9月20日，他向《瞭望》披露："我并不是想要权力。我已经是首席部长了。我需要的是选举，因为有些人对我不断横加指责。"莫迪在寻找救赎，选票站是他找寻救赎的所在。许多人说此举背后隐藏着犬儒主义的精明算计——古吉拉特动乱过后，局势两极分化，这样的环境为选举提供了得天独厚的机会。

莫迪的反对党大军团还在继续扩大，在动乱过程中，他们当然已经不断地要求他辞职。然而一旦莫迪主动请辞，他们却又改变了口气。[2] 国大党忽然意识到莫迪在古吉拉特人中极受欢迎，并开始担心仓促的选举又会让他在权力的宝座上多坐5年。这一点真是难以想象，因此他的对手们认定，也许在2003年之前，或者更长的时间内，绝不能让选举开始。他们争辩说古吉拉特依旧处在动乱之中，在这样的情况下，举行公正的选举绝无可能。

莫迪的新安全顾问K.P.S.基尔到目前为止已经在古吉拉特任职一个多月了，此刻的他有了不同的感受。"今天，我觉得戈德拉带来的震撼已经结束了。人人都意识到必须恢复邦内的和平。"5月20日，他对采访他的记者如实说，"每一位人民的心中都有这种渴望，将渴望变现实并非是项艰难的任务……邦里可以接受一次选举。因为如果你看看今天的局势，受干扰的区域其实是非常有限的。"他又补充说，如果戈德拉事件发生在1992年，那么"整个北方邦、比哈尔邦和拉贾斯坦邦都会付之一炬。而这一次，这些却并没有发生"。[3]

基尔指出，必须做到"在选举的过程中保证民主"。鉴于传媒、反对党，甚至还有中央的部分部门高声叫嚷着要求莫迪辞职的情况，古吉拉特的政体面临着遭到破坏的危险。全新的选举将解决这一问题，并使邦内最终恢复常态。

最近的一次邦议会召开于2002年4月，依据传统，选举将在上一次会议召开后的6个月内召开。这就为选举定好了时间表，因此选举将于2002年10月举行。莫迪十分清楚地知道，利用他目前所拥有的高人气就是竞选的最佳方案，必须赶在它们消失之前采取行动。如果将来他安排的经济发展和改革计划成功了，他的候选资格也将获得额外加分，但这需要很长一段时间才会奏效。于是，走向人民的最好时机，就是当下。

国大党当然希望尽可能长地拖延选举，这丝毫没有悬念。德里派来了由首席选举专员（CEC）领导的一支委员会，尽管基尔在当时对局势已经做过了概述，当然这或许也正是委员会到来的原因。它宣布说在当前的情况下不可能举行投票。

"我说：'这对我不公平，'"莫迪回忆道，"'我不想在这个职位上再做停留，我们必须做点儿什么。'但这是宪法强制的命令，于是我不得已又留任了6个月。"

选举委员会的裁决是基于这样的观点，即大家认为占全邦人口10%的少数族群不具备投票的条件，尽管他们当中有 95% 的人当时已经不再住在难民营，都回到家里了。[4]

首席选举专员 J.M. 林戈多不愿透露自己得出这一结论的途径。然而莫迪却把问题看得很透彻：

几个月来，反对派一直追着我，要我辞职。现在我真的这么做了，他们又不知该如何是好，于是他们开始向德里出发，去寻求（索尼娅·甘地）夫人的帮助。他们意识到詹姆斯·迈克尔·林戈多——印度的首席选举专员——是他们唯一的救星。[5]

于是乎，林戈多忽然发现自己已然身陷沙场，必须与莫迪一决智商的高下。他也许手握实权，但莫迪也自有妙计。人们纷纷猜测说古吉拉特已深陷动乱的浩劫，林戈多很可能也已沦落为这些广为流传的猜测的囚徒，且被困多年。然而，传说中哀鸿遍野的经济和社会图景与事实却相去甚远。为客观起见，这一次我们依旧必须尊重神圣的事实。

2002 年 4 月 29 日，《今日印度》报道如下："据古吉拉特商务与工业部（GCCI）预测，商业及工业的损失高达 1 千亿卢比。"商业的状态显然已经十分惨淡，尤以酒店业最为严重，一位业主说："暴力的影响如此之严峻，以至于许多酒店都面临着绝对的倒闭。"他同时声称入住率从 70% 下降至 20%。据一流黄金酒店总经理那林达·赛尼说，当行业的直接经济损失超过 25 亿卢比，将有 1 万名酒店业工作者要被抛入无业状态。[6]

透过动乱第一周的熊熊大火望过去，这或许就是当时的情况，未来似乎一片黯淡。然而，鉴于大部分暴力行为很快结束，一切渐渐恢复了常态，古吉拉特商务与工业部迅速地更改了数据。它们总结说中小型商业中有 15% 的企业或多或少受到了影响，然而大部分依旧照常营业。[7] 酒店业并不像之前担心的那样要承受 25 亿卢比的损失，在所有 600 家机构中，只有 220 家遭遇不幸，因此导致损失不超过 1 亿卢比——对比在动乱的第一个 10 天里所做出的关于酒店业的猜测值，这不过是极小的一部分。

共计有 4767 起保险理赔登记在册——这也是比较可靠的测量实际损失的方

法之一，于是损失的数据又增加到 16.8 亿卢比，而不是之前担心的 1 千亿卢比。很明显，还有许多个人的损失未加入保险，但它们并不属于商业领域。有分析师争辩说银行的统计数据过分强化了 2002 年 2~3 月，即动乱最沉重的时候的经济反弹情况。如果对银行的活动水平——支票清算的数量和账户之间转账的基金数额——进行在戈德拉事件发生前和戈德拉事件发生后的对比，那么二者在货币流通速度上的数据其实是不相上下的。总现金额度从 1700 亿卢比轻微滑落至 1670 亿卢比。

这些都是干巴巴、不流血的数字，并不将当时那惊悚的场景和它带给人们的感觉计算在内。然而它们也是坚挺的数字，它们向人们展示出当时的情况和世界末日的到来之间存在着天壤之别。2002 年 3~4 月，车辆的销量有所下滑，从预期的 3000 辆下降到 1000 辆，因为没有人希望购回一辆车，再眼睁睁地看着它在暴动的火焰中化为灰烬。但动乱结束后，被延期了的购买力还是得到了恢复，之后的整体销售额基本与过去持平。

同样，古吉拉特的投资数占全国总投资数的第二大份额，在 2002 年，这个地位依旧保持稳定，大约略高于 16%。[8] 如果阅读当时的媒体报道，人们很容易发现，每一则负面的统计数据都稍微有些夸大其词，或含有杜撰的成分。比方说，古吉拉特商务与工业部的酒店业者汇报了入住率滑落至 20% 的情况，然而 5 月 5 日的《印度人》却把它篡改为 10%。

一段时间过后，莫迪在采访中曾就此事做出这样的讲话：

你必须牢记，在戈德拉之后，没有一个行业曾经有过关闭的经历，一天也没有。事情发生后，银行也未曾有一日关门大吉，这就是为什么我说，对我任期的任何评价都不能基于媒体之所说所写而展开。那么，充当评价参数的应该是什么呢？请看——学校继续开放吗？考试继续举行吗？商店是否开门？市场是否依旧富有生机？所有的一切都在正常运转，然而却有如此众多的负面报道依旧不依不饶。[9]

既然古吉拉特照常运行，那么评论家们又把未来的投资当作了他们攻击的下一个议题，在这一点上，当时当日的情况必定会与旧日的轨迹存在稍微的偏离，毕竟，哪里会有头脑清醒的商人愿意把资金投入到公共的火药桶里去呢？

2001年10月，一经当选为首席部长，莫迪立即开始不辞辛劳地为召开贸易与工业峰会而努力，以求吸引新的资金注入邦内——尤其是外国直接投资（FDI）。他调动了古吉拉特商务与工业部，以及其母单位全国联合部，并吸引了来自亚洲、欧洲和美国的代表。这次峰会被命名为"复兴古吉拉特"，这成了之后他举办的更大型的、两年一度的系列峰会"活力古吉拉特"的原型。2002年2月8~10日，就在戈德拉事件之前不过半个月左右，莫迪担任了峰会的东道主。

在流血的浩劫中，投资者们当然会全速前进、马不停蹄地赶回祖国，这对媒体而言也是显而易见的。《印度人》当时指出，第2届"复兴古吉拉特"峰会中产生的投资的希望值大约为1236亿卢比，勉强能够弥补动乱导致的损失。它的分析师宣布说："投资者们不仅有可能从此不再投资，也有可能从邦内撤走现有的工业。"[10] 然而动乱过去仅3个月之内，外国的投资又再次掉转船头，宣布要在古吉拉特投入价值7580亿卢比的项目。[11]

与此同时，首席选举专员就提前举行选举一事寸步不让，这刺激了莫迪，他也发起了反攻。8月，在巴罗达附近的伯利德的一场公开会议开始时，莫迪用林戈多的全名来称呼他：詹姆斯·迈克尔·林戈多。这是莫迪有意为之。莫迪想告诉大家的是，林戈多是个"外人"，人们不应该允许他用这样的方式对古吉拉特指手画脚。莫迪认为林戈多自恃高人一等，目中无人。林戈多则把莫迪的话称为"仆人的八卦"，作为对莫迪的回应，结果这却只是为莫迪对他做出的判断又做了进一步的补充。[12]

阿朗·杰特利向林戈多通报了古吉拉特邦政府将于7月19日解散议会的决定，林戈多拒绝了他之前提出的提前举行选举的要求，声称莫迪的政府是个"被抹黑了的政府"，[13] 并说这项要求是"少数毫无权力的疯子随口说说的话"。[14] 接着他又把古吉拉特的官员们称为"一群爱开玩笑的人"，这可真是锦上添花。[15]

莫迪单独向我确认过，同时也是第一次对公众这样说："他对我的一位官员说，他就是个爱开玩笑的人。"这立即使人想起12年后的事情来。

在莫迪的耳朵里，这听起来并不像是一句公允的话，作为一名公务员，如此这般表达自己的想法，也是个很奇怪的做法。他怀疑首席选举专员对他个人抱有偏见，或者至少对印人党有偏见，林戈多又在"万众瞩目"下决定向那些在浩劫中逃离了古吉拉特、别居在印度其他地方的古吉拉特人提出呼吁，要求他们在当前所在的地方参加投票，因此莫迪对他的怀疑程度又再度升级。

现在的莫迪这样说起林戈多：

作为职业官员，他做得很好，然而出于一些政治的原因，或者由于媒体的看法，他对我有些偏见……他做了他所能做的一切、他可以尝试的一切。根据印度选举系统的历史上最初的规则和规定，如果你想要投票，就必须到一个特定的地方去投票。然而在我的事情上，他为古吉拉特的议会选举打开了大门，人们在印度的任何地方都可以为古吉拉特投票。

林戈多说自己"将大规模的受害人群的移动和迁徙考虑在内，因为他们从被动荡撕裂的区域逃向了更加安全的避风港"，[16] 这真是虚伪的修辞。这便暗示说，古吉拉特真的已沦落为饱经战乱踩踏的荒原，正如媒体在动乱后的数月内所塑造的那样。莫迪怀疑林戈多是要利用一则合法然而却几乎从未执行的规则，在选举真正举行之时，提高反对印人党的投票——因为那些逃离了古吉拉特的人们不太可能对莫迪表示同情。

莫迪心满意足地指出，尽管全印各地都设立了邦议会选举的选票站，"人们无法想象这种情况……但实际发生的是，没有一张选票投在了邦外"。这向人们暗示说，在劫后余生后远离故土、迁徙出去的只是备受创伤的极少的一部分人，并且说明林戈多为此殚精竭虑、努力营造的混乱的景象其实并不准确，这整个局面真是十分精彩。

林戈多同时也监控着查谟和克什米尔的选举，当地的局势比起古吉拉特来，实在糟糕得多，莫迪尖锐地指出："如果选举都可以在恐怖分子横行的邦内举行，为什么在已经恢复了常态的古吉拉特却不行呢？"[17]

林戈多并没有回答，但是，2002 年 10 月 28 日，德里的最高法院发布了一条判决。判决说由于古吉拉特的邦议会已经过早地被解散，那么两次会议期间 6 个月的任命就不再适用。这无疑打破了莫迪想要提前举行选举的策略，那么现在选举也没有必要在 10 月举行了。

可是首席大法官 B.N. 基尔帕对选举委员会也发表了一些严厉的声明，似乎是对总统令是否能够在长达 6 个月不举行邦议会的情况下继续施行一事进行查纠。最高法院认为既然在距离议会最新的一次会议的 6 个月内举行选举并不违反选举任命,那么这就并不适用于印度宪法第 356 条。

同时,最高法官们大声疾呼,指出印度宪法第 324 条要求选举委员会尽到自己的责任和义务,必须"尽快"进行选举,并补充说及时的选举是民主的精髓,法律与秩序都不能成为推迟选举的理由。[18] 绝不与莫迪为伍的《印度人》温习了林戈多个人对选举的描述,报道说:"奇怪的是,虽然林戈多着手处理选举委员会的案子时十分认真,可他却掩饰了最高法院强烈表示反对的实情……同时,报道中坚持了选举委员会给出的建议,即诉诸宪法第 356 条并'不必要',并且是'错位'的。"[19] 最后这一点指的是林戈多对调用总统令这一可能性所做的"观察"。如果这是一起旨在彻底"阉割"古吉拉特印人党的政治阴谋,那么必须说,最高法院对此完全无法容忍。

选举最终定于 2002 年 12 月 12 日举行,这对莫迪而言仍然很合适。批评分子抱怨说这将给莫迪腾出足够的时间来"巩固他的印度教教徒选票库"。很明显,这也并不全然是个错误的说法。

在 6 月里,距离最高法院下达裁决还有很长时间,莫迪开动了神车朝圣之旅的系列准备,希望能吸引古吉拉特的人民来支持印人党。乐此不疲的莫迪是神车旅的老手,他曾在之前的几年间组织过邦内的、邦与都之间的以及全国范围内的多次圣旅。他清楚地知道,这样多地点、多阶段的旅途可能带来极强大的政治效果,因为偏远地带的选民能够通过他们带来的这个机会与领导人近距离接触,并确保自己关心的事情能得到领导们的关注。

2002 年 6 月,莫迪挥舞起大旗,启动了第 125 次札格纳特(毗湿奴)战车之旅。6 月 12 日,星期五上午,它由艾哈迈达巴德杰马勒布尔门区的札格纳特寺出发,总行程共 35 公里。这支圣旅由数十只大象领队,有 33 辆满载着信徒、10 个印度教圣诗班和 15 个苦行僧团的卡车紧随其后,还有步行着的支持者们跟在战车之后,队伍一路延绵,长达 1.5 公里。[20]

此后的 8 月 31 日,在黑天诞生节(黑天的生辰)那一天,又有一支萨布哈圣旅于拉杰果德出发,主题是"打击恐怖主义"。事后证明,这真是个及时的安排，因为警察很快就声称他们挫败了一起意图暗杀莫迪和世界印度教理事会主席普利文·托加迪亚的阴谋。该理事会的秘书长贾迪普·帕特尔于 2002 年 12 月 3 日中弹受伤。[21] 这件事向大家指出，人们当时依旧把莫迪和托加迪亚归为同类。几年后，托加迪亚本人和世界印度教理事会在古吉拉特都遭到了莫迪的排挤，而当时莫迪对宗教极端分子的反感却仍然并不那么为人所知。他本可以通过与印度教激进主义力量结盟，进而对多数主义的情绪加以利用，然而他却并没有这么做。

接下来就是象头神伽内沙节，再之后是高拉夫，或称古吉拉特的骄傲之旅——这是迄今为止最大规模的神车圣旅，莫迪提出要穿越全邦，踏遍每一寸土地，要在 10 月（当时选举的日期还没有确定）之前走遍所有的 25 个区以及 182 个选民区。[22] 这次圣旅被延误了两回。第一个状况就发生在它即将按计划从法格瓦尔村的巴塔及古鲁寺出发前夕，而当地正好是沙克森·瓦格海拉的选区。国大党的反对导致了这一次延误，他们声称这是挑衅行为。神经紧张的瓦杰帕伊给莫迪施压，于是日期不得不改到 9 月 3 日。

很明显，瓦格海拉并不是个有原则的人，但却是个有野心的人，他现在已经叛逃入国大党，并在 7 月 19 日被选为古吉拉特邦内的国大党党主席。瓦格海拉也在法格瓦尔当地提出要将他的乌合之众组织起来，结成一支神车旅，并称之为巴迪吉·塞纳（巴迪吉之军），他发誓说倘若莫迪胆敢高调地启动他瓦格海拉已经宣称了是属于自己的神车旅的话，那么他必将发起一战。巧的是，他的神车旅与莫迪的高拉夫神车圣旅正好计划着要从同一地点、同一时间出发。

莫迪十分欣赏这一出政治喜剧，他给瓦格海拉写了一封言辞恳切的信，其用意是要说："请您先行……"此举不仅使他在道德上占据了上风，同时也接受了后者的挑战，还立即打击了国大党对高拉夫圣旅做出的过激反应，因为如果国大党自己也计划了神车之行，那么我们与他们同样的举动究竟怎么才能算是挑衅呢？

莫迪给瓦格海拉让路之后，高拉夫之旅终于确定并宣布了出发日期——9 月 8 日，他们大张旗鼓地如期从法格瓦尔的寺庙启程。根据媒体的报道，高拉夫是个令人沮丧的失败，它暗示着即将到来的民调的失败。然而在古吉拉特警察局副总局长写给甘地讷格尔内政部的副秘书长的报告中，情况却恰恰相反。其实约有

15万人参加了莫迪的第一次演说活动。其后，圣旅依旧继续顺利地在小轮之上前进。警方的正式报告记录如下：

> 之后，朝圣之旅沿着预定的路线进行着，在卡帕德瓦思杰（自由市场）召开了一次公共集会（15000人）。再之后，分别在萨巴坎萨区的贝亚德（12000人）（20小时34分钟）、甘地讷格尔区的德加姆（12000人）（22小时45分钟）、塔拉德（萨巴坎萨）（10000人）、帕拉恩提吉（8000人）（11小时30分钟）又召开了集会。在已经过去的2002年9月9日，荣誉首席部长拉贾德瓦森·拉纳在希马特纳加尔的公开会议上发表了讲话（1小时30分钟）。[23]

据警方记录显示，整个旅程中，出席每一站活动的人数全在伯仲之间，并且尽管事先采取了预防措施，但却并没有发生任何形式的暴力行为。

9月24日，在高拉夫神车之旅行进的过程中，阿克沙德罕寺恐怖袭击发生了。然而它并没有引起更多的动荡，和平依旧，在短暂停留10天后，满腹哀愁但装备更加齐全的高拉夫之旅于10月5日再次出发，直到到达终点之前，这一段旅程都没有再遭遇任何不幸。莫迪调整了他招牌式的愤怒的言辞，对巴基斯坦领导人穆沙拉夫发起了攻击，他直截了当地谴责后者，说他必须为恐怖袭击负责。[24]

自莫迪在头一年的10月被德里空降到古吉拉特以来，他所经历的除了风暴，几乎再无其他——他被迫应对了地震的余波、两起重大恐怖袭击事件和恶性骚乱，赢得了自己人生中的第一次选举（为了取得拉杰果德议员的身份），辞职并准备投入第二场竞选之战。此外还发生过一次可怕的干旱。然而最令人吃惊的，也许也是他最不能预料到的，是自己忽然成了一个公众人物，因此也就成了一份公共财产，他从印人党党内相对默默无闻的"小幕后"被弹射到了举国关注的舞台。而且充斥着这份关注的几乎全是辱骂之声，看起来好像媒体一瞬间就认定自己讨厌莫迪。他在印人党内也有许多敌人。

国大党的最高层目前已经把莫迪锁定为未来选举的主要威胁，不仅在古吉拉特如此，在全国范围内也一样。党主席索尼娅·甘地眼光犀利地在他身上看出了继瓦杰帕伊和阿德瓦尼之后最炙手可热的印人党年轻领袖的影子。莫迪当时正是51岁，1998年，即4年前刚刚接管了自己党派的索尼娅同样也是51岁，她清楚地知道，中和并化解掉他潜在的威力是多么的重要。

莫迪的内心在过去的数个月内承受的巨大压力终于有了外在的表现，11月22日，星期五，他短暂入院，此时距离林戈多总结陈词地说古吉拉特警方向他展示了自己"相当的专业"性，并进一步将2002年12月12日确定为投票日，也不过区区数小时。为莫迪治疗的民事医院的德侯拉克亚医生说："他完全没有问题，但他需要休息。"[25]

事与愿违，莫迪似乎偏偏在一片辱骂声中茁壮成长起来。随着选举的临近，批评不断升级，他也成长得越发雄辩。到目前为止，新闻里满是印人党将在2002年12月大选中步入末日的预言。大家推测说整个党都要由于莫迪的失败而深陷绝望，分崩离析。印度《金融快报》是这样说的：

事实上，这里的高级印人党党员坚持认为，临时代理的首席部长正迅速地化身为一个不利因素，对印人党和民族卫队都不利……哪怕是死忠于印人党的支持者似乎都对党的能力失去了信心，认为他们不可能在邦内即将到来的选举中扳回一局。[26]

根据12月6日的民意调查的预测，二者势均力敌将是此次角逐的结果，印人党和国大党有可能赢得邦议会所有182个席位中的85~95席。它还总结说印人党也许能吸引49%的选票，国大党也正在向48%迈进，因此结果应该十分接近。研究明显表明，莫迪的高拉夫神车之旅失败惨重，对于34%的民众几乎丝毫不起作用，只有32%的受访者认为浩劫余生的古吉拉特正在日渐恢复它的荣光。[27]

这是《瞭望》做出的结果预测：国大党将赢得100个席位，莫迪必将相形见绌！[28]

2002年12月的古吉拉特选举被形容为一次受到印度教教徒反抗穆斯林的"仇恨的驱使"的选举。[29] 其实更有可能的是，它受到了媒体对莫迪，进而也就是古吉拉特人对媒体的反感的驱使。1999年，在选举过后，德布拉吉·穆克吉对

"伪世俗主义者"进行了谴责:"他们(媒体)几乎没有意识到自己正在组建一个选民区,这个区很快便相信了高拉夫神车朝圣之旅所宣传的逻辑,相信纳伦德拉·莫迪先生在策划他的竞选路线时成功地收获了大家的支持。"他的话里真是充满了智慧。他们并不理解的是,"凯旋的部队所设定的印度教的骄傲只不过是个派生物"。真正能让大家聚集在一起并大声高呼的,正是古吉拉特的骄傲。[30]

反对古吉拉特和它的首席部长的普遍敌意产生了一个净效应,那就是它促成印人党在选票方面获得了势不可当的胜利。正如莫迪在投票前夜所说:"我认为我们只是在媒体上与国大党竞争。在实地上,我看不出任何战斗的存在,我们依旧无敌。相反,无论我到哪里参加竞选,我都能看到民众对印人党的狂热支持。"[31]

胜利的迹象已高高飘扬在空中。然而一如既往地谨慎的莫迪对成功也并非成竹在胸。根据斯瓦潘·达斯古普塔的回忆,莫迪曾有过一瞬的怀疑,这个情况很罕见,那发生在一次集会过后的夜间,是在莫迪和他一起飞回艾哈迈达巴德的路上:

他倚在过道上,问:"你觉得怎样?""看起来很令人振奋。"我回答说。他点了点头,陷入沉思。然后,他突然又向我提出一个问题:"如果我们输了呢?"我小心翼翼地笑了笑,他也对我回以微笑:"但至少我们打好了竞选这一战。我已经全力以赴了。"[32]

2002年12月也许是莫迪在他的职业生涯中最后一次对自己的命运感到不确定。同时也是他第一次作为一邦之主参与竞选。倘若他在竞选中赢得大多数选票,那么印度的政治版图将从此改写。他从民族卫队加入印人党,不过只是15年前,2002年2月,他刚刚赢得了人生中第一次竞选(补选),成了一名初次登场的立法委员,在此前的2001年10月,他空降成为首席部长。然而他在竞选中的表现却像足了一名老手。

2002年12月12日的夜晚,投票率为61.5%,因此出口民调预测说印人党大约能收获93~109席,而国大党将可能获得高达88个席位。穆斯林为投票做了大量贡献。甘地讷格尔不免有些焦虑,担心印人党的中产阶级选民可能会止步家中，因为他们恐怕并不愿意到选票站排队。然而从另一方面来说，在冬天举行选举又意味着将不会有灼人的烈日阻挡大家出门投票。

结果缓缓地显现了出来，莫迪胜利的规模变得清晰可见。L.K. 阿德瓦尼表示："自从印人党建党以来，在过去 20~22 年，或者在我在人民同盟中工作的 50 年里，我还从未见过这样的竞选表现。"[33]

印人党获得了 126 个席位（它最终又增加了一席，达到 127 席），国大党几乎可谓一败涂地，只保住了 51 个席位。现在莫迪政府手中的议员数量是对手的两倍半之多。这是一次彻底的胜利，也许也是史上最大的一次——哪怕是在 1998 年取得巨大胜利时，印人党创下的纪录也不过是 117 席。他们在索拉什特拉和卡奇地区丢掉了几个席位，这可能要拜前任政府在地震之后的无能所赐。然而国大党沮丧地发现，印人党在古吉拉特中部干得十分漂亮，在东古吉拉特也成功地控制了部落带，这真是令人吃惊。

国大党基于种姓的策略已经走向灭亡，这为古吉拉特的未来带来了一个预兆。"得出结果时，林戈多也大吃一惊，"今天的莫迪边微笑边回忆道，"我与这位绅士素未谋面，但他退休之后选择与国大党一起工作。"

通过发展和有效的治理来实现政治社团的包容性、消灭国大党的 KHAM 议程，这是莫迪的长期策略。2002 年的选举为它发出了一个早期的，但却十分重要的信号：成功在望！

前首席部长苏雷什·梅塔先生弄丢了曼德维地区——这位又是卡奇地震的受害者之一，这是大家在选举中唯一感到大为惊奇的事情。整体的胜利却是有理可循的，达斯古普塔为莫迪的胜利做了简要的总结："他成功地在妖魔化和奉承之间建立起直接关联：在全世界的其他地方越受仇恨，在古吉拉特的人气就越发飙升……要说这是场基于意识形态的选举，其实这只是偶然，领导才能才是真正的关键。"[34]

在竞选的过程里，所有激情昂扬的演讲中都没有涉及印度教，甚至也没有谈及恐怖主义。这大部分要归功于媒体，因为莫迪就是它们所关注的一切。

索尼娅事后才准确地认识到，莫迪给国大党带来的是长期的威胁。当又一个 10 多年过去之后，莫迪第三次蝉联首席部长，在此时的古吉拉特议会里，他所占的大多数席位的数量几乎没有减少。几乎没有穆斯林在 2002 年 12 月的选举中为他投票。可是到了 2012 年 12 月，有 31% 的穆斯林把票投给了他——莫迪对我说："现在的穆斯林选票超过 25%，在部分选民区占到 34%。"

国大党是否反应迟钝地意识到自己的策略反转了枪头，对自己开了一枪？是否意识到它对莫迪进行的每一次羞辱，其实都亲手为后者又递上了 1000 张选票？或者说它是否能忍受更多的亏损，甚至加倍下注，继续妖魔化他？时间给我们带来了证明：它选择了后者，而这一选择带来的结果真是耐人寻味。

2002 年选举胜利时，把莫迪描述成古吉拉特骚乱的先驱的那些形容已经成为不可改变的事实，就这么定了下来。最初的戈德拉暴行被小心翼翼地从图中粉饰过去。[35] 在竞选中，沙克森·瓦格海拉竟然指控世界印度教理事会为反抗穆斯林群体而挑起了戈德拉动乱。哪怕是国大党——要知道他们当中的部分成员正是真正的罪魁祸首，他们都认为这则指控未免失了分寸，当时一位当地的领导人指出："这是个自杀式的陈述，在两极分化的气氛中很可能会伤害国大党。"[36]

2002 年 12 月 22 日，星期天下午，在艾哈迈达巴德的萨达尔·帕特尔体育场，莫迪再次宣誓就职为首席部长。有超过 10 万民众到场，此人数之多，比起在他的马尼纳格尔新选区中欢迎他的大部队的人数来说也不遑多让。K.P.S. 基尔也在场。同时，时任总理瓦杰帕伊参加了新上任的邦首席部长的宣誓仪式，这在印度历史上还是第一次。

在竞选过程中，从昔日的同事那里传来的不祥迹象一望而知。尽管瓦格海拉尽力扮演着令人扫兴的角色，但他最终却帮助了莫迪和印人党。1998 年，瓦格海拉跳离了他眼中正在沉没的印人党大船，挥手而去。在竞选中，他用那模拟版的神车之旅又摧毁了国大党的公信力。这给莫迪奉上了莫大的帮助。在更靠近故乡的地方，还有另外一位人士表示了不满，那就是克苏布哈·帕特尔，听取了在德里后方的桑杰·乔希的意见的他，仍不懈地有所动作。

在克苏布哈的领导下，印人党输给了瓦格海拉的国大党——他们在 2000 年的当地选举中损失惨重，在之后 2001 年的人民院补选中亦不能幸免。在非正式的采访中，莫迪对记者们明确地表示了自己对克苏布哈·帕特尔政府自 1998 年 5 月入主以来，尤其是 2001 年卡奇地震之后的表现的看法。

克苏布哈感觉莫迪的评论动摇了他的形象，而印人党的高层很快就粗暴地撤了克苏布哈的职。如果说莫迪的回归给他带来了羞辱，那么当莫迪毫无争议地获得首席部长职位的提名，苏雷什·梅塔又对此表示附议的时候，羞辱又进一步升级成了伤害。不过现在情况再次发生了变化：在12月选举中颗粒无收的苏雷什·梅塔很快集结了自己的部下，成了克苏布哈战舰中的一只羽翼。

民族卫队就是另一只羽翼，他们同样对莫迪感到不满。在取得了这样决定性的胜利后，莫迪居然在联合家庭组织中还有敌人存在，这一点看似令人难以置信，但莫迪从来就不缺敌人，他那率直的态度也许正是部分原因。

民主同盟的问题一半是正式的，一半是家庭式的。莫迪之前就是民主同盟的人。通常情况下，一旦你加入其中，就永远都不再退出，然而莫迪却一路成长为印人党的首席部长。民主同盟那一方依旧相信他是自己派入印人党的人。事实上，莫迪不属于任何人，不过当时争论的焦点在于，谁应该在古吉拉特当家做主。民主同盟认为自己既然是印人党意识形态上的父母，印人党在做决定的时候理应征求它的意见。莫迪对此不过一笑了之，他点了点头，礼貌地聆听。

以拉万·托加迪亚为首的世界印度教理事会也面临着同样的问题，在几年前托加迪亚和莫迪曾经也是朋友，然而现在却已变成了愤怒的极端主义者。虽然莫迪在竞选中使用了反对恐怖主义的言论，但他却绝不是极端主义者，也并不反对穆斯林，就这一点，时间可以为证。

国大党和媒体无情地批评莫迪，这保护他免于遭受右派的制裁，同时还帮助他渐渐地从联合家庭组织的正统学说中抽身而退，这种辩证法的演绎真是精彩绝伦。事态到了2003年就真正开始严峻起来了。当莫迪宣布"国家比党派更重要"时，[37] 他已经可以朝着自己设定的方向前进了。

对于辛勤工作的民主同盟的成员们而言，国家优于党一直是他们的一个中心信条，然而当民主同盟养大的首席部长再度如此重申时，其中又另有几分深意。此时刚刚从竞选中凯旋的莫迪正准备把目标瞄准自己，他要离开旧式的民族卫队的正统学说，在一定程度上，也想离开更古老的、等级分化了的印人党。他向我吐露了心声："我在一定程度上是个不关心政治的人。只不过我身处政治体系之中，人们才将我定义为政客。"

莫迪的想法和野心超越了党内任何一个人的想象。他梦想着重塑印度，并且要在古吉拉特的实验室里测试自己的想法。然而只有在民族卫队和印人党看到自己在竞选中获利、在经济上成功的结果之后，他们才有可能对莫迪希望能够执行的那些政策表示赞成。比方说莫迪后来让古吉拉特与工业、私人企业以及自由市场结盟。这个方法在当时依旧与民族卫队有些格格不入，后者仍将印度教的民族主义以及温和的社会主义政策作为经济政策的核心。

2002年选举胜利后，莫迪做出了重大的改变。他首先把担任内务部长的扎达珀哈·高德汉从内阁中除名。2001年10月，当莫迪从德里到古吉拉特担任首席部长时，为换取托加迪亚的支持，他的助手扎达珀哈被许以警界总管的职位。许多妥协了的官员在2002年的暴动中都被卷入其中（如扎达珀哈自己），而且，极端主义似乎已经慢慢渗进了政府的中心。莫迪承担了动乱引发的责骂。然而当事态发展到一定程度，当暴力的发展得到鼓励或默许之时，莫迪清楚地知道，谁该真正为此负责。

哪怕是那些并没有主动参与动乱的人，只要在动乱中表现欠佳，也会被判出局。当时内政部的副首席秘书阿肖克·纳拉扬尽管年资够长，但莫迪还是对他申请升职的请求视而不见，因为他"没能胜任控制骚乱的工作"。[38]

一位记者[39]讲述了一则传言：托加迪亚在选举之后抱怨说莫迪收获了所有的荣誉，然而辛苦的"屠宰"工作实际上都是托加迪亚手下的人完成的。很明显，他很希望这样的言论能够让莫迪面上无光，然而效果却南辕北辙。这也为他对自己党内的极端分子以及他们多余的活动的态度做了一个总结，因为扎达珀哈忽然之间就出局了。这给托加迪亚发来了一则信息：他也完蛋了。莫迪再也不用同世界印度教理事会或者类似印度农民同盟（BKS）这样的联合家庭组织进行磋商了。

这一系列活动的背后原因，是许多右翼极端主义者密谋的、目的是反对莫迪的暴动，尤其在2003—2004年，叛变的计划正在悄悄进行，这同时也是莫迪拒绝接受宗教极端主义的结果，他认为这既不利于古吉拉特，也不利于印度。为报复自己被边缘化的情况，印度农民同盟发起了一场农民暴动，而莫迪则把该组织的成员们从政府提供的住房中驱逐了出去。托加迪亚的一个助手——阿斯·帕特尔，发送了一条愤怒的短信，指责莫迪背叛了印度教徒主义。

当莫迪再次当选时，他也再次看清了他真正的支持者的身份，这绝不是那些引发了动乱的极端分子，他们在动乱的过程中几乎毁掉了他作为政治家的生命。

相反地,他的支持者是古吉拉特邦里刚刚成群结队地把票投给了他的心平气和的公民们。

"清洗运动"是项持续性的工作。一直到 2008 年,距离他把那些叛乱的印度农民同盟扫出纳税人出资建起的房屋已经又过去了 5 年,此时的他环顾艾哈迈达巴德,发现全市四处胡乱建起了非法的神庙,全然蔑视法令和规划。这些神庙就建在道路之上,市民们已经无法正常通行。这似乎就是传统印度信仰的完美写照:一旦一党当权,那么你想要的一切都唾手可得,不必受法律制约;法律总是为其他人设置的。

莫迪曾明确表示,他反对任何形式的非法侵占。这条原则同样适用于所有教派的任何建筑。对"不可知论"的信奉是他拆除违章建筑的推动力:规则就是规则。[40] 莫迪拆除了数百所违法修建的神庙。结果毫无悬念地又引起了许多宗教团体领袖以及迄今仍不习惯遵守规则行事的市政官员的反对。最后,拆除的行动大功告成。莫迪把自己的看法表达得很清楚:人人都要遵守规则。

"莫迪遇到的政治问题,包括在自己党内的问题,都源于他不愿包庇任何做错事的人这一事实,"马杜·基什沃这样写道,他是女性主义妇女杂志《曼努西》的编辑和出版商,"此前国大党和印人党已习惯于在动乱中并肩作战,因此他们尽职尽责地彼此保护。莫迪则切断了两党内反社会因素之间的纽带。"[41]

其中最令人难忘的评论来自阿肖克·辛加尔,在群情激愤的强拆寺庙的活动中,这位世界印度教理事会主席竟然把莫迪比作加兹尼——公元 1026 年摧毁了苏摩纳特寺的伊斯兰入侵者!莫迪还拆除了一所非法的伊斯兰苏菲派神庙,此举也激怒了当地的穆斯林,然而他依旧紧握钢枪,坚持自己的立场,并引用了"教戒"的理论体系,即"无论哪一个群体受到影响",依旧要坚持执法。[42]

"加兹尼"的嘲讽又成了一个针对莫迪的批评反而却有助于他的例子,因为它公开地把莫迪和印度教极端分子远远地划分开来,这甚至引起了古吉拉特愤世嫉俗的穆斯林们的注意。有人指控莫迪以 2002 年的骚乱为幌子,掩盖其破坏重要伊斯兰古墓的事实。对非法修建的印度教寺庙的拆毁,以及把莫迪刻画成伊斯兰入侵者的漫画似的描述,都有助于莫迪缓慢地、谨慎地完成他心头勾勒的和睦景象:他要成为穆斯林们不带偏见的朋友,并成为任何极端信仰者的敌人。

如果说，世界印度教理事会和印度青年民兵组织为莫迪对他们在动乱中所做的一切表现出的"忘恩负义"的反应感到困惑不解，并就他宣誓成为首席部长之后对他们采取的高压手段感到备受冒犯的话，那么他们很快将会发现，情况只会变得更加糟糕。应对骚乱后果的正常处理方式就是假装什么也没发生，当事人并没有参与，1984 年发生在德里的反锡克教徒大屠杀就是个很好的例子。然而哪怕莫迪想要在 2002 年的浩劫过后延续国大党的做法，他也无能为力。媒体的焦点就像聚光灯一样围绕着他，每一天都在公共舆论的法庭上寻找可以指控他犯下大量谋杀罪行的机会——而这样的苦难，拉吉夫·甘地却从不需要忍受。

最高法院已下令要求警方针对动乱中的屠杀行为重新启动最初那草草了事了的调查。它召集起一个特别调查小组前往古吉拉特重新审视所有的证据。莫迪说，他对此表示热烈欢迎。他认为自己在当时的情况下已经竭尽全力，尽可能快速地处理暴乱行动。他也清楚地知道哪些人才是罪魁祸首。目睹世界印度教理事会、印度青年民兵组织、印人党和国大党中的极端分子因为自己犯下的谋杀罪行而遭到起诉，这给莫迪创造了一个机会，令他能够借机将他的治理行动和他们的暴力行为区分开来。从长远看，这有助于他进行康复。此举其实无异于孤注一掷，然而这最终却又并不是一场赌博，因为莫迪别无选择。于是他发出了这样的声明：若有人能证明我有罪，我情愿赴死。

在接下来的几年里，由于特殊调查小组埋头苦干、不遗余力地对 2002 年的动乱进行深入调查，古吉拉特每一个政党中的暴徒们都目瞪口呆、困惑不安，他们发现自己和同伙被一个又一个地送上了法庭，进而又坐入了监狱。那么，为什么与印人党中的反对派——不仅有克苏布哈·帕特尔和苏雷什·梅塔，也有桑杰·乔希和 K.N. 古维达查亚——结盟的右翼极端主义者，他们无法推翻莫迪或至少无法重申控制权呢？

原因有二，其中之一像一把楔子，深深地嵌在了莫迪和印人党中的部分人之间，把他们分隔得越来越远——那就是 2004 年的人民院选举。现在回顾起来，当时的印人党十分享受自己的首个，并且也是唯一一个持续掌握国家政府的任期。1998 年，以瓦杰帕伊为领袖的印人党赢得了第 12 届人民院选举，将 182 个席位收入囊中，而国大党只获得了 141 席。瓦杰帕伊的全国民主联盟只维系了一年，一年之后就和自己的合作伙伴之———全印德拉维达进步联盟（AIADMK），产生了分歧。

在1999年的第13届人民院选举中，全国民主联盟取得了来自24个盟友的支持，建立了一个更加稳固的第2届全国民主联盟，得以继续再执政5年。为了和平谈判的成功，瓦杰帕伊出访巴基斯坦，并促成了《拉合尔和伊斯兰堡宣言》[43]的诞生，可这个事实却并没有损害他在印人党眼中的形象。

人们为了打破国大党长达几十年的统治霸权、迎来印度政治新时代的曙光，对印人党寄予了很高的期望。第2届全国民主联盟执政期间，莫迪赢得了2002年邦议会选举，在此后的一年里，印人党在拉贾斯坦邦、中央邦和切蒂斯格尔邦中的议会选举中又接连取得了胜利，这个局面当然是人们对印人党寄托希望的重要标志之一。

这一切都为2004年的人民院选举提供了一个征兆。然而奇怪的是，这些胜利在印人党内部催生出一种沾沾自喜的情绪，因此当他们提出要在2004年4~6月提前举行大选，并惨遭失败时，他们居然瞠目结舌，大惊失色！这个决定和举动终结了瓦杰帕伊的政治生涯。"在我的领导下，党失败了，我并不介意因此下台。"他是这么说，也是这么做的，之后他将权力交给了L.K.阿德瓦尼。

印度人民党曾亲眼目睹过那些鼓舞人心的经济指标，民调中炽热的评论也来为他们证明，这些似乎都能保证选举胜利唾手可得。2003年10月，他们推出了"印度之光"运动。但印度人口中的许多人感到自己被排除在国家的繁荣之外，而国大党正好利用这些人的沮丧心情，推出了这样的口号："普通百姓得到了什么呢？"

竞选过程中，在勒克瑙发生了一个影响深远的事件。在庆祝印人党某位领袖生日的集会上，人群为了争夺免费纱丽而引发了踩踏事件，有22名妇女在事故中身亡。印人党竭力试图撇清自己同该事件的联系，而对于反对党而言，这无疑是一份礼物，于是他们可以站出来大声地发出质问：如果印度正在散发光芒，那么为什么人们还会为了得到只值40卢比的纱丽而丧生？[44]

2004年5月，印人党在选举中被击得粉碎，只获得了138个席位。正如

M.D. 纳拉帕特所写的，它已经由一个出类拔萃的政党，转变为一个对经典的尼赫鲁方式欣然表示接受的组织。[45] 换言之，一旦它掌权，旧日的社会主义倾向——一种印度默认的政治立场——就会在人们不知不觉中又再度降临。国大党比印人党获得的席位只多了7席，共145席，然而却获得了左派阵线以及其他联盟的60个席位，并结成了联盟政府。2004年的大选对于国大党而言并不算是个十足的胜利，正如它之于印人党的中央领导而言，也不算是个十足的失败一样。

人民院选举后，莫迪和印人党内的某些领导人突然发生了争执，驱逐他的呼声越来越响亮。尽管如此，这一情况实际上在两个方面支持了莫迪。首先，他不再需要为他那谦卑的、患了炮弹休克症的、战战兢兢的政党付出更多关注，在任职为首席部长的最初两年多内，他就是这样工作的。[46] 丢掉了权力、不受欢迎的印人党给他施加的压力将会小得多。相反地，他正在古吉拉特逐步地巩固自己的势力基础。

莫迪日益强大的力量和他行使权力的风格都受到了人们的关注：

> 莫迪并不等于印人党的这则评价越发受到追捧。他是一匹孤独的狼。他发出的嘶吼也许全是正确的，但他却从不回应任何人的声音，也不向任何人做出解释和说明。这就是为什么任何一个从属于政党的人都不会做出他所做的那种决定，因为他不得不在各种互相抵消的力量之中寻找平衡。[47]

印人党漂移到了左翼，它曾经一度看似很满足于附和国大党的声音。经济学家阿尔温德·帕纳格里亚最近说：

> 这里有部分问题是，印人党把2004年的失败视为改革的失败。这种阅读竞选结果的方式是摧毁性的。除了纳伦德拉·莫迪，大部分印人党的领导人都还没有从中走出来。如果反对党只是单纯地跟随执政党，那么它存在的意义何在？[48]

印人党似乎远离了它在1998—2004年这6年间实行的部分经济自由主义，回归到一种消极的正统中去，只有当它试图阻止国大党立法，却又说不出自己更希望能够用以取而代之的究竟是什么方案的时候，它才算扮演了国会中反对党的角色。它似乎已经失去了思想，迷失了方向，并撤退到一个安逸的却又是自我毁灭的地带中去。莫迪，与此同时，却正忙于自己的计划，他要将古吉拉特转变为繁荣、重商、经济上积极进取的一个邦。

民族卫队虽然之前受到了瓦杰帕伊的制约，阿德瓦尼却允许它回到中央舞台，他为自己 2005 年在巴基斯坦所做的奉承真纳的言语也付出了代价。民族卫队现在已经连续服务了两届印人党主席，因此它预计自己在国家层面也能获得成功，而如果将从选票中体现出的他们受欢迎的程度考虑在内的话，这实在是个危险的预期。反之，莫迪则继续留在自己民族卫队导师们的右翼，确保把对政府管理的干涉控制到最低。

然而，世界印度教理事会却怒气难平，毫不妥协。有评论说："反对莫迪的最大威胁不仅是印人党——这一点十分讽刺，恰恰还有世界印度教理事会。理事会的高层人物，从阿肖克·辛加尔到普利文·托加迪亚，他们都讨厌他……"[49]

除了印人党选举后罹患的"抑郁症"之外，还有另一个因素为莫迪在古吉拉特能放手自由地行动保驾护航，此因素还同时牵制了他在联合家庭组织内的敌人。这就是他此前在自己的第 2 届任期内所取得的经济和社会发展方面的进步。

2001 年 10 月，宣誓就职后的那一天，莫迪颁布了他身为首席部长的第一个决策：将讷尔默达河分支中的水流引向干涸的萨巴尔马蒂河床，此举既有实际意义，也具有象征意义。[50] 高达 100 米的萨达尔·萨罗瓦尔水坝的完工使这个工程变成了可能，然而为达到这一目标，人们却付出了数十个年头的辛苦奋斗。讷尔默达河从东部邦的阿马尔坎塔克一直流到古吉拉特南部，穿过巴鲁奇平原，汇入大海。20 世纪 60 年代，人们首次提出构想，要在该河之上修建大坝，最终实现近 7000 平方英里（约 18130 平方千米）干旱土地的灌溉，并为超过 3000 个古吉拉特和拉贾斯坦的村庄提供用水。该项目最终于 1979 年获得批准。此后，政治战争接踵而至，环保人士、左翼活动分子和 4 个邦府常常在项目进行的过程中相互争吵，或彼此阻拦。

现在，新鲜的淡水送到了那些渴望着它的人们面前，莫迪用萨巴尔马蒂之水开启了古吉拉特发展的新阶段。在一个半沙漠状态的邦内，从干涸到湿润的变化是一则强大的隐喻。迄今为止，大坝的成功自然不是莫迪一人所为，他也并没有想要借此邀功，尽管后来显著地提高了大坝的高度、扩大了它影响半径的人，确实正是莫迪。他只是利用这个机会，向大家大声地发出宣告：变化已经到来，并将迅速发生。

莫迪希望能够把宗教中意识形态和言辞夸张的内容推到一边，这是将世界印度教理事会踢出场外的部分原因。关于宗教暨民族主义的骚乱可能引发的后果，莫迪已经目睹了太多的例子，尽管他也是个民族主义者，但他却宣称要追寻真正的世俗主义主旨：要为所有人伸张正义，要不偏不倚。

一直以来，莫迪的眼光都是双向的，既瞻前也顾后。他想要复兴印度的文化和身份认同，要寻找那广袤的、沉睡中的源泉，并使之与现代的印度产生关联，他认为它们充满了活力和潜力。他想让它们在现代的、自由的背景下蓬勃发展，并借此达到他的目的，而不是仅仅在经济或文化上安装一座"印度的堡垒"而已。

为了把印度教徒主义的特性定义为一种生活方式，而非宗教信条，莫迪又吸收了印度古老哲学中的原理，并将其现代化，借以打造一个欣欣向荣的、善政的邦，它必须真诚、以民为先，这就是莫迪将定义概念付诸实践的做法。

要想解决在 2002 年浩劫中表现得彰明较著的、根深蒂固的社群主义，莫迪意识到他必须向古吉拉特愤怒的，同时也受尽了惊吓的穆斯林们做出证明，他要用行动，而非言语来证实他所主张的观点和态度。对于恐怖主义，以及法律和秩序，他基本坚持冷酷无情的强硬态度，因为——正如萨达尔·帕特尔所指出的那样——政府如果不能保护自己的公民，那它就一文不名。[51] 这是莫迪在动乱之后忏悔、追求的一部分，也是他不断前行的重要政治信仰中的一条。

接着，莫迪将注意力转向了政府改革。哪怕不能缩小政府的规模，他也希望它能更具流线型，更现代，更有效。他推论说有 50 万名政府雇员需要照顾自己的家庭。因此，虽然他继承了一个在民用和公共服务领域过分庞大的雇员系统，但他并没有开始大批地解散员工。相反地，他决定把公务员视作一种资源，他授予他们更多自主权，让他们感受到自己对工作的热情，通过这些方法，他提高了他们的生活水平，改善了他们的职业条件，从而提高了他们的工作表现。[52]

莫迪开始召开集思广益的头脑风暴会议，让大家知道善意的错误将不会面临惩罚。公务员们通常不愿说出自己的想法，也不愿质疑自己的上司。莫迪改变了这个状况，并且宣布，由于他希望看到每个人都能尽其所能地表现出最好的自己，因此倘若他们的某个真诚的想法出了错，或失败了，也不会留下任何污点。事实上，结果与大家的担忧恰好相反。

"当我第一次会见政府官员时，我说：'别担心惩罚的事儿，在我的办公室里不存在惩罚。你们必须冒险，你们必须表现。如果出了任何问题，我来负责。'"

事实证明，如果员工不断地努力进行创新和改进，那么此人的职业生涯将会因为从错误中学到了教训而受益。这是一个激进的、前所未有的举措，它对公务员的职业道德产生了奇迹般的解放效应。很快地，每个人都感觉自己置身其中。政府雇员接受培训课程，从工作满意度更高的机会中，他们受益匪浅，并以更加认真、更加有效的工作表现作为回报。描述这些举措的时候，莫迪的脸亮了起来，很明显，创新——这意味着更优质、更明智地做事——让他全情投入，容光焕发。

莫迪启动了一项计划，他允许公务员根据自己的个人爱好与民众共事，他推断说这应该会让他们更加快乐，更加热衷于自己的工作。"我告诉他们：'你可以选择你喜欢的任何项目，只要它能给你带来满足感，就用自己的方式放手去做。不要担心资源，我会给你全部的资源。'然后发生了什么呢？政府公务员们尽职尽责，但却都使用了崭新的方法，比方说有一名官员热衷于音乐，但这却不是他工作的一部分。我说：'如果你不喜欢这份工作，就去做点别的吧。'所以他去拜访穷人，尽量为他们提供音乐教育。这让他感到满足。我给他绝对的自由，让他自由发挥。于是他乐在其中，并且由于这种心满意足的感觉，他在其他工作中的表现和能力都一并得到了提高。"

最为重要的是，政府里繁文缛节的官样文章实现了大幅减少。一式三份的表格所产生的文件的丛林被砍倒了，工作多快好省地完成了。在推动电子政务的实施过程中，互联网得到了充分利用，庞大的印度官僚体制被驯服了。不过大棒总是难免要伴随着胡萝卜而来，正如普拉文·谢思在2006年所说：

在他的政府里，官员，无论官阶高低，都对自己必须完成的工作变得警觉起来。也许这并不意味着在官僚传统中发生了一个显著的行为方式的革新。然而他们知道，如果不能迅速地处理掉文件，或者有任何拖拉的行为被发现，那么这个有不作为倾向的官员就会被转换到条件恶劣的岗位上去，或者将面临一定的刑事诉讼。[53]

记者普列姆·山卡·吉哈在他的文章《吉哈的印度：这里的民主已错了》中这样写道，由于"未能制定出相关法律条款，未能将已操练了一个多世纪的官僚机构转变为一个相信自己的职能是规范人民（而非自己的仆人）的机构"，自独立以来，这个国家已为此饱受折磨。[54] 莫迪从古吉拉特入手，开始转变官僚体系僵化的心态。因此人们可以期待政府的管理能得到改善，政府的"客户"——对此别无选择的无知的公民们——能够从此了解到：客户的满意度至关重要。

这个理念在西方世界里十分常见，然而在之前的印度，却没有任何一位改革者曾做过类似的尝试。胜利当前，莫迪却并没有就此止步。腐败也需要终结，"我自己不收受贿赂，也不允许任何人收受贿赂"。在一个以行贿、贪污和侵占为润滑剂，推动权威的齿轮勉强前行的国度里，这样的宣言听起来十分逆耳。

同失业问题一样，腐败在任何地方都不可能降至零点。然而莫迪却决意改变政府的文化，让政府成为人民的仆人，而非他们的主人，选民将站在管理的位置上。莫迪大权在握，然而这也仅仅是因为选民们授予了他权力，仅此而已。

政府的风格取决于领导者的性格，好也罢，坏也罢，他最终都将彻底影响政府的文化。莫迪明明确确地让大家知道，任何收受贿赂的人都将面临被开除的命运，绝无例外。这一信息穿过政治躯体的动脉迅速地传播开来，广为人知。由于莫迪自己决不腐败，这一点众所周知，哪怕是他的敌人也无法不承认，因此他的话具有相当的威力。他想要在古吉拉特邦的公共服务系统中贯彻正直和勤勉的新的精神风貌，要提拔最优秀的人才，要边缘化甚至开除最不堪的官员。一旦这个程序开始运行，莫迪又转而投入到更加有趣的事务中去了。

莫迪是这样对我说的："我对每一个部门、每一个秘书都这样讲：'假设你是这个部门的主要负责人，那么你将在未来5年里做些什么呢？我会把身为负责人所需要的全部权力都给你。你就是首席部长。想一想吧。你拥有什么资源？你的目标、你的目的是什么？你的路线是什么，你又将如何执行它，如何完成它呢？'他们每一个人都必须陈述自己最新的、有创意的计划，这样大家都可以看到别人的计划和彼此的想法。"

莫迪相信政府的一大问题在于缺乏沟通。"在管理方面，我们的体系存在的一个主要问题就是大家对自己的想法都讳莫如深。坐在桌边的人认为别人都不应该知道自己在做什么。所有人的想法都彼此隔离，并且隔离得滴水不漏，无论在心理上或是实际操作中都是如此。我想要改变这个环境。"

为此，莫迪召集了他的全体高级官员。"那时候每天晚上我们都启动工作坊，加班总是要持续到夜间很晚的时候——要到10点。就这样进行了好几个月。官员中最高级别的250名坐在一起，其中一名官员必须提交并陈述一份详尽的报告，然后我们就对这个议题进行讨论。听众中有6位农业代表、5位工业代表，因此他们总是各执己见。"

一旦每个部门都了解了其他部门的发展方向，那么他们就可以着手调整自己的计划，以达成更好的协调。"因此，就这样，每一个部门都开始重新思考。如果这个部门已经在做这件事，我就调整自己（的计划）。"

大家都能感觉到财政部门的消极态度，它们决不让步，这是最大的问题，也是所有部门的活动都面临着的障碍。莫迪对此做了这样详细的描述：

政府里的情况总是这样，财务部门在一边，其他部门都在另一边。大家总是与财务部门斗争，总是抱怨说："他们不帮助我们，他们不愿给予。"因此就生出了许多投诉。他们总是认为金融部门私藏了宝藏，只是他们偏偏秘而不宣。我说："不，并非如此！让我的整个团队都了解财务的状况，必须让他们了解！"于是财政部门做出了报告。他们详尽地阐释了自己的局限、自己的困难，事无巨细，一概汇报。结果呢？那些曾经一直对财务部门有意见的人，他们说："情况原来是这样的？我们愿意配合，我们会自己想办法，我们可以减少开支。"如此一来，自律便油然而生。并且大家的思维过程都开始朝着同一个方向进行。他们都有这样的感觉："对，我就是自己部门的首席部长。我已经获得了全部权力。"这种做法留住了人才，因此也就奠定了善政的基础。

放权于公务员，让他们在各自的领域里感受到责任感和所有权，这就是莫迪的做法。然而仍然有人批评说古吉拉特的政府是专制的政府。批评者说，没有莫迪的批准，任何事情都寸步难行。他们说他手握数个部门实际的部长权力，说尽管他试图授权于官员，实际上却在所有重大的决策上都事必躬亲，绝不放手。

对于大多数的首席部长来说，这种批评是理性的，他们确实常常把控着数个部门的首席职位，紧握着控制官僚机构的缰绳。然而倘若莫迪想要出类拔萃、木秀于林，那么下放权力这一条一定高居他优先考虑的要事表单之榜首。另外，莫迪提高了邦内公务员的办事效率。在印度，"转移产业"的情况在官僚中十分普遍，难以控制，官员们为了职位的转移往往要付出大笔大笔的资金作为代价，然而在古吉拉特，转移产业的体系遭到了废除，职位的转变都取决于对具体情况进行的考量。许多公务员在他们的职位上做了十几年，甚至更长，这保证了项目发展的连贯性，并有利于监管。

古吉拉特邦已经正式向商业敞开了大门。在 2002 年动乱发生的两周前，莫迪主持了最初的"复兴古吉拉特"峰会，现在它以名为"活力古吉拉特"的商业峰会的形式获得了重生，此举旨在招纳来自国内外的公司。此后 10 年内，这项活动每两年举办一次，在 2013 年的"活力古吉拉特"峰会上，首次出现了大批中国面孔。[55] 尽管这项活动无疑取得了巨大的成功，它们却依旧也招来了许多嘲笑。有人指控说许多谅解备忘录将永远不会实现。这情况有部分是真实的，现在让我们公正地对现实做个检验。

动乱发生前的 2001 年，原始峰会筹集了 1.236 千亿卢比。2003 年 9 月的会议产生了 80 个备忘录（其中有 33 个没有完成），总计 6.6 千亿卢比。[56] 此间外商直接投资（FDI）只占 20%，大部分签约者都是已经在古吉拉特运作的本地公司。

2005 年的"活力古吉拉特"峰会是一场"更有组织的活动"，期间签署了价值 1.0616 万亿的备忘录，所有 227 份备忘录中只有 89 份最终半途而废。毫无疑问，此时的总投资值几乎有 2003 年时的近两倍之多。而且这一次有更多的外国投资者加入。对莫迪而言，实际投资额的意义远大于承诺中的绝对金额。

2007 年的"活力古吉拉特"峰会有所不同，大选即将来临，这是它独特的举办背景，因此它多多少少也染上了一些特殊的色彩。与此同时，莫迪那些心存不满的同事们又再次密谋要赶走他，这与大选也大有干系。对他而言，当他为峰会的口号"古吉拉特没有红色胶带（指代政府的繁文缛节），只有红色地毯！"揭幕之时，人们对峰会的成功所发出的赞扬之声才是至关重要的。2007 年，343 个谅解备忘录[57]将投资金额翻了 4 倍，价值高达 4.61835 万亿卢比。对于选举而言这是一个绝佳的跳板，它给莫迪送来了能够抵抗任何潜在政变的武器，因为古吉拉特邦此前从未收获过如此大规模的投资意向和产业发展。

批评人士声称，大多数备忘录仅仅停留在纸面上，并未付诸实施。官方反驳了这一观点，指出投资的提案，尤其是在基础设施方面，本就需要很长的酝酿期。

2009 年见证了 12 万亿卢比的巨资，这几乎是前一次活动数额的 3 倍，这个数字到了 2011 年又再次翻番，高达 20.83 万亿卢比。此次会议签署了 8662 份备忘录[58]，请对比 2003 年，当时只有区区 80 份。2013 年成功签署了 17719 份备忘录，最终的投资数额目前还在计算之中。

评论家们经常嘲笑说备忘录不过就是"纸面投资"，必须说，这些批评中的一部分显然是有道理的。然而，外国投资者在持续开展的"活力古吉拉特"峰会中所表现出的兴趣确实也为古吉拉特吸引了巨额的投资。与此同时，莫迪还亲自出访中国和日本，巩固本邦与全球投资者之间的关系。

他对传统资助文化的拒绝刺痛了许多人。当 2007 年大选近在咫尺之时，这一点格外明显。于是许多反对者只能被迫出局，寸步难行，虽然他们也十分享受莫迪在古吉拉特完成的发展与经济进步所带来的荣耀。整个政界四处都是他们的身影：有世界印度教理事会的成员，莫迪对他们先是施以惩罚，之后便同他们保持绝对的距离；有他自己的议员们，他们痛苦地感到，莫迪并不吝于清晰地表现出自己给他们的评分可以是如此之低；有印人党中的部分成员，他们此刻依然因为 2004 年人民院选举的溃败而处在一片混乱之中；其中最重要的，还有莫迪 2001 年取而代之的那个人——克苏布哈·帕特尔。

克苏布哈对自己的种种错误以及地方上腐败和低效的可悲记录熟视无睹，依旧梦想着有朝一日扳倒那位"暴发户"。他视莫迪为独裁者，认为他把古吉拉特变成了"警察"之邦，说他们在 2004—2006 年涉嫌一系列假冒自卫残杀案。克苏布哈在古吉拉特邦的帕特尔种姓中占据着极大的一片选区，因此他确实手握坚实有力的种姓楔形工具，能够插入到莫迪的大部队中去。[59] 他在背地里发出的不满之声日渐响亮。2007 年 8 月，他终于打破了沉寂，将自己的不满公之于众。结果在阿德瓦尼的命令下，5 名议员被停职。不久后，克苏布哈公开指责莫迪是"独裁者"，国大党则对此欢欣鼓舞。对他们而言，将选票按照种姓割裂开，这符合他们对古吉拉特大选的努力方向。这看似已是能够抵抗莫迪高人气的唯一策略。

国大党再次推出了自己的 KHAM 计划，热烈欢迎克苏布哈的"帕特尔种姓"选民加入，因此实际上造成了一个 KHAM+P（帕特尔）的局面。苏雷什·梅塔宣布将不会在选举中支持莫迪，这加重了莫迪的压力。而在大选之后，人们便再也没有听见任何有关梅塔的消息了。

可是，国大党与印人党中持不同政见者称兄道弟，这可是个高风险的举动。2002 年议会选举时，国大党任命瓦格海拉为自己的"主力球星"，结果后者的笨拙却给它带来了巨大的损失，这一次的情况也正是如此，克苏布哈以及追随他的那批心怀怨恨的议员们威胁说，要把国大党能够提供给选民的清晰的条件搅浑。保持这种清晰度在一定程度上意味着瓦格海拉绝不能接近竞选。然而对于选民而言，由于缺少明确的领导者，关于国大党究竟要向自己提供什么好处这一点，本身就令人备感困惑。

当莫迪的支持率稳稳高居 60% 之时，警钟敲响了，国大党忧心如焚——对于处在自己的第二个任期之末，印人党在古吉拉特蝉联的第三任首席部长而言，这个数字格外地惊人。结果不出意料，当国大党把目标对准小片区的选民，莫迪则决定将这次选举变成以自己为目标的全民公投。"在未来 5 年内，你想要谁？"他一次又一次地问选民，"是我，还是……"然后他就翻了个白眼，无须再做其他，一切尽在不言中。

由于莫迪向农民征收了电费，而此前用电是免费供应的（此前农民与主要工业用电缆共享一小部分供电），国大党断定农民会为此憎恨莫迪，因此它试图将他们拉拢到自己的队伍中来对抗莫迪。然而事实却证明，普通农民们十分享受他们新安装的本地电力供应，并没有因为需要付钱换购稳定可靠的电力服务而心生怨恨。

这就是莫迪自由市场改革背后的逻辑展示，它暴露了社会主义理念中需要改善的地方，后者认为，无论服务如何低劣，或者哪怕服务只能是间歇性的，邦政府都应该提供所有的一切。

意识到自己被莫迪边缘化了的极端分子引发了骚动，国大党甚至不惜尝试与世界印度教理事会中的不满分子狼狈为奸。2002年，国大党允许瓦格海拉凿沉了自己那艘世俗主义的大船——那已经是个致命的举动了，此刻他们却又重蹈覆辙，甘冒风险，做法甚至比之前那次更加壮观，有过之而无不及。在竞选中想要获得任何成功的胜算，或者想要赢得信誉，都绝对不可以提及（极端的）印度教徒主义，这一点国大党偏偏恰合时宜地忘却了。这就把一个机会拱手让给了莫迪，他一方面向选民指出国大党的合作伙伴的身份，另一方面又巩固了自己身后更大批的、温和的印度教教徒的选票，一举打击了国大党。

《轰动》杂志记录了印度青年民兵组织领导人巴布巴让设计的一个圈套，此人后来由于在2002年谋杀穆斯林而入狱，他吹嘘自己的谋杀事迹，并声称莫迪就是同谋。[60]国大党这则报道却只收获了适得其反的效果，人们反而纷纷指责这个栏目根本没有发布任何新的讯息（那那瓦提的调查对此已经全盘报道过，并且早已认定莫迪无罪），而且涉及的还明显是莫迪的敌人。该栏目还不断地遭到严厉的斥责，因为人们认为它不该在大选来临前夕散布带有明显偏见的信息。

2007年11月，拉票活动正式开始后，索尼娅·甘地访问了古吉拉特，当地的国大党人相信这将给他们的竞选活动带来一些魔力，然而此举却打乱了他们原本庞大却脆弱的投票联盟。12月1日，她在纳夫萨里对大批忠于国大党的人民发表了演说，她在演说中将莫迪称为"死亡的贩子"，这明显违反了选举委员会的规则，并引起了一场轩然大波。国大党很快便妄图从群情激愤中全身而退，它申辩说这个词的对象并不是莫迪本人，但真实的情况显然已不言而喻、路人皆知。迪格维贾伊·辛格在2002年曾拒绝向古吉拉特派出增援，帮助古吉拉特平息暴动，此时的他又把事情弄得更糟，他在一次新闻发布会上居然使用了"印度教的恐怖主义"这样的言语！

事实上这又是一个意在批评反而有助于莫迪的例子。它给莫迪创造了一个完美的机会，使他得以大声疾呼、打击敌人，他说他们提及印度教的恐怖主义，是对印度平民，尤其是古吉拉特人民的妖魔化，是对穆斯林中的恐怖主义装聋作哑。他宣布，恐怖主义不是宗教性的。一切又回到了2002年，这正是国大党不希望出现的走向。莫迪在集会里询问自己的崇拜者们："我，古吉拉特的儿子，看起来像是死亡的贩子吗？"

"不！"人群高呼着回应他。每一个响亮的"不"都能提醒国大党回忆起索尼娅犯下的那致命的错误。

然而莫迪的批评者们却依旧不服气。《印度人》做了一番胜券在握的断言：

古吉拉特邦2007年的大选是专为国大党量身定做的胜利。种姓间的平等支撑着它，民族卫队和世界印度教理事会的许多部门间接地支持着它。警方看似也站在国大党一边，反对印人党。高达50位抛弃了印人党的人们正在战斗，他们中的许多人都拥有自己强大的选区。教师们愤慨，官僚们恼怒。对于"老大党"而言，这真是再好不过了。[61]

其他人同样对莫迪的机会嗤之以鼻。《印度快报》这样写道："民主正在报复纳伦德拉·莫迪"，"对于那个借助大众的意愿，绕过了规范、法律或宪法的人而言，这次选举可能是个被延迟了的揭露真相的时刻"。[62]

这与一位电视主播的话相互呼应着："如果独裁者失败了，我会很高兴。一个民主国家里绝没有独裁者的生存空间。"[63] 此时，佩尔韦兹·穆沙拉夫正翻过印巴边境，他就在那里，但媒体似乎对谈论他并不感兴趣。斯瓦潘·达斯古普塔不悦地观察到，"选举在一派祥和的气氛中举行。没有明显的紧张局面，也没有大规模恐怖行动引发的恐惧情绪——尽管来自德里和孟买的一些普通游客坚持说有。"[64]

选举委员会当然没有做出任何抱怨，媒体似乎很高兴，它认为投票正在朝着它预期的方向进行着，很是乐观。"根据87个（共182个）选区第一阶段投票后的民调结果，人们可以预测到，选票将渐渐远离印人党，"记者普拉夫·毕瓦伊写道，"这样的失败将给印人党带来地震式的冲击，对联合家庭组织而言则将是历史的倒退。"

大多数电视网络的报告也遵循与此相仿的路线，它们发现，"在萨捶巴扎的最后一天里，发生了一起戏剧性的摇摆，赌注忽然猛地一下放弃了纳伦德拉·莫迪。事实上，在计票开始的 24 小时之前，国大党在这权力的角逐场上已经取得了优于莫迪的有利地位。"[65]

既然他们谈到了角逐场，那么不得不说，我们永远都不应该和赌注进行辩论。一位电视工作者很快便总结说："请谨记这句老话，笑到最后的人，笑得最好。"

后见之明听起来总是头头是道，但对于想要看热闹的人们而言，莫迪那历经曲折的胜利的结果未免太过乏善可陈。在古吉拉特的第二个任期内，他依旧不辱使命，尽管工作还在进行，但他的"小政府，大管理"的口号已经赢得了许多人的注意。在 182 个席位中，印人党获得了 117 席，大多数选前预测都只能宣告失败。不仅如此，就像在 2002 年那样，莫迪收获的看起来并不仅是古吉拉特人们的喜爱，更有来自全国大部分地区的人们的喜爱。与此同时，人们为莫迪的魅力所倾倒，却并不一定对印人党表示出热衷，这一有目共睹的现象又持续地发展了下去，并在未来的岁月里开花、结果。

印人党此刻囊括了 117 个席位，这个数字比起它在 2002 年劫后余生的气氛里的收获只少了不过区区 10 个席位，当时的古吉拉特苦苦抵抗着来自外界的影响。这一次，尽管媒体自编自演地进行拉票活动，反对党也针对莫迪施展了一连串小诡计，莫迪依旧大获全胜，在古吉拉特北部，反当权者的选票比重史无前例地低，下降了 0.5%。[66] 在莫迪自己的选区内，拥护他的大部队从 75000 人上升到 87000 人。事实证明，帕特尔种姓对克苏布哈密谋不满的招牌早已无动于衷。

莫迪还击垮了国大党的 KHAM 策略。在索拉什特拉和卡奇地区，之前有人预测农民、贱民和部落民的投票将对他不利，然而莫迪却从国大党手中夺过了 26 个席位，印人党最终获得了为特殊种姓预留的 13 个席位中的 11 席。哪怕是穆斯林也开始把选票投向莫迪，人们相信有 25% 的穆斯林把票投给了印人党，这个百分数在 2012 年的选举中又再度大幅提高。媒体中也出现了一些清晰可见的变化，只是当时的国大党对此根本无意留心，即使它注意到了，只怕也无法理解。

阿西法·汗在成为古吉拉特国大党发言人之前是一名记者。她在这个职位上任职 4 年之际，莫迪于 2012 年第三次蝉联首席部长，而后她很快就转投到印人党的旗下。身为一名穆斯林，她也曾经为许多穆斯林将票投给"敌人"而感到大惑不解。

后来她发现，这个现象的背后有两层原因：首先，在莫迪的领导下，发展随处可见，相对比较贫穷的穆斯林从中受益匪浅，不愿将选票投给印人党的正是那些更加富裕的穆斯林们。其次，印人党积极回应了穆斯林所关心的问题，而不是像——正如阿西法所说——国大党的议员们那样高高在上。印人党给穆斯林赐予了身为市民理应享受的权利，并不把他们当作少数族裔来对待。

"身为在野党，你的工作就是要责备、批评印人党，"她说，"挑出莫迪的错误，这曾经就是我的工作，可是我却一无所获、颗粒无收。事实上，我开始在我们自己的领导者身上看到了种种过失，然后我就问，为什么我们不能像他们那样行事呢？由于领导在工作，他手下的每个人也都运转着。否则，为什么人们要成群结队地为印人党投票呢？穆斯林们之所以这样做，是因为他们主动对政府的治理产生了兴趣。"[67]

据估计，在 2007 年的竞选活动中，莫迪为古吉拉特的 155 个选区做了讲话，直接听众高达 3000 万人，这绝对占据了邦内的大多数选民。[68] 没有一位国大党人的听众人数能比得上这个数额中最小的一部分。莫迪为不同的听众量身定制了每一篇演讲的内容，向他们证明自己清楚地知道是谁正站在自己的面前。正如一位观察家指出的那样："对渔民，他谈起自己的萨加尔（海）·克都方案；对部落民，他解释范（森林）·内联计划；对女性，'妇女大会'是他会谈的主题。"谈起妇女时，我们必须指出，所有国大党的女性竞选者都失败了，可与此同时，印人党的 22 名女性参选者中却有 15 名取得了 2007 年选举的胜利。

除了亲自为民众做演讲，莫迪还召唤起越来越强大的社会媒体的力量，策划了一个网上竞选活动，以期与每日都在网络上活动的大部分年轻选民取得联系。曾经一度，"我酷"互联网社区有 6500 名成员穿过艾哈迈达巴德的街头，以安静游行的形式抗议主流传媒对待莫迪的态度。哪怕是在"前脸书"和"前推特"的时代，莫迪也能通过每一个可能的交流渠道，通过信任，建立起自己的忠实粉丝群。随着社交媒体爆炸式的扩张，这个策略的使用在未来的岁月和选举中也实现了成倍的增长。

对于莫迪而言，比起拯救了他职业生涯的 2002 年的胜利来，2007 年的胜利更加意义重大。在前一次选举中，选民们愤怒地站在他的身后，对抗着来自媒体和政敌们的敌意。这一次，选民们以 5 年来的执政记录为依据，更加不偏不倚地对他做出了判断。

作为民族卫队的工作者，后来又是印人党幕后的设计者，莫迪一直都能展示出自己统筹兼顾、有条不紊的特点。他也利用了这些品质以及他的直觉来执行政策。他经常违背常规，也就常常与那些反对他的人产生摩擦。因此莫迪一直都有，而且很可能永远都将有敌人——"软化"，这并不是他的中间名。

通常，如果你足够机智、足够沉着，你就可以读懂他：他是个极优秀的演说家，哪怕人们有时觉得他的举动令人费解，就像 20 世纪 90 年代他从古吉拉特邦被"流放"时那样，那他也总有一个后备计划。莫迪认为，如果施加恰当的压力，遵照正确的顺序，那么就可以完成一个特定的任务，且其结果一定可以预测。这就是为什么那些动乱会使他大惊失色。一个个事件纷至沓来，它们发生的顺序一片混乱，他本人的行为也并没有能够产生——至少没有触发——他所预期的结果。

那段经历在莫迪的心里打上了烙印，他在第二个首席部长的任期内致力于古吉拉特的经济、发展和治理，小心谨慎地执行自己的常规做法。如果方法不奏效，那么说明他对政治和政府的全部理解就是有缺陷的。自从 2002 年 12 月以来，他所实施的所有措施看似都运转良好，达成了许多目标，然而最终的、唯一的证据，还将呈现在选票箱里。

莫迪所做的一切正确吗？他的那些不仅关于政治，也关于人民的理论和假设都是无懈可击的吗？他深信不疑的信仰是否公正？莫迪生来并不是一个容易自我怀疑的人，然而尽管如此，一切都要取决于 2007 年大选的结果。如果人民离弃了他，那么他作为政治家的生涯将就此终结。

赢得 2007 年大选之后，人们第一次看到了一个有所软化的莫迪。他并没有沾沾自喜，但是他向选民和为胜利做出了贡献的成千上万的所有党务工作者表达了感谢。他说人们看不见这些人，那是因为媒体没有"足够好的、能够拍摄到他们所有人"的摄像机。莫迪甚至原谅了叛变的克苏布哈·帕特尔，他也并不期待他的原谅会迎来善意的回应，结果确实也没有。在他许许多多致谢的演讲中，莫迪常常动情至哽咽得一言不发。他站在听众面前，静静地注视着天花板，然后才能够继续演讲。[69] 很明显，在冷静的壁垒之内，深居着一个情感丰富的灵魂。

莫迪的胜利在国家层面上取得了什么效果呢？对于印人党而言，古吉拉特之外的地区受到的影响很小。2007年大选即将到来之际，印人党简直稳操胜券地如沐春风，然而最终，莫迪的果断和成功都只属于他自己，并不属于党。印人党在国内依旧缺乏明确的导向，2007年邦内选举那令人振奋的影响力终将消亡，这一点在所难免。

随着2009年人民院大选的临近，印人党做出了致命的错误决定，他们效仿莫迪在古吉拉特获胜时所采用的战术，认为这会帮助身为国家总理候选人的L.K.阿德瓦尼赢得总理的职位。在第14届人民院投票竞选活动中，他们启用了莫迪率先使用过的全部策略：阿德瓦尼的图像出现在所有海报上，他成了党的代言人，这同莫迪在古吉拉特的做法如出一辙。卡通的"莫迪面具"在古吉拉特的选举中曾引爆了人们快乐的、自发的风潮，每个人都想得到一副这样的面具，面具也变成稀有抢手之物，令人垂涎。

阿德瓦尼同样制作了面具，人人都可以得到，可惜这却并不是出于大众的需求。相反，尽职的党务工作者们戴上他的面具四处游走。为了试图"做好年轻人的工作"，他还推出了官方网站和博客。党制定了一个详尽的互联网战略，以吸引在线选民的关注。[70]为庆祝阿德瓦尼当选为印人党总理候选人而举行的庆祝活动，隆重得几乎就像他已经加冕为总理！一种成功尽在掌握之中的氛围扩散开来。哪里会出现什么问题呢？

然而答案却是：问题很多！莫迪多年来在古吉拉特与人民互动，自然而然地形成了自己的交流方式。这种方式是自然而然发展生成的，选民们都知道他们的背后有他的行动作为支撑。莫迪持之以恒地工作，这才赢得了人民的信任。阿德瓦尼也是位备受尊重的人物，可他却已不再年轻。在人民院的选举中，阿德瓦尼指出总理曼莫汉·辛格相当"虚弱"——后者确实虚弱。然而在2009年，在曼莫汉·辛格由于受到腐败的指控而被吞没在第2届全国民主联盟政府中之前，他可仍是中产阶级的偶像！印人党的竞选活动很可悲，他们对国大党发动的每一次突袭都立即遭到了回击。莫迪却置身于2009年人民院选举之外，他在他的古吉拉特专心致志地工作着，静待时机的到来。

不利于阿德瓦尼的不仅是他的年龄。正如桑吉夫·内亚所指出的那样，[71] 印人党竞选活动的关键性错误在于它对自己之前所坚持的东西的背叛。阿德瓦尼发明了"伪世俗主义"这个词，用来指称国大党为迎合少数选民库，给穆斯林和其他群体特别优待的做法。印人党也曾经勇敢地坚持原则，认为法律面前，所有公民应该平等，即使这意味着在现实中将失去少数族群的选票。然而现在的阿德瓦尼选择了一个更加温和的立场，他认为此举能从国大党那里吸引来少数族群的支持。

结果是，印人党的核心选区远远地离开了他们。穆斯林不信任阿德瓦尼，也许由于他们对他访问巴基斯坦的真纳陵墓并做的一番言论不屑一顾，也许他的做法恰恰正是他们不信任他的原因。他们选择了国大党，于是选举的灾难如约而至。印人党只获得了 116 个席位，比 2004 年少 22 席。全国选票份额骤降至 18.80%，居 20 年来的最低水平。

印度的政治好似迷宫，如果你有心环顾，讽刺十足的事件俯拾即是。不过，当印人党为抵抗国大党而竭力蹒跚之时，古吉拉特的莫迪正努力着将他"印度第一"的理念转变为温和的、包罗万象的、魅力四射的一种国家认同感，这种认同把包容性的概念注入了政府管理和哲学的基因中，这应该算是 2009 年内最有看头的讽刺。莫迪做了一个很简单的决定，那就是政府将以服务公民为己任，而不能致力于将政客捧上宝座，让他们中饱私囊，或沉迷于极端的偏见而不可自拔。

对德里王朝而言，现存的危险是莫迪而非阿德瓦尼，国大党将这一点看在了眼里，记在了心里。这也就是为什么，选举一旦结束，国大党大船的那尊前甲板大炮立即就转头瞄准了古吉拉特邦。

9. 发展与治理

当一名男性接受了教育，那只是一个人接受了教育，但是当一位女性接受了教育，整个家庭都将因此受益。

——M.K. 甘地

2011年，香港政治与经济风险咨询调查发现，印度是世界上监管过度最严重的国家，它的规则"既复杂又不透明，标准和认证程序十分烦琐"。[1]

秘鲁经济学家埃尔南多·德·索托建立了一套评估各国经济自由度的指标，这与它们的发展和繁荣休戚相关，而测量对象是克服各种官僚障碍所需要的时间。最不繁荣的国家往往也最受条约制约，它们通常或专制，或独裁，或是非洲国家，又或者是三者的混合。[2]

作为一个民主自由的国家，印度指标的表现极其糟糕。[3] 世界银行的"商业调查"从德·索托的研究中获取线索，发现在印度登记财产或业务可能需要花费6周时间（在英国和美国不过寥寥数天），"取得建筑许可证需要大约200天，执行合同需要1400天，关闭企业则需要7年时间"。[4]

差劲的政府管理阻碍了个人发展自己的抱负，也阻碍了国家走向世界强国之路。印度的老百姓们知道问题的症结在哪里，迫切地希望它们能够得到解决。然而面对冷漠的、高高在上的权威，大部分人只能怒目而视，却无能为力。在全国各地的所有群体中，对低级的、腐败的管理的抱怨之声不绝于耳。

当不透明的、依据个人选择来执行的规矩大行其道时，贿赂和腐败就"蓬勃发展"起来。《经济时报》上刊登了一位读者对世界银行的调查结论所做的评论，其中清楚地解释了这个现象，言辞愤怒且感人："他们完全可以进一步说，除了过度监管的问题，印度同时又是最缺乏管理的国家。法律和法规的对象只是那些愿意遵纪守法的人，而另外一些人则利用'卢比'这一通行证，随心所欲地为所欲为。官僚体系缺乏问责就是其中一大原因，他们被授予了巨大的自由支配权。"

倘若没有当权政客的默许，这种情况当然不可能发生——否则，在几十年的时间内，人们至少早就应该对那保障政府雇员有效免疫的宪法第311条做出修正。[5] 如果来自不同意识形态的政府都能舒适地安坐如山，政府管理的腐化自然在所难免。

如果要产生实质性的变化、实现更高级别的管理，有几个步骤必须完成：一、通过削减沉重的官僚机构，保证更大的经济自由；二、减少自由裁量权，将腐败最小化；三、提高透明度；四、规定决策时限。然而全国上下的真实情况与此恰恰相反，管理方面的缺口依旧不断扩大。

莫迪将自己称为"非政治性的首席部长"。他最喜欢的口号是"小政府，大管理"。真实情况确实如此吗？

2001年10月，当莫迪成为古吉拉特首席部长时，立即着手开展了本质上可以算是"供给方政策"的改革。这一理念指的是通过使人们更加便利地生产商品，提供服务，从而"供给"个人和产业以需求，那么经济必将受到刺激，增长必然出现，同时还将伴随着物价的降低和收入的提高，或至少相对提高。

刺激经济增长的最佳途径不是赤字资助，而是减少税收和法规：要削减政府的规模，降低其影响力，缩小控制范畴。通过对基础设施进行投资，施以激励政策，使人们能够在道路、灌溉、教育和医疗保健等方面更加便利、更有效率地进行工作，邦政府也可以起到一定的帮助作用。如此一来，刺激经济增长的举措就可以保证把赤字预算的投入集中在投资方面，这就是古吉拉特正在尝试的做法。[6]

供给学派经济学通常被认为是右翼经济学，这主要是因为它的使用意味着政府的规模变小，或监管更少。邦政府不再试图事必躬亲，现在它信任它的公民和市场能做出正确的决定。民众自己最清楚应该如何花自己的钱，怎样有效地分配资金，并且清楚地知道一个消费他人钱财的政府必将导致低劣的消费选择和浪费，在右翼的眼里——如美国共和党人或英国保守党人——这就是明摆着的事实。因此右翼人士倾向于激励自主，而非授予利益；倾向于发展，而非救济。[7]

左翼社会主义者不信任供给方经济政策，因为他们认为普通百姓需要政府的指引，需要政府在每一个层面上保护他们不受资本专制权力的影响，因为资本没有"社会良心"，利益才是它唯一的动机。大致而言，左派或中左派相信市场驱动的增长将不可避免地产生不平等，相信它只为资本拥有者服务。穷人接收到的任何"涓滴效应"的利益一定是微乎其微的、不公平的，且公共资产必将落入私人手中。

因此左派认为政府必须做出规划，必须在食物、就业和住房方面给予人民权利，必须用税收和监管阻止资本家的步伐。他们的目标是通过庞大的、负责的政府实现社会进步。

与这个慈善权利体系相反，中右派认为小政府能够实现授权，认为向更大力度的政府控制和立法的倾斜会扼杀增长，抑制贸易自由，导致个人权利减少。然而正如美国政治评论员P.J.欧罗克的评论所挖苦的那样："共和党人总是声称庞大的政府不会工作。接着就把它选上台，并证明之。"

一望而知，这个故事也具有两面性。

从印度独立以来，普遍的中左派经济共识一直控制着印度，莫迪就诞生在这样的背景下。然而他的经济哲学自他接手古吉拉特首席部长一职时就已发生了改变。由于民族卫队是他的大本营，而民族卫队在政治文化上相对保守，在经济上是共产主义式的，这使得他特别引人关注。民族卫队对拥护自由市场的思想没有表现出丝毫的兴趣。它相信团体而非个人的权威，这一点在过去曾给莫迪制造了许多困难。

然而，不言而喻的是，20世纪90年代由曼莫汉·辛格和纳拉辛哈·拉奥推行的改革深深地影响了莫迪。莫迪来到古吉拉特时，满脑子就已经全是供给方政策可能带来的能量，充斥着各种关于授权于个人的想法，这是他的新兴政治与经济哲学的基础。在过去12年内，他在古吉拉特所尝试的就是要从人民的生活中消除旧式政府陈陋的辖制，而以合理的管理取而代之。

"当我第一次任职的时候，我在古吉拉特所面临的问题和我的国家（现在）所面临的问题一样，"莫迪沉思着说，"这些并不是新问题，它们在古吉拉特曾经存在过。民众对政府的信任度太低了。"

然而关于古吉拉特在莫迪的领导下是否真的整体发生了巨大的发展，争论依旧激烈地在继续。

人权活动家莎安娜·哈什米对莫迪在古吉拉特的时光做了总结，于近日发布内容如下：

莫迪展示的自己，是一个在古吉拉特大踏步推进发展的人。然而为了完成这样的公众宣传，他也注入了大量金钱。那里有40%的人口处在贫困线下。包括部落民、贱民和穆斯林在内的少数族裔在莫迪的古吉拉特被认为是二等公民。他和希特勒并没有区别。[8]

关注莫迪的发展和治理的记录十分重要，因为假设他即将当选总理，这份记录极有可能就是他将调整、应用于印度的其他部分的"模板"。那么，这个模板在古吉拉特是否奏效呢？

随着大选临近，围绕着莫迪的经久不息的争议已经从他"策动"了2002年的动乱转到他自2001年以来在古吉拉特的发展和进步中所扮演的角色上来。哈什米声称古吉拉特邦有40%的人口生活在贫困之中，这个说法正确吗？或者说，穆斯林和贱民们是否被当作二等公民来对待？对官方数据加以检测十分重要，这样我们才能客观地分辨出真实的情况，不受政治或意识形态偏见的影响。但莫迪如何做出改变，无论改变是好是坏，他执行的哪些政策引起了改变，这些必须首先解释清楚。

在2002年12月选举中获胜的两周后，莫迪在德里首次公开宣布了多年来一直酝酿在他脑中的想法。2003年1月9日，他前往首都参加首届海外印度人组织日（NRI）。在与组织成员们的一次会面中，他公布了自己想要利用最新的计算机技术来推动电子政务，借此建立透明的政府的计划。换言之，在选举后的第一份宣言中，他表达了自己将治理置于核心位置的政治抱负，而政治本身却未曾被提及。他接着又概述了古吉拉特邦发展政策的5大支柱，它们分别是水、能源、人、教育和安全。

古吉拉特邦本来已经拥有处理这5个方面问题的政策，但莫迪希望对它们进行改造。具体地说，他的发展议题将给古吉拉特带来一种"印度第一"的包容的思想观念。他说，这个念头在他的脑海中已经经历了一段时间的酝酿。莫迪称这"5个支柱"为"沙克蒂"，这在梵语中意指"神圣的力量"，即宇宙中的原始能量和永恒的活力。人们把沙克蒂想象成女性角色，用女神卡莉作为它人形的化身。值得注意的是，正是沙克蒂女性的力量，担负了改变和解放一切的责任。

正如桑迪普·辛格在《第三曲线》中所指出的那样，这种女性力量的理念，正是莫迪一直试图给古吉拉特带来全部改变的核心。他甚至为此降低了财产和商业的转让税，条件是它们必须注册在女性名下，而非男性名下。莫迪常强调说，由于女性没有获得全身心地为社会做贡献的机会，印度承受着50%人口的智力和才能的浪费。[9]

莫迪把他提出的变化和发展的方案翻译成人们能够立即理解的语言，这在近乎潜意识的文化层面上就可以理解。他把神话和技术捆绑在一起，于是形成了一种有机概念，根据莫迪的盘算，这将在未来的10年内发芽、绽放。

他把"5根支柱"并列在集合名词"潘奇拉特"（5个精华）之下。不同于

"沙克蒂"那样让印度人能够望文解义的概念,"潘奇拉特"来源于日常生活,其中包含着日常祭祀仪式中的要物,也是家常的祭品,它们是牛奶、酸奶、酥油(即澄清过的黄油)、蜂蜜和糖。这些在仪式中常用的成分被称为"潘奇"(即5,一些英语单词也保留了这个印欧词根,如英语"五角大楼"的首音与"潘奇"的发音就极为接近),但是每一个独立的成分都有自己的象征意义,分别引导着灵魂的不同方面的进化。

莫迪选取了每日祈祷所用的这 5 种饮品的概念,将它们插入他的发展计划中去,这样每一个沙克蒂都具有"潘奇拉特"5 种精华之一的身份。他把水资源的发展称作"水沙克蒂";能源项目是"气沙克蒂";人或人力资源为"人沙克蒂";"知识沙克蒂"代表知识和教育的力量;安全是"罗刹沙克蒂"。因为有了各自不同的"沙克蒂",它们的持续发展和进步的方向也就不言自明了。作为一个连贯的"祭祀"过程,这意味着它们全都彼此相连,每一项与其他四者都相互依赖,这样方能取得整体的效果。

在莫迪的概念里,发展是动态的、相互关联的,它们包含在文明的风气中,但仅存于亚宗教的层面之上——哪怕是毫无宗教信仰的印度人都对这些相关的文化理念十分熟悉,事实上每个人都能够理解,它们与宗教无关。他若有所思地告诉我:

我意识到,几个世纪以来,关于水和其他社会中的自然物的思考在我们的社会里、在印度文化中、在我们的生活方式里都根深蒂固。我想,就应该对这些思考加以利用。如果我也用同样的方法思考,我就可以促成改变。如果我要给他们输入一些新的、他们不熟悉的东西,那么很多时间都会被消耗掉,所以我必须利用人们自然的思维方式。

2003 年,淡水顺着萨巴尔马蒂河流淌,穿过了艾哈迈达巴德,改变了这座城市的未来,也暗示着对古吉拉特之土地的更为壮观的改变。虽然步伐尚小,但经济转型已然开始,2002 年召开的"复兴古吉拉特"峰会将继续发展,演变为当年 9 月的"活力古吉拉特"峰会。

现在轮到农村地区获得利好的机会了。讷尔默达河上筑坝成功，成千上万公顷干旱的农田因而得到了灌溉，这是水沙克蒂开始行动的第一个例子。人人都用上了水，但以农业为主的古吉拉特邦内的约 400 万农民还需要能源的支持。因此，在潘奇拉特的气沙克蒂项目之下，莫迪于 2003 年 9 月启动了他的"点亮村庄"光明计划（JGS），旨在为邦内 18000 个村庄里的每一个人带来可靠的、稳定的电力供应。[10]

这样的抱负不仅在操作层面，在技术层面上也是令人敬畏的，与此同时，它居然还置大家业已接受、习以为常的政治智慧于不顾。因为印度各地的农民组成了自己的选票库，至今依然如此。数十年来，为了博得全国各地的农民的选票，免费的电力一直都是送货上门的贿赂品。这份供给其实属于工业，能源动力和其他机械也靠它支撑。很明显，这当然是个岌岌可危的做法，许多输出都浪费在供电量的骤增和骤减上，这也就意味着，比方说，灌溉泵的工作变得不可依赖了。此外，官方允许农民们——当然是更富有的农民们——从主要的工业供给中偷窃电源为家庭所用，而他们却选择对此充耳不闻、视而不见。

印度的农业吸收了总发电量中极大的一部分，因此把电免费提供给农民意味着能源部门要遭受巨大的财政损失。然而，若从选举的角度上看，向农民征收水电费似乎是个不可能实现的举措——农民可以利用自己手中极具影响力的农村选票轻而易举地绑架政客。昂贵的（因为此前是免费的）、低效的分配制度令政府绝对无法负担改善该国电网基础设施的费用。这也意味着大多数电力公司都要面临破产，因此政府需要给予补贴，而由于供电不稳定、电力弱，人民往往要生活在黑暗之中，哪怕他们原本便已接通了电网。

莫迪的改变计划是反直觉的。首先，他认为由于电力很珍贵，人们应该为它支付费用——包括农民。这种策略哪怕是在竞选中大获全胜之后，看起来可能依旧像是个在政治上自绝生路的举动；其操作细节也有自杀的倾向：他不仅向农民收取电费，还不允许他们在白天用电，一天 24 小时中，他限制他们只能使用 8 小时。这简直像是刻意要挑起暴动！

这个耗资 125 亿卢比的计划旨在铺设另一条完整的电网——一个民用电网，它同时也提供农业用电。整体系统将使用强大的 400 伏三相电力（而不是随时可能散架的单相），因此农业抽水设备将不再遭到破坏，与此同时，它还能为从前

"黑暗"的村庄输送可靠的、连续的单相或220伏双相水平的电力。

"每年我们拨给农民170亿卢比补贴。"当时的能源部长所罗伯·帕特尔报道说。这是个根本无法承受的负担。现在,虽然农民必须缴纳电费,但如果计划成功,他们将可以使用可靠的、不间断的能源。

曾经一度,暴乱似乎真的具备蓄势待发的可能,因为能源的匮乏与已经十分尖锐的贫水问题紧密相连。没有连续的免费电力驱动设备使之从管状水井中抽水,那么庄稼将如何生存? 2004年2月,迪翁·班沙在《前沿》中这样写道:"装满蠕虫的罐子已被打开。莫迪的政府还能够将危机遏制多久?"此时此刻,光明计划才刚刚启动。[11]

"其实,"莫迪回忆说,"当我接管首席部长一职时,我与农民之间存在着许多摩擦。"他又补充说:

> 甚至有些联合家庭组织内的人也反对我,因为在古吉拉特,农民总是为了电而斗争。我对他们说,这不是真正的解决方案。先不提电,想想水。如果你想反对莫迪,请先在水的问题上和我辩论,别拿电说事儿,因为在过去的30年或40年里,为了能用上电,你们一直焦虑不安,可是也并没有任何一届政府能够给你们提供充足的电力。

莫迪牢牢控制并迅速平息了农民起义。计量用电很快就证明了怀疑者的错误。[12] 在最贫困的地区进行了有限试验后的1000天内,这项新基础设施在全邦范围内全部推付使用。刚开始有许多农民对限制用电时间很反感,由于计量和限制使用,一些住在边远地区的农民发现水价不降反升了,一时间,要购买通过水泵从管井中抽出的水变得更加困难。不可否认,这个艰难的状况确实存在。然而后来发生的一些事改变了他们的态度:

> 农民们发现自己不能随心所欲地使用能源;他们也不喜欢现行的配给制。但是,他们到那时才第一次享受到从不间断的足够瓦数的电源,当然还附带一个必须严格遵守的用电时间表。农民们不再需要为劣质的供电被迫承担由此带来的高额的设备维修费用和保养费用,因此他们也乐在其中。[13]

当莫迪于 2001 年掌权时，古吉拉特面临着近 2000 兆瓦电力的缺口。现在的古吉拉特从一个电力赤字的邦摇身一变成了一个电力过剩的邦。通过对所有家庭提供不间断的供电，光明计划改变了古吉拉特的农村生活。这一项 2003 年推出的计划覆盖了 18000 个村庄。

在过去，因为断电频繁发生，农村地区用机械挤牛奶的工作进展总是时断时续，而现在那里已拥有了正常的电力供应，生产也因而激增。另有报道指出，由于这些动物现在可以在凉快的风扇下舒服地站着，它们的产奶量也增加了。教室里的小学生们也觉得集中注意力不那么困难了，在过去，夏季的炎热常常令他们对教室望而却步。

同样，在商店、家里、医院、学院和车间里工作的人们发现，这不仅使他们第一次体会到凉爽的感觉，连设备的运作也都变得可靠起来。裁缝们很惊讶，因为除了这些新变化以外，他们居然还可以把电机连接到缝纫机上，从而收获更高的利润。例如，钻石抛光这样的新型产业也开始出现（或者是为了农村较低的房租，从城镇中迁了过来），现有的商业也增加了盈利，这不仅来源于可靠的供电效应，更是因为人们现在制订出的工作计划更加行之有效了。

这对降低从农村到城市的迁移率也产生了撞击效应，因为农村的生活变得越发繁荣起来：饮用水和街道照明已经得到改善，人们开始享受电视节目，厨房里出现了减轻人力的设备，食品能保存在冰箱中，当然，大家还能在古吉拉特灼热的夏天里享受电扇带来的清凉之风！

次一级的农业企业——如大米和面粉磨坊——也节约了资金，这也该感谢崭新的电力供应——占他们能源费用的 1/3，与此同时他们的生产力也有所增加。2008 年的一份报道对光明计划做了这样的总结：该计划"干预了鲜活的大众政治的竞技场，从而提供了一份足智多谋、充满智慧的政治管理的案例"。

根据我们的评估，光明计划开创了电能和地下水灌溉的实时在线管理。从农业能源补贴那种令人反感的政治型经济的权利范围中，它为农村释放了民用和非农用电力供应……光明计划把极度颓废的能源——定价——供应制度转变成了一个有理性的体系。[14]

古吉拉特邦电力有限公司（GSECL）只在两年之内就收回了它的基础设施投入。"当我接管时，"莫迪说，"我的电力公司每年亏损 250 亿卢比。我们完全没有抬高税收。现在我们拥有全印度最大的发电量。有许多邦的发电量甚至达不到 5000 兆瓦。而我们这个邦里仅一个地区就能产出 10000 兆瓦的电，仅一个地区而已。"

巴基斯坦全国生产的可用功率仅略高于 13000 兆瓦，这个数据可供我们参照之用。"是的，"莫迪微笑着说，"古吉拉特里一个地区的能源产量就几乎和巴基斯坦一样多了。"[15]

正如所罗伯·帕特尔所总结的那样："自 2001 年以来，古吉拉特在能源发电方面取得了 149% 的增长。2001 年，我们所有的装机发电容量为 8657 兆瓦，12 年后的现在，这个数字增加了 149%，达到 21567 兆瓦。"[16] 2012—2013 年，古吉拉特总发电量超过了 23887 兆瓦。[17]

古吉拉特电力有限公司的收入从 2004—2005 年接近破产的 85 亿卢比增长到 2008—2009 年的 147.3 亿卢比。2010 年，它的盈余为 12.3 亿卢比。人们在幸福中缴纳了更多电费，何乐而不为呢？因为拥有了稳定的用电，他们从自己的业务中赚取了更多的利润——成本上升了，但利润更大！增长正在发生中。由于黑夜不再黑暗，他们增加了工作量，也能享受更多东西，学习更多东西。一个民间的（也是经济的，甚至是心理层面的）革命爆发了——支付电费远远优于拥有免费却不可靠的电，人们把这一点看在了眼里。现在的古吉拉特拥有丰沛的备用电力，它们甚至开始把电出售给其他邦，进而又实现了本地消费成本的降低。

光明计划是古吉拉特之潘奇拉特转型的开始。然而在莫迪的设计里，沙克蒂的 5 个支柱是不可分割的。因此，当部分从属于气沙克蒂计划的电气化正处在酝酿阶段时，它就已经和水沙克蒂计划捆绑在了一起，后者是古吉拉特水资源的转型。电力与水力转型必须同步进行，因为在人们必须缴纳电费之前，他们已经抽干了管状水井中的全部水资源。并且，由于停电频发，灌溉的过程常常被迫重置为零，这样水资源就一直被迫遭到浪费。当电气化与节约、配给水的彻底改革的计划结合了起来，一个相互关联、自我强化的积极的改变就诞生了——这是个良性循环，可以立即上马。

正如所有的沙克蒂计划一样，这一次的项目也交由普通民众们自己完成，项目的进行主要依靠他们的合作与参与。当他们目睹着自己身边发生的变化，感觉这些改变和自己休戚相关，那么他们的热情、投入和支持也就成倍地增长。2002年，在那场浩劫最为严重的时候，莫迪曾通过全印电视台发出过呼吁，现在那呼吁的画面又回到了人们的脑中。当时他双手合十地恳求："来，帮帮政府吧！"现在人们终于理解了：为了自己的利益，必须这样做。

古吉拉特邦的年降水量只有80厘米，全邦185条河流中只有8条常年保持湿润。全邦面积占全国领土面积的6.39%，但水资源仅占到2.28%，而且大部分都在邦的南部。在萨达尔·萨罗瓦尔水坝于2001年启用之前，情况甚至更加糟糕。缺水是邦内贫困和落后的主要原因，干旱随处可见。

过去对能源的使用方式只会加剧这种状况，并进一步消耗地下水位——对资源而言，这是一个恶性循环。由水引起的暴乱常有发生。为了给人民和牛群输送用水，邦政府出动了卡车，甚至还有火车，这慢慢地耗尽了政府的财政（回想一下莫迪年轻时的想法，他提出要把牛迁往水源地，这在之前的章节里曾有过描述）。

随着水位慢慢地下沉，矿物元素、化学物质和微量元素的浓度日益激增，剩下的液体受污染的程度也随之加剧。氟中毒已成为主要问题，它导致疾病和畸形的诞生。莫迪的水沙克蒂计划旨在针对饮用水和农业用水问题采取行动。

莫迪赢得2002年选举不久之后，"全邦饮用水网络"开始在古吉拉特铺设开来。与建设光明电网的速度一样，政府又飞快地建起了近2000公里主水管，11.5万公里辅助管，1.1万个水塔以及同样数量的水池和水库。超过150个水处理和过滤厂拔地而起，还有更新的沿海海水淡化厂，它们保证每天向1万个村庄输送22亿5000万升饮用水。同样地，这般规模和这般速度在印度的历史上可谓前所未有，也从未有过与此类似的尝试。氟中毒的情况迅速缓解，经过反渗透的作用，水很快又恢复了安全。

人口减少的情况也得以避免。莫迪说："过去我们认为在卡奇这个荒漠地带，人口增长是负数。负增长就意味着人们都渐渐离开了这个地区。今天大家都回来了。"基础设施建设很快就通过公路和铁路的分配而收获了回报。成本从莫迪上任前的2000—2001年度的4.36亿卢比下降到2008—2009年度的1400万卢比。[18]

这一次，政府依旧大力鼓励公民的帮助和参与。水与卫生管理组织把责任下放到地方一级，这样村管委会就可以自主地管理他们的设备和储水计划。

随着饮用水供给的改善，农用供给也得到了补充。一个要建设11.3万个淤地坝（即横跨水道的小坝，可以灌溉的上限为10公顷土地，在萨达尔·帕特尔的"参与节水方案"下建立完成）的计划开始了，随之储存起5.6万个沙袋，以备在可能出现的洪水中控制水势，同时还挖设了25万个新的农场池塘，架设了6万个其他建筑。[19]

每一滴水都被重新认定成珍宝。农民们接受了教育，对有效储水能产生的转换效果开始有了了解。据估计，如果印度能储存其降水的30%，那么全国将不会再出现水资源短缺的情况。

完成"微集水"的初步基础设施努力后，第二阶段开始了——教农民如何完成微灌溉，即用更少的水来达到同样的效果。新创建的古吉拉特绿色革命公司把滴灌的概念传播了开来。该技术利用阀门、管道和管材等，将水慢慢地滴灌到植物的根部，从而节省水和肥料。只需要灌溉围绕植物的那部分最少量、最有需求的土壤，这就是它的高明之处。

莫迪使用了农民能够理解的语言来推销这个概念。"试想一下，"他说，"喂婴儿的时候，把他整个儿浸到一桶牛奶里去。"

我告诉他们，如果你的孩子不舒服，体重没有增加，而你手头有一桶牛奶，如果你的孩子在牛奶里洗澡，他的健康状况会得到改善吗？不！如果你想改善孩子的健康，就必须每个钟头给他喂一滴牛奶。然后牛奶才会流入他的身体，再然后他才会健康起来。如果只是让他在牛奶中洗澡，身体不会得到任何好处。当你在农场里耕种作物，你别指望洪水会养肥你的庄稼，这也是同一个道理。只有水滴可以养大你的植物，所以如果你希望它们长大，那就必须用你养孩子的办法来喂它们。

在做这番描述的时候，莫迪显得神采奕奕。显然，回想起自己用最简单的创新改变了人们的生活，此间得到的快乐真是无与伦比。

进行滴灌需要特殊设备的支撑,哪怕只是个特别调整过的软管。一个贷款体系随即建立起来,确保了计划的迅速开展,农民只需预付5%的定金,就能获得50%的政府补贴。它不仅节省了大量的水,也提高了农业产量,又更进一步减少了电力的消耗——仅在2009年一年内就节约了7410万千瓦时电力。在不久前还依旧贫瘠的沙漠土地上,如今已建起了果园。

2001年,与它的电能状况相比,古吉拉特的水力状况哪怕不算更糟,也可谓同样不堪。干旱很容易发生,70%的古吉拉特土地被认定为干旱或半干旱区。在光明计划开始前,地下水位每年下降3米。它的每一次进一步的下降都意味着需要使用更多的电力来驱动水泵,将水带上地表。今天,古吉拉特是全印度唯一一个水位逐年上升的邦,每年升高4米。

与此同时,莫迪为了提高萨达尔·萨罗瓦尔大坝的容积标准而持续战斗着。他知道,高度每升一米,就意味着又有一定比例的土地可以因此变得肥沃。2003年年初,他获得了将其提升到95米的许可,而建筑工作则在得到许可的1小时之后就立即开始了。

2004年,大坝再次被升高,达到110.64米。[20]

2006年3月16日,莫迪最终获准可以将大坝的高度增加到121.94米。在与4个心怀不满的邦府进行不断的斗争,并终于得到了它们的许可之后,[21]他才收获了这个结果,与此同时,非政府组织和绿色环保人士还一直激烈地企图反对它。

有些人,例如作家和活动分子阿兰达蒂·洛伊,反对的是大坝本身:

大型水坝之于国家的"发展",就像核弹之于军事武器库。它们都是大规模杀伤性武器,都是政府用来控制本国人民的武器,都是20世纪的标志,都标志着人类走到了一个自身智慧超越生存本能的时间点上。二者都是人类文明的恶性指标。它们代表着人类与他们所居住的星球之间的连接的断裂,甚至不仅事关连接,还有理解的断裂。[22]

莫迪却对这种世界末日式的警告充耳不闻。相反,他开始使用大坝提供的新的水源来修建一系列运河,以此大大地增加它对农业的作用。

他的目标是要挖掘38条运河,绵延2538公里。迄今为止已在运作的运河有 29 条（全长 2000 公里），同时还计划在不远的将来完成全长 5112 公里，从主要水道中衍生出来的运河支流。目前正在使用光伏太阳能板给运河"加盖屋顶"，这样能取得一箭双雕的效果：首先它能防止运河中的水蒸发，同时还能发电。古吉拉特电力有限公司发起了一个先导试验，它们在卡迪的昌德拉森的萨纳恩德支渠上的这个试点可以生产 1 兆瓦的电量。[23]

把灌溉和电力相结合的构思大大提高了二者的效率。作为潘奇拉特的一部分，它们必然也会给其他相关领域带去更多的改善：气沙克蒂滋养了水沙克蒂，二者反过来又有助于人沙克蒂的改善，人民的能力和潜能都得到了提升。在农业上，这意味着农民更频繁地接触到可供他们使用的有效的新方法，从而改善生活。对农民进行教育可以进一步鼓励栽种，并提升农业产量，提高农村生活质量。

因此，莫迪在 2005 年启动了"农业展会"方案。这是一个巡回路演，也是移动式的教育中心，每年对古吉拉特的每个村庄都进行访问。其中包含一系列展厅和展示，并配有政府雇员及来自国内外农业院校和企业的代表，他们给农民提出建议，并向他们展示提高土地生产力和作物产量的新方法。

有一些官员曾抱怨说在农业展会召开期间，他们不得不在灼热的户外工作。但莫迪以身作则，亲自到访许多村庄，并且年年如此。抱怨的声音很快就消失得无影无踪。[24]

政府给农民们都派发了土壤卡，用以检测土壤的状态，农民也接受了教育，了解如何更好地滋养和改良土壤。莫迪决定把古吉拉特农业大学分成 4 个单独的学院，以鼓励更大范畴的研究和更强的专业性，这对深入改进农业实践起到了辅助作用。由于手中握有更丰富的专业知识，还拥有能够放心使用的水，农民们已经更加倾向于栽种价值更高的作物，例如芒果、香蕉和小麦，它们的产量也逐年上升。

华盛顿的国际粮食政策研究所（IFPRI）报道说："古吉拉特邦乳业的成功已经广为人知，可持续每年增长 6~7 个百分点，然而最新的高增长的现象来自蔬菜和水果（以香蕉、芒果、马铃薯和洋葱为主），增长接近 12.8%。"[25] 这些数字反映的是 2000—2001 年度至 2007—2008 年度的情况，而且它们至今仍然一直保持着增长的趋势。

种子公司鼓励种植更优质的菌株，包括御谷（即珍珠粟，富含铁元素）和产油的蓖麻。一种对许多棉花疾病免疫的转基因棉的采用带来了棉花产量的飞速上升，从2002—2003年度的305万包（每包170公斤）飙升至2007—2008年度的1120万包。同样，从那以后，它的增长也丝毫未见疲软。[26]根据2009年的数据显示，古吉拉特在全印度26%的种植面积上生产了占总产量35.5%的棉花。而临近的马哈拉施特拉邦的有效产量之低，根本不值得与此相提并论。[27]

莫迪意识到，尽管可以通过制定和实施政策来提高穷人的生活水平，但确保利益能直接送达到受益人的手中，这一点至关重要。也有人担心"中间人"会伪装成政府和受益人之间的纽带，实际操作时却非法谋得奖品，将其占为己有。因为具有这份洞察力，莫迪构想并设计了穷人福利会的诞生。

穷人福利会是个踌躇满志的社会转型计划，它综合来自多个计划中的效益，消除中间商，实现直接惠及最穷困的人。受益人寻找政府官员的过程被扭转了，现在轮到政府官员主动寻找符合条件的受益者，为他们提供援助。因此，政府等于将人民生活的巨大改变直接送到了他们的家门口。古吉拉特邦政府迄今为止已经举办了1000届穷人福利会，分发了1300亿卢比的援助，受众达到850万人。

莫迪的治理理念及其将在行政自治权由邦政府下放至地方各级政府的过程中所起到的作用，孕育了一系列创新，它们唤醒了奄奄一息的行政村委会。"对我来说，"莫迪说，"发展是一项群众运动。人们认为发展只是政府的议事日程。我说不，发展必须是百姓自己的议程。除非，并且只有当发展成为百姓的议程，政府才可能建起各种建筑，但后者本身并不是发展。"

向中央集权的官僚体制漂移的现状，被莫迪一手逆转，他的萨普拉斯·尤吉那计划向每个村庄提供1笔10万卢比的奖金，条件是它们必须一致推选出1名代表。有了金钱为诱饵，60%的村庄迅速地完成了这项工作。这就终结了小村庄内不同派系间存在的八卦式的意见分歧，这些分歧在地方层面上阻碍着决策的诞生。除此以外，由于实现了自主决策，"索取"转变为"自主"，人们第一次在自己身边目睹了各种改进的发生，于是这又振兴了农村的生活。莫迪说："古吉拉特发生了变化，这是由于每个古吉拉特人都能感觉到自己就是发展过程中的一分子。"[28]

释放出人们生活中潜在的能力，这是政府的想法，它也能惠及社会的各个方面，城市和农村都将受益。"发展是一项群众运动，"莫迪说，"我邦内的每一位公民都是发起者、创造者、实施者，这就是公民们正在做的事情。正因如此，我们才能实实在在地设定目标。"

比方说，人们普遍认为，迟到的正义就是被否定的正义，而印度司法系统在处理当事人的行动中表现出的懒惰，已经是举国皆知的丑闻，是民主的耻辱。

"在古吉拉特我们采取了主动，我们开始设立夜间法庭，"莫迪说，"就像基础设施一样，对于在下午 5 点之后的时间段内没有使用的时间，可以加以利用。我的夜间法庭从下午 6 点开始工作到晚上 10 点。我给法官和全体法院工作人员支付额外的工资。案件搁置的情况便因此而减少了。"

在仅仅 4 个月内，从 2006 年 11 月到 2007 年 3 月底，5 万个案件得到了处理。[29] 现在邦内的要案大案率占全印最低，只有 2%，而人口比重则占到全国的 5%。

清洁充沛的水（通常意味着从水龙头里流出的干净的饮用水，这在印度十分罕见）以及稳定的电力带来了健康方面的改进，这些改进又通过许多旨在"为财富添健康"的计划而得到了进一步的巩固。其中包括对食品、教育、卫生标准的改进，以及对更清洁的空气和降低污染所做的种种努力。

邦政府不停地发挥其推动者的作用，引发了许多其他相关领域的改善。道路得以继续修建，最终有 98% 的村一级农村住宅点都能够实现互通。[30] 批评分子们嘲笑说，与莫迪的"宣传"相反的是，在那一年里，整个古吉拉特内仅仅修建了 10 公里长的道路，然而他们却忘了指出，这是由于当年整个年度的公路预算都被用以改善过去 10 年中已经修建好的宽敞的道路——关于这一点，任何一个行走在古吉拉特的人都不可能视而不见。

2005 年，莫迪为古吉拉特献上了历史上的首次收入盈余。[31] 与此同时，政府为那些有意在邦内设立机构的公司大刀阔斧地砍掉了繁文缛节的官方手续，这则消息迅速不胫而走，传遍了全球，于是人们都知道，在印度的西部有一个不期待贿赂、为民服务的政府。在"活力古吉拉特"峰会的引导下，投资开始注入邦内，2008 年，塔塔汽车公司把它的微型车纳诺的制造厂从西孟加拉邦的辛格乌尔迁入了艾哈迈达巴德的萨那德区，这成了投资最具标志性的案例。[32]

由于古吉拉特邦已经成立了为工业项目储备好的土地库，在塔塔公司下定决心后的 10 天之内，一切准备工作已经安排就绪。这也是莫迪推行的一个创新。

裙带资本主义对此表示批评，声称出售土地的价格无异于将土地免费拱手相让给企业主。然而这些制造业工厂所带来的就业情况以及它们为当地社区所创造的财富值，让许多这样的批评都只能偃旗息鼓。

塔塔公司曾经试图将位于西孟加拉的纳诺工厂投入试用，结果工人们不断躁动、罢工，甚至连暴力行为也纷纷接踵而至，公司因此受尽了折磨。左派阵线的邦政府从不情不愿的农民手中夺取了它们需要的土地，更特别不屈不挠地坚持选择了最富饶的胡格利地区，而身为反对党的草根国大党也抵抗着塔塔公司，发动了一次骚乱，这些行动丝毫没有起到帮助的作用。在这种摩擦中，绝望的拉坦·塔塔决定转移辛格乌尔厂址上的一切发展计划，将企业迁移到其他地方去。当莫迪获悉此消息时，他给这位工业家只发去了一个词："欢迎。"

当时的西孟加拉邦首席部长布达德夫·巴塔查尔吉是共产党员，反对党领袖是玛玛塔·班纳吉。纳诺公司进驻古吉拉特后不久，莫迪做了一件极反常的事：他公开致信巴塔查尔吉（"我这样做是经过了深思熟虑的……"）和班纳吉（"你就像我的姐妹一般……"）。虽然他向他们保证说他并不为他们的损失而感到幸灾乐祸，实际上他正是如此。他对巴塔查尔吉坦言说："事实是，尽管你很努力，孟加拉依然不具备能够生产纳诺的劳动文化。"莫迪在信件的结语中解释说，是"无论出于什么政治背景的古吉拉特人民对工业化、劳动文化以及共同努力的奉献精神把项目带进了我们邦。我希望同样的气候有朝一日也能在你们的邦里形成"。

如果说他对玛玛塔的措辞与以上内容有什么不同的话，那么可以说，他对玛玛塔说起话来甚至更加直接，他指责她"为了反对的目的而反对"，并对她发出了兄弟般的警告，他说尽管她声称自己反对共产主义，她可绝对不能"（自己）变成一个超共产主义者"。他想表达的信息是，西孟加拉邦的勒德分子政策无异于搬起石头砸断自己的双脚。他提醒说，别忘了他们的邦曾试图将所谓谋杀了工作的计算机拒之门外。他写道："我宁愿看到你们选择右翼的路线，在孟加拉做出别样的选择。请在你们的邦内对更多的工业、更多的道路、更多的就业提出要求吧。"[33]

他的收件人给他的回复并无记录在案，也许其内容根本不适合刊登。为什么莫迪要发送这样的信件呢？这是欣喜若狂以至于无法自已，还是对除了收件人和信件的读者们以外的更多的人做出的宣言？抑或是对他自己的宣言？到了2008年，他所推广的各项发展和基础设施都已经开始开花结果，所有的指标都表明增长不仅会持续，而且还将提速。莫迪提及的"右翼路线"此时已不再指称沙文主义的印度教徒主义，这个术语如今听起来那么遥远，甚至仿佛是个毫无干系的词，现在它指代自由市场和创新型治理的理念。

公开信不仅为西孟加拉邦提出了建议，也是对联合家庭成员们提出的建议。他们曾经指出，莫迪的脚步距离自己的根已经太过遥远。他们甚至暗示说莫迪的经济观点毫无疑问地已经在他自己与老印人党的保护伞间划开了巨大的鸿沟——是鸿沟，还不仅是分歧而已！自从2004年人民院选举失败后，印人党一直群龙无首，政策上也相对涣散，它错误地认为是他们1998—2004年推行的改革导致了选举的失败。

1994年，古吉拉特南部的苏拉特市惨遭肺鼠疫的蹂躏，这是鼠疫的并发症，全市当时有120万人口。成百上千的人因此死亡，成千上万的人试图逃离这座城市，大家都说，这里已经成了穷困潦倒的地狱（鼠疫是由跳蚤传播开来的），鼠疫菌瞬间吞噬了城市里的全部急救和医疗基础设施。

到了2006年，由于洪水肆虐，灾难再一次降临到这座城市头上，损失极其惨重，然而此时的这座城市已经不可同日而语。现在城里的纺织工人们使用着50万台高科技织布机，还有1万个钻石抛光单位正在运转。与此同时，该市已一跃成为钻石行业的领头人，每年生产价值5500亿卢比的出口额，这在全世界该行业的贸易值中占到90%的比重，并且几乎就可以代表印度全国的总产量。壳牌公司正在此地兴建最新型、全天候的海港，这个城市里交织穿梭着新修筑的道路和天桥，它们为海港一定能接受最好的服务提供了保障。[34]

与1994年袭来的瘟疫不同，现在的当局很合理、很有效地应对了袭击苏拉特的洪水，当然媒体中也有与此相矛盾的报道出现，说援助不够及时。常态——事实上，现在常态在苏拉特意味着增长和繁荣——飞速地恢复了。有评论家指出莫迪起初的反应比较迟缓。但一旦救援行动开始实施，当地政府的动作还是相对迅速的，文件和口耳相传的逸事都可以为证。

对完整的事实加以检测，将有助于我们研究来自评论家和政府的双方的声明。今天，苏拉特的水配给已达到计算机化，排水系统也是如此。这里甚至运营着一个污水处理厂，能将废物转化为能源，它还拥有全印度最好的一家水处理厂。[35]

在苏拉特每条街道的人行道和路面之下都铺有排水管，沿路也有路灯。超过95%的机动三轮车和公共交通工具使用了压缩天然气，这有助于保持空气清洁。电子政务几乎无处不在，它加速并简化了苏拉特人和邦内其他地区之间的互动和程序，同时也取缔了许多公务员曾经拥有的机会——在过去，他们常常向需要完成日常事务的人索取"捐款"。

随着经济的发展和生活水平的提升，城市的人口也随之增长，这一点就像水到渠成，不足为奇，苏拉特的人口就比1994年翻了3倍有余。苏拉特当然是个特例。最近，当地国内生产总值的增长速度为全印最快，目前在全国城市生产总值中排名第8（2001—2008年，规模基本翻番）。当然，苏拉特是莫迪的潘奇拉特互惠发展的典型案例。随着服装和珠宝业的现代化生产，苏拉特已经从一度瘟疫横行的城市完成了自己的转型。

"我说我们一定要有个五部曲的节奏。"莫迪说，"农场；农场再到纤维；纤维再到织物；织物再到时尚；时尚再流行到国外。然后农民将是受益人。因此我们必须有一个价值加成的出口链。"

这证明了一个20年前还是脏兮兮的、基础设施匮乏到令人绝望的眼中钉，以及一个低效的政府——甚至还伴随着类似于中世纪的大规模死亡的频频造访——如何能够在改革派的市政委员的领导下得到改变。它们从邦府中获得支持，但又独立于邦府。"苏拉特曾被认为是全印度最肮脏的城市，"莫迪说，"今天的它是全印度最干净的城市。"

发展，这是莫迪最喜爱的话题。他喜欢发展，因为他认为发展不仅能使不同群体的生活得到改善，还能确保每一个单独的人的生活都得到改善。莫迪是个政治家，因此他通过选票的形式将自己的想法表达了出来。在利用自己那精力充沛的方式将古吉拉特推向现代化的过程中，莫迪是否会有这样的恐惧，是否担心自己走的是西方的道路？当文化传统被无情地改变，并以纯粹的物质利益取而代之，这其中又付出了怎样的代价？

针对我关于印度飞速前进，却把自己的核心抛在脑后的问题，莫迪的回答很简单，他说："要现代化，不要西化。"这听起来当然比"要西化，而不要现代化"要好得多，印度在这第二条道路上已经经历了太多。但这句话究竟该作何解释呢？

莫迪坚信，在保留传统的印度的同时，也可以拥抱现代化，尤其是技术，要把现代化与传统文化结合起来，进步本身并不会摧毁传统，据说毁灭传统正是西方的做法。换句话说，要现代化而不要西化，就是要牢记你是个印度人，要以印度的方式前进；就是在找到新途径的同时，也要更新旧的方法。

这也是莫迪的沙克蒂发展计划背后的深刻启示：它们都被刻画成女性的角色，因为整个过程可以在传统的"曼塔"里面进行，曼塔是家庭中培养出的女性气质，在家里，人们总能找到印度家庭生活的传统和慰藉。[36]

"恒河是母亲的化身，印度也是，"莫迪说，"甚至连牛都被尊为母亲。妇女的地位一直是至高无上的，对此没有第二种意见。"[37]

必须强调的是，对莫迪而言，女性的理念十分重要，观察者对这一点却看得并不透彻，这尤其是因为媒体将莫迪的形象修饰得异乎寻常地男性化的缘故。但在他所有发展理念的核心中都有一个引人注目的女性气质的存在，正如"沙克蒂"所展示的那样。人沙克蒂培育了古吉拉特农民的才华和资源，教育的发展又这样直接进入了知识沙克蒂的范畴，即知识的力量。在这里，对改进教学机构的强调，尤其在科学技术方面，以及对最容易被传统忽视的人沙克蒂中的一个方面——来自女性的人力资源——的强调，二者并驾齐驱，同时进行，莫迪认为女性的能力和潜力在任何地方都没有得到合理的开发和利用。他反复地说，对一半人口的才能的浪费实在触目惊心。因此教育的关注点便落在女孩们身上。

但教育恰恰是批评者们借以嘲笑莫迪的话题之一，他们说古吉拉特的社会缺乏发展，因此，我们有必要仔细地检查一下历史记录。同样，他的这个计划开始于首席部长的任期之初。当时，一个号召大家入学的项目被迅速地发动了起来（最初并不情愿的官僚们充当了活动的先锋，他们发现自己的工作范畴不再是办公室，而是偏远地区村庄学校中的教室），活动关注的重点偏向女生。从2002年开始启动的"纳尔默达行动"为女生们准备了1000个卢比，供她们支付教育的开销。社会必须有机地、可持续地长期增长，仅有工业上的国外直接投资额并不能给古吉拉特带来均衡的繁荣,这就是这个活动背后的假设。

所以说,古吉拉特的进步是虚幻的吗?或者说,古吉拉特自古以来就很繁华,哪怕在莫迪到来之前也是如此吗?将莫迪就任为首席部长之前和之后的各项社会与经济指标值进行对比,这将是能够理性地解决以上争端的办法。如果与其他邦的进步指数相比较,同样也可以获得真实的信息。只有覆盖了一定时间跨度的增长率,而不只是当前的快照指标才能揭示真实的情况。

比方说,回到1991年,在莫迪出任首席部长的10年前,古吉拉特的人类发展指数(HDI)在印度各邦中排名第6。在此前一年的1990年里,人类发展指数刚刚被提出,这是关于生命长度、教育状况和收入情况的综合统计数据。[38]而2007—2008年度,当莫迪第二次当选为首席部长时,古吉拉特的全印人类发展指数排行降低了5个位置,名列第11,这显然是个大幅下降。但我们需要对这个数字进行进一步的检验。必须记住,在1991年,德里、喜马偕尔、果阿、查谟和克什米尔,以及那些东北部的邦——北阿肯德、贾坎德和切蒂斯格尔——都并未参加排序,当时其中有3个邦甚至还尚未诞生。[39]如果把这些新加入的成员移除,那么古吉拉特就能回升到它1991年的排名——第6。

据数据显示,古吉拉特的人类发展指数实际上从1991年的0.431上升到了2007—2008年度的0.527,同比增长22.3%。难道这个结果还不能给人们留下深刻的印象吗?1991年,印度全国的平均值为0.381,低于当时的古吉拉特。到2007—2008年度,全印的平均值计算中包括了新加入的邦和领土,那都是一些相对发达的小地区,于是它们打败了古吉拉特,但0.467的平均值依旧远低于古吉拉特的0.527,这意味着古吉拉特依旧超过了全印的平均值。[40]

即便将所有这些新的小邦包括在内,全印人类发展指数的增长也才是22.5%,几乎与古吉拉特同期的增长完全持平。当人们指责说莫迪在贫穷、健康、营养和教育方面表现落后时,完全可以理直气壮地这样答复:古吉拉特的情况和1991—2008年内全国的财富值保持一致,后者也(极其缓慢地)在增长。如果撇开那些新的、更小一些的邦,那么古吉拉特的数据看起来甚至会更加出色,因为那几个邦内的人类发展值有时候高得惊人,这部分要归功于它们辖区面积的微小。当然这并不意味着能够将莫迪从他无法让古吉拉特的数据更迅速地提升的指控中解放出来。可是对于一个重要的辩题而言，失之于偏颇的解释既不公正，也不客观。

在莫迪的领导下，比起古吉拉特远超过印度平均值的、诸如国内生产总值这样的其他指数而言，它在教育、健康和其他社会指标中的表现要略逊一筹，在古吉拉特经历过的增长与发展的故事里，这也是个真实存在的情况。启动工厂、开始产出具有经济价值的单位产品相对而言比较简单，而在发展中，更艰难的领域恰恰存在于人类自己的身上，因为人们的教育、健康和卫生问题需要经历最少一代人，也许甚至更多代人，才能表现出显著的转变。这取决于观念、习惯和行为的转变，而这些转变往往涉及浴室和厨房这样的私人领地，很明显，如果政府想要在那里施加积极的或者至少是可以计量的影响，最为艰难。

古吉拉特在教育上付出的支出（占财政预算的13.9%）比它应该付出的额度要更少，这也是个真实的情况。比哈尔邦为此支出18%。但是由于管理不善，成功往往并不总是取决于绝对的支出水平，而是付出所取得的功效。

为了说明这一点，让我们关注一下识字水平应该得到的关注。德里政策研究中心的比贝克·德布鲁瓦教授在他的《古吉拉特：为增长和发展而治理》一书中使用了印度政府的官方数据[41]，本文在此处也加以引用。[42]

再次回到1991年，印度的平均识字率为52.2%。20年后的2011年取得了巨大的进步：识字率显著上升，总体达到74%。古吉拉特邦同期的识字率从61.2%上升至79.3%，远高于全国平均水平。

德布鲁瓦指出，在增长数据中，古吉拉特与全印度之间在女性识字方面的差异更加明显[43]。由于莫迪推动妇女解放，要让她们在印度的经济与社会生活中扮演更大的、更充实的角色，而数据上的差异恰恰彰显了莫迪努力的效果。

在1991年之后的20年里，印度女性的识字率从39.3%增加到65.5%，古吉拉特的数据由48.9%增加到70.7%。因此可以看出，古吉拉特妇女的识字程度比印度女性的平均值更高。在2001—2011年——正好是莫迪的任期内，印度妇女的平均识字率得到了改善，从54.2%上升至65.5%，而古吉拉特妇女的同期增加幅度由57.8%上升至70.7%。古吉拉特女性识字率的增长，虽然高于全印的平均值,但也需要从质上做一个检验,才能得出客观的结论。落后的指标产生的效果不容忽视:古吉拉特历来有不教育女性的传统。莫迪必须克服文化上的偏见,必须改变受到束缚的行为。

德布鲁瓦认为,辍学率也可以被视作教育成果整体提高的进一步证据。同样,女孩方面的改善依旧分外分明。小学女生辍学率在莫迪的任期内骤降了90%,从2001年的20.81%下降至2011年极低的2.08%。学校中的高年级更难留住学生,尤其是女生,这一点不难理解,可是在莫迪的政府里,1~7年级的女生辍学率从2001年的36.90%下降至2011—2012年度的7.82%,说明超过90%的大龄女童现在依旧还留在学校里接受教育。这表明,随着滞后效应的消失,在不远的未来,女性识字率还将可以达到更进一步的提升。

这些官方数字与对古吉拉特提出了控诉的批评言辞之间存在分歧,他们说虽然古吉拉特对实业家十分友好,对女性、穷人和穆斯林则不尽然。

健康问题是另一项滞后的指标。我们必须将1991—2011年古吉拉特略低于标准的普通婴儿存活率(IMR)与全印的统计数率做比较,然后再进一步对比莫迪领导下的2001—2011年任期内的情况,这一点十分重要。

在印度,女婴不如男婴受欢迎,因此她们的性别有时会导致被堕胎的境遇,结果印度的男孩出生率高于女孩。德布鲁瓦指出,2001—2011年,这个形势在全国范围内进一步恶化,女孩与男孩的出生比从927∶1000下降至919∶1000。大家也许首先会对这种情况发生在一个发展中国家而感到奇怪,但有一则现象也许能部分解释它:能够鉴定胎儿性别的医学扫描已越来越普遍。

在同期的古吉拉特邦内(2001—2011年),该比率略有提高,女生与男生出生比由883∶1000升高至890∶1000。这仍然低于全国平均水平,并且这数据本身也低得可怜,然而尤其对于古吉拉特而言,重男轻女是它的一个痼疾。莫迪对这种情况了然于胸,2005年,他发起了名为"拯救我们的女儿"的活动。

2013年4月的一次演讲中,他说,在18世纪中,女婴常常被溺死在牛奶里。"有时候我觉得我们比18世纪更糟糕,那时候的女孩至少还能等到出生的那一天。可是到了21世纪,女孩在出生之前就已经惨遭谋杀了。"[44]

从出生性别比的统计数据中可以最清楚地观察到,政府的政策在纠正失衡的儿童性别比率问题上取得了效果。这个测量标准显示出古吉拉特的一个巨大进步，在莫迪的领导下，古吉拉特女孩与男孩的出生比是837∶909，而全印度同期的数值为837∶906。2007—2013年，古吉拉特邦的儿童营养不良值从71%下降至29%（奇怪的是，不存在2005—2006年以前的国家统计数据），这个情况与邦内积极的农业发展效应也相关。尽管低于其他一些大邦的情况，但数值本身仍旧较高，古吉拉特在改善儿童营养不良的情况和性别比率上，仍需付出大量努力。

阿马蒂亚·森教授评论说："古吉拉特在教育和医疗方面的记录十分糟糕。"与莫迪在首席部长任上所做的种种努力相比，这是一则义正词严的评论吗？

此处引用的数据全部来自中央政府的官方数据。哥伦比亚大学的贾格迪什·巴格瓦蒂和阿尔温德·帕纳格里亚教授对森教授的结论表示了赞同："那些评论者坚持戴着2002年的有色棱镜来审视与莫迪有关的任何一切事务，因此他们不能将政治与经济的情况区别对待，故而说，他们的观点着实叫人无法恭维。"这个说法也许更加靠近辩论的真相。[45]

帕纳格里亚这样总结道："批评者们近期对古吉拉特的超常增长冷嘲热讽，说它缺乏社会领域上的成就。然而仅仅是有选择性地关注并紧抓着部分指标不放，这就是他们的惯用做法。通过对一组广泛的指标进行通盘考虑，这很难对一个邦发起指控，哪怕只是在社会领域内，情况也是如此。"

与备受争议的社会指标相比，关于古吉拉特2001年以来经济方面的增长的争辩则鲜少出现。哪怕是在《经济时报》上发表了一通批评的拉胡尔·桑奇坦南迪也独独对此表示承认："在莫迪问鼎前的5年内，邦内的（国内生产总值）平均增长率为2.8%。在他的领导下，增长从2002—2003年度到2011—2012年度达到了10.3%。只有3个小邦——锡金、北阿肯德和德里——能拥有比这更快的增长。古吉拉特领先于国家平均值（7.9%）。"

现在我们来考虑一下贫困的数字。2004—2005年度，古吉拉特有31.8%的人口被定义为贫困人口。到了2011—2012年度，这个数值已下降至16.6%，贫困线下几乎一半的人口得到了拯救。与此同时，在批评者常常喜欢用来与莫迪领导下的古吉拉特对比的尼蒂什·库马尔的比哈尔邦，贫困水平从 54.4% 下降至 33.7%。包括桑奇坦南迪在内的一些人认为，尽管古吉拉特的人均收入在莫迪的领导下已增加了两倍，"涓滴效应"的收获却只是微乎其微。然而，让我们审视一下 7 年之内减少了一半的贫穷水平，这个情况与邦内 10% 的国内生产总值的增长完全保持一致。全体人口中还有部分比其他族群做得更好，比方说，其他落后阶层优于部落民，然而总体趋势是积极的，而且此项工作明显还在不断进展当中。

《印度时报》发表了一篇言辞优雅的分析，一名高级记者驳斥了尼蒂什·库马尔的言论，认为他的这种比较根本就是徒劳，而且相比的双方间还根本毫无关联。虽然他对古吉拉特社会领域上的成就的评价也许未免过低，然而他依然指出，比哈尔的贫困水平依旧高达古吉拉特的两倍（33.7% 与 16.6%），这显示了"将苹果和橙子混在一起"的危险——即由于忽视了邦之间不同的人口状态、规模和人数，而对它们的表现做出了误导性的推论。他发现，当对 10 个人口最多的邦的人均收入水平做比较时，只有马哈拉施特拉的排名高于古吉拉特。比哈尔名列第 10，是最后一名。如果将印度金融中心孟买那"不公平的权重"从马哈拉施特拉邦的人均收入平均值计算中排除出去，那么古吉拉特将上移至榜首，而比哈尔却将依旧牢牢占据着最后一名。[46]

在我们的几次访谈中，莫迪不断地强调：他个人对"为了增长而增长"毫无兴趣。他同时也强调："包容性的"发展能够带来更优质的回报。其他的一些邦——诸如马哈拉施特拉和泰米尔纳德——也许增长得更快，然而与这些同行进行对比时，古吉拉特表现得相对落后的真实情况也许能在这个简单的事实中找到答案，即古吉拉特的增长基础是制造业，而非服务业。[47]

在实现整体繁荣方面，专注于制造业而非服务业十分重要。比方说，在首席部长钱·奈杜的领导下，安得拉邦的软件产业从 1994—2004 年以来发展迅猛。然而在海得拉巴市之外，在它的高新技术群之外，这个基本由农村土地占领的邦却忽略了自己其他地区和领域的发展。[48] 旱情未得到缓解，发展不平衡，加上成千上万的农民因为绝望而纷纷自杀，这些都导致奈杜在竞选中落败。在 2004 年的邦选中，奈杜的泰卢固之乡党（TDP）在 294 个选区中仅赢得了 47 席，在人民院的 42 个席位中只有 5 席的收获。

稳定的制造业，而不是迅猛发展的信息科技和金融服务业，能为社会创造出多层级的工作，并进而产生连续的、可积累的、可持续发展的繁荣的浪潮。至于那些囿于办公室的信息科技公司的雇员们，他们的工资大多数直接进入了他们自己的银行账号，相对而言，他们对于当地几乎不产生"溢出"效益。然而，只需一个新建的汽车工厂（基本上就是一个汽车装配厂）就可以为当地许多生产汽车所需的细小配件生产线提供工作机会。他们的雇员又将为当地带来对商店和其他服务业的需求，因为他们需要在本地消费工资收入。

于是"涟漪"效应应运而生，连锁发展了起来。2009—2010年度，古吉拉特邦有27.4%的国内生产总值来自制造业（全国的平均值是15%），这个制造业比重的数额在全国所有邦内遥遥领先，[49] 对于整体发展而言十分重要——它不像印度南部那些繁荣的岛屿一般，只拥有高科技产业，也不比孟买，后者是银行和金融机构的聚集中心。工业化及其所带来的工作机会，在这里得以更广泛地传播开来。

古吉拉特邦的繁荣的渗透程度如何，这个问题值得一问。收入确实已经大幅增长，尽管繁荣中也存在不均衡的情况，但并不极端——正如所有的船，甚至包括那些会漏水的船，都会随着潮汐而上升，最重要的一点是要确保每一个人都待在某一艘船上。收入水平的差距也得到了进一步改善，因为古吉拉特的繁荣的表现形式大多是"公众福利"——道路、电力、水利、教育、就业，这些都是旨在惠及全民的发展项目中不可或缺的部分，并不仅仅惠及那些生而富裕的少部分人而已。

根据莫迪的计划，首先要关注农业和制造业，这些是古吉拉特的传统优势，然后才关注技术，再到金融，从而确保进步能建立在广泛并平等的基础之上。许多批评古吉拉特模式的评论者都忽视了这一关键。

莫迪的潘奇拉特计划的第五根也是最后一根支柱是罗刹沙克蒂，即安全问题。基础设施提供的公众利益提高了人民生活的繁荣和品质，它们也在其他领域产生了影响。这些附加利益中最重要的一点是，古吉拉特在12年内没有发生过1次动乱。现在无论来自哪个族群的人们每天都照常生活着，心里不再怀有恐惧，过去他们却曾因为恐惧而举步维艰、寸步难行。今日的古吉拉特，与2001年10月莫迪从克苏布哈·帕特尔手中继承过来的那个种族隔离的火药桶，二者根本不可同日而语。

劫后余生 12 年后，对于那些依旧生活在闭塞的、隔离的社区里的许多穆斯林而言，生活中的每一天都是挣扎。然而大规模暴力的阴影已经散去，与此同时，政府不再对任何一个公民抱有偏见，这一点严格地遵照国家的宪法执行。莫迪试图"盲目地"、平等地对待所有公民，对为少数族裔提供特殊待遇的请求视而不见，因为他认为他所做的正是他曾经的承诺：通过行动而不是话语来展示自己的世俗主义理念。

民间的和平与安定帮助了那些在过去的暴力动乱中曾不同程度地遭受了困难的穷人和穆斯林们。曾经，首当其冲的总是他们的家、他们的产业和他们最爱的人。由于有戒严令的存在，他们无法外出工作，因此他们是最严重的饥饿与贫穷的受难者。现在，部分情况有所不同，他们可以工作，可以进行正常的生活。随着这个情况的持续，紧张的气氛也进一步得到缓解，因为只要那里存在希望和机会，对邻居心怀憎恨和恐惧的倾向就会降低。

有些人指出："在莫迪清廉的形象和行政伦理背后，腐败已转入地下。"[50] 在印度，腐败将不会消亡，这一点是确凿不移的，古吉拉特也并不是一座安全岛。但古吉拉特存在的腐败情况比过去大为减少，其他邦或是中央的情况都要相形见绌，这一点有目共睹。

从某种意义上说，莫迪是幸运的（"我是个幸运的家伙"，他微笑着表示赞同）。在今天的印度，当选议员平均需要花费 1 亿 5000 万卢比。几乎没有哪位心怀抱负的政治家拥有这样的财富，于是他们不得不依赖于捐款，通常需要现金来帮助他们踏上前往人民院的道路。一旦他们抵达目标，这笔钱，以及沿途中收到的其他形式的恩惠，都必须连本带利一起还清。这就是滋生腐败的沃土与温床。

相比之下，莫迪从来不需要为了参加竞选募集资金，因为他自己从未考虑过成为任何政治职务的候选人。2001 年 10 月，莫迪在党的授意下出任首席部长，并没有经历为选举而战的过程。不曾接受任何恩惠和金钱的莫迪，也不需要对他人回报以感激，因此他的理念和原则得以完整地保存下来。他说："上帝给了我服务人民的机会，而不是服务莫迪的机会。"

莫迪似乎对积累个人财富方面不感兴趣。他的净资产在他连任的 2007 年时只略高于 400 万卢比，其中有 300 万来自他在甘地讷格尔购买的小房产，这也许是为了防止自己被赶出首席部长的平房而完成的一笔交易。2012 年再次蝉联的时候，他的财富已增长到 1300 万卢比，然而其中 700 万依旧来自于他那增值了的无人居住的房屋。[51] 他在银行存有 40 万卢比现金。比起其他的印度政治家而言，莫迪就是个穷光蛋。

在政治上存在金钱腐败和恩惠腐败两种，二者通常互为因果。自担任首席部长以来，莫迪就明确地表示自己两者都不能容忍。由于收受贿赂的行为属于严重违法，他假定自己周围的人都接受了自己的观点，并从此极少提及这个话题。然而当他党内或政府内的工作人员被曝有经济腐败问题的时候，他们就大祸临头了。另一方面，在过去的古吉拉特，权钱交易大肆泛滥，随处可见，不足为奇，因为那就是当地政府和政党处理事务的手段。因而莫迪在此事上的"零容忍"对几乎所有人而言都是巨大的冲击。这很快引发了仇恨和叛乱，并最终导致彻底的叛变。

宣誓就任为首席部长后不久，莫迪召集起自己的官员和立法者，告诉他们说，他们不应该找他提任何与工作毫无关系的要求，或任何不道德的要求。"你可以谈（印人）党的利益，但我不可能满足错误的要求。哪怕有重要的政治领导人找到了你，并试图影响你，都不要做任何违反伦理规范的事。"[52]

接下来他拜访了印度人民党在艾哈迈达巴德的总部，明确表示说自己——从某个重要的意义上说——将不再是他们中的一员。"你们应该支持我和我的政府，让我们贯彻和执行党的纲领，但不要带着不切实际和不合理的期待来找我。"[53]

对莫迪而言，古吉拉特的公民们现在成了值得他报以忠诚的人，这其实意味着朋友和党内同事的利益得到了升华。在这方面他就是如此毅然决然地行动着，可这震惊了他周围的人，并在一些同事的心里兴起了强烈的背叛感，以至于这感觉很快就进而凝结成仇恨。

莫迪就读政治学硕士时的老导师普拉文·谢思说："作为一名年轻的、充满活力的组织宣传干事，莫迪在党的圈子内很受欢迎，但他当了首席部长之后，在他本来熟悉的圈子里就不再保持这样的人气了。他不愿屈服，不想利用自己的职位来做任何不正当的事，这就是原因之一。"[54] 但是莫迪始终不渝地知道，如果他不选择这条艰难的道路,那么他的改革计划将寸步难行。它们一定无法避免被特权和腐败的流行文化拖垮的命运,而这种文化已经渐渐吞噬了印度的政界和民间。

谢思还说,莫迪"对那些求他帮忙办理不正当的事务的人说'不'的方式十分尖锐,很伤感情",他"甚至还会严厉地批评向他提出明显不合理要求的部长,有几次还当着不少来自沙驰瓦拉亚选区的支持者的面批评! 这些事情在以往的政府中闻所未闻"。[55]

那么对莫迪的治理和发展究竟该下何种定论呢? 古吉拉特的模式是神话吗? 修改过后,它可以适用于全国吗? 除了邦内生产总值增长、人类发展指数、保健、婴儿存活率和贫困标准等数据外,还有重要的经济自由原则,没有这一点,任何社会都不可以算是完成了彻底的进化。

弗莱泽研究院是一所加拿大智库,它通过一年一度的"世界经济自由"调查来测量全球所有国家的经济自由程度,2012年,在对全世界144个国家的调查中,它把印度列为第111位。2005年,在国大党领导的第2届团结进步联盟政府击败了全国民主联盟、入主政府之时,印度的排名是第76位。印度在错误的道路上渐行渐远了。[56]

与此相反,古吉拉特在全印度所有邦内的2005年经济自由度排名中位居第5。而2012年古吉拉特则名列第1,比哈尔是最后一名,其上是西孟加拉。[57]

第四部分　未来

10. 现在，总理吗？

> 我很幸运，因为我不属于德里俱乐部。我的情况就是这样，我真的不属于德里俱乐部。我是属于广大人民的。
>
> ——纳伦德拉·莫迪

2006年9月，一名党员匿名向德里印人党总部的记者萨巴·纳克维传话。他对她说："我们只是在静待时机，直到真正的领袖可以接管、收拾这一个烂摊子，纳伦德拉兄弟是唯一可以拯救我们的人。"[1]

在悄悄地承认印人党需要莫迪"收拾烂摊子"的7年之后，莫迪被宣布为印人党的正式总理候选人，此前数月内，在他被任命为印人党2014人民院选举委员会主席之后，人们对这一结果已经做了数月的猜测。因此，2013年秋天，印人党眼睁睁地看着自己的党员打破了一条重要的规则——任何党员都不应该同时持有两个职位，并且打破常规的行为不仅出现了，而且是两次，施事者正是已经拥有了首席部长职位的这位先生。随后，拉杰纳特·辛格被任命为新的竞选主席，这又一次打破了一人一职的规矩，因为他依旧是印人党的书记，莫迪毕竟不能自己为自己助选吧，这就是原因。在印人党的核心里，有些基本的东西已然发生了改变，这一点确凿无疑。

莫迪必须与寸步不让的整个系统战斗，这个系统一如往常地不信任标新立异者和自由思考者，他们的工作不仅缓慢，而且总是琐碎至极、吹毛求疵。

印人党内反莫迪的阵营盘算说，如果一切进展缓慢，那么最终在2014年的人民院投票中，莫迪将只能获得勉强够数的选票，这样他们就可以形成一个仅仅稍大于国大党领导的团结进步联盟的联盟，从而能在权力的跷跷板中保证最小的倾斜，并确保德里的一切事务能够照常进行。

此外，如果能在人民院里赢得超过200个席位，就意味着能确保印人党和它投票前后的盟友们赢得大获全胜的局面，可是他们却对这个挑战视而不见、装聋作哑,因为那些"世俗的"政治盟友更愿意接受一个诞生在妥协的环境中的总理候选人。

在之前一次大选中落败的阿德瓦尼现在已经86岁了,但他依然能看到政治复兴的可能。莫迪的地位上升后,人们尊阿德瓦尼为导师,一位评论家说得好,他完全可以主动在这个角色上做好自我定位,不需要假他人之手。虽然人民卫队在候选人的问题上已给莫迪送上了一臂之力,但阿德瓦尼依旧不停地对莫迪赞誉有加,因此人们便加倍地赞赏这位老者。同时,印人党的最高领导人——包括苏实玛·斯瓦拉杰在内——也在莫迪的领导下形成了统一战线。

特立独行的政客和律师拉姆·杰特马拉尼指出:"在印度有许多人对王朝的传承是如此习以为常,以至于当具有真正民主精神的竞赛得以开展、民主的传承得以进行时,他们却将其视作一个巨大的畸变,或是政党运作不正常的标志。"[2]

印人党内"安静的"争权夺利的方式,与美国强劲的初选、英国的政党投票都不相同,但就谁将引领政党走入2014年大选这个问题,民意调查到底还是给出了答案。

有人说,印度的选民通常使用投票来反对他们不喜欢的候选人,而不是使用投票来支持他们喜欢的人。这有利于那些最温和、最不具攻击性的政客,而莫迪这样的人物通常就难免被排除在外。人们还说,"印度的选民不喜欢雄心壮志,他们更倾心于那些轻言放弃的人",这种情况对2009年的阿德瓦尼十分不利,因为当时的他为自己塑造了一个显然是全印度最强干的总理候选人的形象。[3] 进行这样的推理就意味着,一旦人们部分相信了媒体对莫迪的描绘,那么他很可能要因自我推销的行为而一败涂地。然而,又有迹象清晰地表明,与历史相比,2014年将是一场大相径庭的大选。

印人党选择了莫迪,这显示出他们策略上的一个变化:不同于坚守更安全的消耗式的阵地战,无论进退都不过咫尺之间,这一次他们向国大党发起了骑兵式的大胆的冲锋。我们可以把这看作是一场年轻的、乐观主义的,抑或是迫不及待的革命,也可以是印度人民渴望改变的标志,当然,政治家们未必如此。同时,这次大胆的行动还是印度政治重心从德里中央向诸邦偏移的标志。

曼莫汉·辛格博士虽然从未赢得过人民院的席位,但他蝉联总理却已有10

年，1999 年，他在德里南部加入了角逐并以失败告终。身处西海岸的莫迪也从未获得过人民院的席位，但他担任了 4 届首席部长，任期超过 12 年，并在 3 次邦内大选中获胜。在民主合法性的问题上，谁更有发言权呢？在此期间，古吉拉特实现了发展，而国家却在向后滑，忠于王朝而不是国家的曼莫汉·辛格只是待在自己的位子上默默地注视着自己此前推行的经济改革土崩瓦解。2013 年 9 月，辛格访问美国，当时的共和党人正为了预算上限和公共服务领域陷入停顿的问题与奥巴马总统吵得不可开交，于是印度就流传开了这样一个笑话，说辛格博士一到美国，连美国的政府都因此关闭了。

无论印人党在这一场紧张的、两极分化的竞选中支持怎样的政策，都正中好斗的莫迪的下怀。国大党至今未能意识到（又或者意识到了），给穷人提供免费的食物并不会消灭贫困；印人党对此显然也毫无意识，因为他们于 2013 年在人民院为食品安全法案（FSB）投了票。根据官方的预算，食品安全法案将耗资 1.25 万亿卢比，甚至还要额外加入基础设施、仓储和物流费用，国库实际可能要付出的至少是这个数额的两倍。政府计划要给全印度 12 亿人民中的 8 亿人口派发米粮，而这些粮食中的大部分将面临的，是发放错误、被盗，或被搁置直至腐烂的命运。[4]

除此以外，评论家们指出，穷人最需要的根本不是粮食；要终结营养不良的情况，饮食中必须包括牛奶和蔬菜，可许多贫困的印度孩子从来就未曾尝到过牛奶和蔬菜的味道。相比起分发廉价的小麦和大米来，创造一个环境卫生、关注保健和饮水清洁的生态系统，这才是解决印度营养不良问题之所需。

2013 年 5 月，据卡纳塔克邦的一次邦选前的 C-Voter 公司民调显示，62% 的选民支持莫迪成为总理，但只有 25% 的选民希望印人党在邦内重新执政。[5]

选民们并非虚张声势，后来，国大党在卡纳塔克邦内以绝对多数的选票超过了印人党。人们普遍认为，对莫迪当选为总理的恐惧是印人党失败的元凶，当然，邦内的选举取决于当地的事务，这一点也是常识，另外，虽说印人党是在野党，而且 B.S. 叶犹帕拉从印人党中又分裂出了一个新党——这切掉了印人党的部分选票，可是国大党的选票份额也仅仅增加了 1% 而已，这一点也是路人皆知、无法回避的。

莫迪党内的对手们开始争辩说，只有在定于2013年11~12月召开的5个邦的选举结束后，莫迪才可以被宣布为（如果有可能的话）总理候选人，因为如果党的表现一塌糊涂，那么莫迪的名誉也将因此受损。然而每一次民调的结果都显示：作为国家总理的候选选择，莫迪遥遥领先，而且他还有可能显著地提高印人党的人民院座席记录。

现在，第16届人民院选举成了一种退而求其次的行为，是总统模式的选举。资深编辑M.J.阿克巴这样写道：印度人民迫切地期待一位果断的领导出现，"如果英迪拉·甘地夫人在今天寻求连任，那么她必将赢得400个席位"。[6]

这说明，在当下，性格比意识形态更重要。不过诸如莫迪这样的性格——直率、果断、好斗——真的是人们之所需吗？莫迪肯定会为印度带来一位果断的领导人，很多人却恰恰不免为此担忧。这确实给当前德里的精英们敲响了警钟。

英国作家弗雷德里克·福塞斯几年前曾指出，左和右是过了时的标签，是20世纪劳动和资本之间冲突的遗迹，不再适合在21世纪的科技新时代里充当指南针或定位点。因此福塞斯争辩说，一个新的局面将会从日益溶解的旧的战线中浮现出来，其中，右翼和左翼的激进分子之间的共性，比起他们各自与各自党内的保守派之间的共性，还要更胜一筹。

如果说自鸣得意的国大党和印人党中满是不想做任何改变的保守派，那么莫迪呈现给大家的则是一个妄图对国家进行改造的激进分子的形象。他的行政管理方法将官僚机构最小化、将治理最大化，这在政治上可能具有一定的吸引力，特别是对年轻人而言。这是一个新的构想，它，以及它在古吉拉特取得的成功，在很大程度上促使人民发出了让莫迪成为领袖的呼声，这个人物孰好孰坏，只有时间才能做出评判，但他与当前重大政治调整的需要不谋而合。

如果福塞斯是对的，那么既然莫迪能吸引来自每个阵营（包括穆斯林）的改革者们的支持，也能招到来自所有政党中的保守派的反对，时不时也包括他自己的政党，这真是十足的讽刺。反对莫迪的理论家们是否把自己视作自由主义者，是否相信他们是少数族群唯一的守护者，这一点根本不重要，因为政治本身做出了调整，它开始同新的权力端结盟，也吸收了异于常规的理念，因此那些"是否"也不过就是当前许多矛盾中的一条而已。

在每一种政治形态中，都能看到那些追求剧烈变革的人们的身影，因为无论大家的信仰是什么，人人都能意识到没有哪一个政党是完全正确的，都能意识到体制本身必须为了更好地服务于这个国家而经历变革。我们或许更应该将这些人称为亲印度分子，而非亲政党分子，这也就是为什么，比起政党而言，某些独立的政治人更加且越发受到人民青睐的原因之一。

印度越来越厌倦意识形态间的争吵和互相指责，因为它们只能导致淤堵和停滞。相反地，印度的年轻人渴望一种彻头彻尾的改变，而这种改变威胁着政党们手握的每一项既得利益。年轻人也许无法如愿以偿了，除非领导们打破政党的界限，唤起足够多的选民的热情，使他们能摧毁隐藏在联盟背后的种种算计。2013年12月，由阿尔温德·科日瓦尔带领的印度平民党在德里邦选中的成功，标志着印度拥有了一种新型政治，还有新型的政治家，它们吸引着人们的关注。

只吸引人口中极有分量的一小部分人就能收获立竿见影的竞选效应，这就意味着，在最近几十年内，选票库政治放慢了政治和社会进步的速度。莫迪是这样向我解释他对选票库的看法的，这也许是他第一次公开对此做出内容详细且篇幅较长的解释，他的话风依旧极具特色、十分朴实：

在印度，我们有平均60%的投票，并不是100%的人都参加投票。在这60%的人口中，如果你想赢得选举，只需要30个百分点，如果有四五个政党参加，那么你只需要获得25或26个百分点。因此，在100个百分点中，只获得了25或26个百分点的这个人就可以执政。在这种情况下，选民在他的眼中分成了两组。他总是认为我必须照顾这26%的人。无论政府提供了什么好处，都会分给这26%的人。无论他将带来什么计划，他都会为这26%的人服务。

出于这个原因，有约75%的人没有得到任何好处。由于票仓成了政治的基础，所以它并不代表整个国家。那75%的人就总是被遗忘，所以我反对票仓，不过这个和宗教毫无关系。我反对票仓政治，并且，我想说，凡投票给你的人，都不仅仅是因为你本人而投票给你的，你也不能只为他们服务。你是民主制度的一部分。所以你为那些投票支持你的人们工作，但你也应该为那些没有投票给你的，甚至还有那些根本没有参加投票的人们服务。你必须照顾100%的人。

"热拥"是个热词，随着选举临近，它的出现越发频繁，因为竞选活动必须传达出乐观的信息。如果选民选择莫迪，那将并不是因为他们喜欢他，而是因为他给他们自己的人生和未来带来了安全感。

矛盾的是，正因为莫迪一直被刻画为一个"有争议的人物"，他才有可能成为那个号召起足够多选民、使选票接近30%~35%的份额的人，这个份额是个标志，在未来，选票政治可能因为它的出现而遭遇边缘化的命运。英国的撒切尔夫人就是这样的一个人物，她在保守党内上升到领导职位，这招来了她自己党内的强烈反对，连她的政敌也嘲笑她。可是，1979年，她以绝对优势赢得了胜利，带着43.9%的选票问鼎。这永远地改变了英国的政治地理。

卢舍·夏尔马在他的《突破国家》一书中提及了国家要打破特殊经济基准所需要的条件。让我们把这个类比做一个延伸，莫迪也需要化身为打破旧的选举趋势线、设定新规矩的"突破性领袖"。

莫迪勇于承担责任的性格是他本人的一部分，并且，正如我们已经看到的，从小到大他一贯如此。让我们最后一次对这个性格中究竟包含有什么内容进行一个观察，这可能有助于我们理解在将要到来的选举以及选举之后可能会发生的事情。

人们对莫迪所做的每一次观察最终都不免要回到2002年的浩劫，并以此作为他的人格和政治理念的确凿证据。最初的证据表明那些针对莫迪的指控可能多少有点儿道理。出于政治的原因，也允许了一定夸张的成分。指控多如牛毛，而且关于2002年的大部分指控的内容都是雷同的——暴动一概被打上了"莫迪大屠杀"的标签。在民族卫队以及后来在印人党的梯队里，他一步一步地往上走，喧嚣的、愤怒的、年轻的印度教徒主义运动控制着那个时代。那是后巴布里清真寺时代，当时的印度孕育了一代宣传干事，他们为印度教在国家生活里遭遇了边缘化的待遇而感到愤怒，为他们视为印度的真正身份的印度教的未来而感到恐惧。那时候，L.K.阿德瓦尼还是个目光锐利的强硬派。

在这段岁月里，全国四处骚乱频发。社区之间因此诞生了挥之不去的怨恨。来自印度以外的紧张情绪又增加了内部的紧张。在穆斯林世界里，伊斯兰激进势力正在崛起。有伊朗革命后霍梅尼领导下的什叶派，还有出现在苏联入侵阿富汗事件中的逊尼派，后者的身影在科威特的解放过程中、在美军对神圣的阿拉伯领土施以暴行时也曾有出现。瓦哈比教派也在前进。

这就是莫迪展开工作时的政治背景，几乎一切都逃不开媒体的雷达扫描，这时候，20世纪90年代的印度经济改革还没能真正开始带领国家走向现代化。同样也是这时候，印人党还不曾问鼎中央，还不曾领会除了单纯"反对"以外，"治理"的真正含义。

但是，暴力不仅是个人行为，它逗留在各个组织中，并最终在全国范围内落脚。1984年，在继英迪拉·甘地遇刺后发生的德里锡克教徒大屠杀中，这一点真是一目了然。不仅是警察，连国大党的政客们都鼓励并积极地参与到杀戮之中。在暴行发展的整个过程里，官方并没有部署可以与之对抗的警力，浩劫发生后也几乎没有试图进行调查，或主持正义。这说明，无为而治，有时往往就是最令人发指的暴力。

同样，莫迪接管的古吉拉特政府也是个变态的机器，当然它还并不太极端。包括警察和政府在内的当局也饱受公众仇恨的浸染。这是长期作用的结果，是自苏摩纳特圣殿被毁以来又发展了千年的结果，也是1969年最近一次发生的公众骚乱的结果。穆斯林屠杀印度教教徒的戈德拉暴行点燃了2002年的动乱之火，然而如果人们仅限于阅读英语撰写的报道的话，对这一点一定几乎一无所知，比如有许多对2002年的浩劫有所耳闻的身处国外的人，却居然从未听说过戈德拉事件。

总之，在做过深入浅出的调查之后，一切对我而言都显得一望而知、格外分明，无论多么公平的怀疑都无法改变事实，那就是：莫迪已经竭尽全力地尽量阻止、减少暴力行为，然而这样的他却依旧面临着来自数个方面的阻力。这些阻力源自他自己的党、自己的政府，也来自国大党和媒体。尽管有许多指控直指莫迪，但我们也已曾多次引用官方的判决、报道和调查，它们都证实他确实无辜，在此重申我的观点也仅仅是与这些判断做出个简单的呼应。可是，尽管如此，莫迪却仍然不得不忍受前所未有的宣传攻势，在长达十余年的时间里，有人试图要拿出所发生过的一切来指控他，这一事实无人可以抵赖。各种反对莫迪的声音之间也可能互相冲突，其中也包括那些认为他在2002年的动乱中哪怕称不上同谋，也可谓玩忽职守的人，但即使抛开人们对莫迪持有的各种个人意见不考虑，这整个攻击的场面也未免太过欺人太甚。M.D.纳拉帕特对此做了一个简明的概括：

在莫迪12年的执政生涯中，曾经有过这样一个6天，这6天见证了横扫古吉拉特的浩劫，印度教教徒和穆斯林都各有死伤，然而却还有这样的一个计划，它苦心经营，企图用12年中的这6天来定义莫迪。……尽管人们指责他在阻止动乱发生方面缺乏成功，然而事实情况却是，事情发生得如此之迅猛，致命的程度如此之严峻，以至于人们不免怀疑，是否真会有别人能比他做得更加出色。那时的莫迪在自己的新职位上刚刚坐了一两个月。可他却明显从这次经验中吸取了教训，因为从那以后，古吉拉特再也没有出现过一次公众骚乱，再也没有任何一个人——无论男女——因为公众仇恨的疯狂而丧命。

可惜，即使是纳拉帕特也做出了这样的假设——认为最严重的骚乱持续了6天，但事实其实绝非如此。一切开始于戈德拉事件后的那一天，那是2月28日，到了3月2日，局势基本得到了控制。莫迪对我说，大家似乎总忘了2月只有28天，没有31天，因此他们就倾向于无意识地延长血腥冲突的持续时间。当然，3月2日之后，动乱之声依旧不绝于耳，但军队已经进驻在大街小巷里。与德里的屠杀截然相反，到那时为止，虽然部分警察自己也加入了骚乱——这是他们的老传统了，但对正义的伸张已在执行中。

同时，莫迪保证了证人的安全以便他们事后能够对虐待自己的人发起指控——他们通常是移民到古吉拉特的目不识丁的穆斯林，这件事的意义十分重大，可莫迪却从未因此受到称赞。常常有人指控说他的政府对目击证人施加了压力，然而就他的政府保护了证人的人身安全这一点，他们却不可能提起指控，因为有大量活生生的事实可以为证。这再次向人们阐明了一点：关于2002年的辩论已沦落为既得利益者的工具！

K.P.S.基尔在他出版的自传《最高警察》一书中，为莫迪在2002年动乱间的行为进行了辩护。他说："在法律和秩序存在的情况下，有责任及时做出反应的应该是警方的领导，而不是政治领导。"[7]这话当然明显出自一个警员的视角。不过，难道莫迪不应该是全盘负责的首席部长，并最终为警方负责吗？

基尔强调说："莫迪当时就任首席部长才一两个月，尚未完全控制政府和警方，形成这样的控制需要时间……根据我在古吉拉特的亲身经历，我可以肯定地说，古吉拉特的暴乱不是纳伦德拉·莫迪先生的失败；相反，它们是古吉拉特邦警方的失败，同时，它们也恰恰符合那些暴乱发生时拒绝向古吉拉特施以援手的邻邦的心意。"[8] 基尔同时发出了正式的声明，说在2002年的浩劫过后，将他请至古吉拉特的人正是莫迪，而不是人们通常认为的联邦政府。

对莫迪在2002年所犯罪行的程度的描述，存在着许多大相径庭的版本，种种描述不一而足，没完没了。可是经过了12年最彻底的调查之后，其实连一张控告莫迪的第一信息报告或控告记录都未曾出现，这说明那些现存的证据根本不充分。有一些人已被定为有罪，其中包括莫迪身边卷入动乱的部长，还有国大党员。然而法庭监督的调查依旧在继续，希望能够为悲剧的受害者们结案。

古吉拉特在莫迪的领导下享受了长期的和平，这是源于莫迪对穆斯林的威胁吗？所以他们无奈地陷入了沉默？还是说，情况已经得到改善？因此到了2012年邦内大选时，据说有25%的穆斯林都把票投给了他。

距离莫迪第三次在邦选中大获全胜不久，印人党在2013年的补选中从国大党手里夺过了6个席位，只有穆斯林选票才能促成这一丰功伟绩。同样，在穆斯林占多数的8个古吉拉特的席位中，有6个以印人党为代表。然而，莫迪明显还想要把穆斯林吸入到议会中去，一如他对当地的公司所做的那样。

M.J. 阿克巴指出："穆斯林相信他们帮助国大党赢得了两次大选，然而他们收到的回报并不是工作的机会，而是包裹在廉价的修辞言论中的幻象。人们发现，纳伦德拉·莫迪的政府雇佣的穆斯林比孟加拉的还要更多，这则发现对他本人并没有多少帮助，但肯定打击了孟加拉的左派。"古吉拉特邦公共服务领域里的穆斯林的人数其实仅仅反映了他们在人口中所占的组成。既没有保留，也没有特殊待遇，这符合莫迪人人平等、不偏不倚的哲学。

阿克巴总结道："现在穆斯林都知道，工作在莫迪的古吉拉特的每一个警局里的穆斯林的人数，都比国大党掌握下的任何一个邦多得多，甚至还超过了穆拉亚姆·辛格的北方邦。"[9] 他说的情况属实，不过，古吉拉特的穆斯林的生活，确实和他们理应拥有的生活一样美好吗？

2011年，最高法院接受了特殊调查小组判定莫迪在古尔伯加社区动乱中无罪的报告，这之后，莫迪便启动了一系列亲善的斋戒，这是他和解的表现。

2013年12月26日，城市法院支持了特殊调查小组的报告，果断地拒绝了扎

奇娅·贾弗瑞反抗该报告的请愿,在这之后,就在判决下达的第二天,莫迪这才在博客中敞开了心扉:

> 戈德拉火车燃烧事件发生那天,我曾向古吉拉特人民发出呼吁;我热切地呼吁和平、呼吁克制,因为只有这样才能确保无辜的生灵不至于遭受风险。在2002年2~3月的那些致命的日子里,我也反复地在我与媒体的每日互动中重申同样的原则;我公开强调政方的意愿,强调政府的道德责任,希望能够确保和平、伸张正义、严惩一切暴力的罪行。从最近我在亲善斋戒中所说的话里,你们也能听出我强烈的情绪,我在斋戒时强调过,这样悲惨的事件并不能让我们放弃文明的社会,其实它们也让我自己深陷痛苦。
>
> 然而,仿佛这一切苦难还不够,又有人控诉说我要为我心爱的人、我的古吉拉特兄弟姐妹们的死亡和苦难负责。被控犯下了那些撕碎了我自己的罪行,你们能想象到我当时心中的混乱和震惊吗?
>
> 暴力当前时,古吉拉特邦的政府做出的反应,比这个国家在过去任何一次暴动中所做出的反应都更迅速、更果决。昨天的判决将一个史无前例的调查过程推向了终结的高潮,这片土地上最高级别的法院——光荣的印度最高法院,密切地监控着这个调查。古吉拉特长达12年的审判之火终于要燃烧殆尽。我终于感受到了解放,感受到了和平。

2013年10月27日,星期日,莫迪出席的比哈尔邦巴特那的汗卡集会被安放了16枚炸弹,其中数枚被引爆,导致多人死亡,更多人受伤。尽管事先已经有人提醒首席部长尼蒂什·库马尔,说恐怖袭击很可能将要发生,[10]但他却没能为这个活动预备足够的警力,或者说根本就没有布置任何警戒,尽管他有数十万的子民将要参加这个活动!来我的邦,冒你自己的险吧,这仿佛就是库马尔想对他的老对手传达的信息。

巴特那集会是对莫迪性格进行的一次测试。虽然在他到达集会地点的几分钟之前,炸弹被瞬间引爆,但莫迪却依旧沉着稳重地发表了一篇有力的讲话,他在讲话中敦促印度教教徒和穆斯林与贫困展开斗争,而不是彼此斗争,演讲结束后,他又再三确保大规模人群能得到安全解散。几天后,他亲自拜访了爆炸死难者的家庭。

莫迪在全国各地的集会吸引了大批听众,人数之多,竟高达数十万一场,这在近些年内前所未有,而且大部分听众都付费参加,和大部分付费请听众参加的政治宣讲相比,这分明是个逆转。然而就在他召开巴特那集会的那一天,《纽约时报》的"星期日评论"发表了一篇对他充满了极端敌意的文章。除了其他的指控外,文章还声称古吉拉特的穆斯林深陷贫困,其程度远胜于其他任何一个邦。这种仇恨并不难理解:美国担心莫迪会成为总理,因为莫迪与国大党不同,当巴基斯坦为保护华盛顿在阿富汗的利益而对印度不利时,它们可不能指望莫迪对巴基斯坦报以与国大党同样的宽容。

但对那篇关于古吉拉特穆斯林的贫困问题的文章,我们必须认真地加以审视,此举势在必行,因为它将解决"莫迪在10多年内,是否带来了邦内的发展"这一辩题。有这样的一则逸事曾发生:一名记者对话莫迪,问他为穆斯林们做过什么。

"什么也没有。"这是莫迪的回答。
记者大为震惊:"所以你承认了吗?"
莫迪说:"你得问问我为印度教教徒做了什么。"
"你为印度教教徒做了什么呢?"
"什么也没有。我的每一件事都是为古吉拉特人民而做。"

但如果古吉拉特邦的穆斯林并没有真正享有相当的进步,没有被包括在整体的繁荣中,那么莫迪关于"包容性"的一切提法在某种程度上都将一并沦落为空话,也许连他全部的其他理念也都是空话了。正如他明确表示的那样,他为造福穆斯林所推行的实际举措,应该要比为2002年的浩劫所做的任何致歉的话语都更加响亮。

国家抽样调查办公室(NSSO)发布的数据以田杜卡委员会划分的贫困线为基础,这也正是《纽约时报》引述的内容:

据数据显示,1999—2000年,古吉拉特邦的穆斯林的贫困水平处于39.4%,

而 2009—2010 年，该数据依旧是 37.6%。考虑到印度在这段时间内的发展，这个数据令人震惊、十分异常，是个显著的非常规值，然而却似乎没有人对此提出质疑。古吉拉特穆斯林的命运没有彻底得到过改善，当古吉拉特的整体贫困线从 2004—2005 年度至 2011—2012 年度降低了 47.8% 的时候，相比起来，他们的生活质量竟然在同期内经历了一次灾难性的滑坡，这无疑是对莫迪政策的最灼热的控诉。

实际情况是，国家抽样调查办公室早已重新发布了一套新的 2011—2012 年度数据，据该数据显示，与同期的国家平均值 25.5% 相比，古吉拉特内低于官方贫困线的穆斯林人数不过区区 11.4%。[11] 它的这一优秀表现在全印度所有邦内排名第 5。古吉拉特农村地区的贫困线下的穆斯林比值只占到 7.7%，几乎是全国最低。他们的贫困值每年下降速度为 7.6%，而不是最初的那份 10 年数据所反映的 0.18%。[12] 这说明，真相与《纽约时报》公布的信息恰好截然相反。

这意味着古吉拉特最贫穷的穆斯林的人数仅在两年之内就骤然下降了 26.2%，由 37.6% 下降至 11.4%，因此之前处在贫困中的 2/3 的邦内穆斯林已迅速地跨越了田杜卡线，并且是在经历了 10 年的停滞之后。莫迪是否为此四处奔走，成箱成箱地布施卢比？抑或是 2009—2010 年的高预估值并不准确呢？

确实曾有人质疑 2009—2010 年 37.6% 的数据，但质疑之声却几乎无人关注。在最近的一篇文章中，[13] 哥伦比亚大学的阿尔温德·帕纳格里亚和维沙·摩尔教授发现，在莫迪任首席部长的期间内，古吉拉特穆斯林的贫困水平持续下降。他们使用了不同的研究来源，撒开了一张比国家抽样调查委员会更宽大的研究网络，结果发现，古吉拉特位于贫困线以下的少数裔穆斯林的人数占比呈下降趋势，"于 2004—2005 年，在农村地区是 23.3%，在城市区域是 27.7%。"[14] 这些数据在极大程度上"扯平了曲线"，因此它们更加符合古吉拉特其他领域内的同期发展数据，证明穆斯林贫困问题的降低速度确实略高于平均值。

为什么这一点几乎无人关注，为什么人们只盯着 2009—2010 年的数据的表面价值呢？

2012 年 12 月，苏尔·S.巴拉写了一篇名为《莫迪的测量》的文章，发表在《印度快报》上，该文对莫迪进行了犀利的批评。其线索正是国家抽样调查委员会所提供的 37.6% 的古吉拉特穆斯林贫困值。作者说："包容性是善政的另一个词，而善政通常意味着均衡的增长。"接着他又说道："对于总理一职而言，有一则观点能得到包括竞争者在内的所有人的尊重，那就是总理的最佳人选一定必须是那个能够带来最全方位的增长的人。"然而尽管莫迪确实给古吉拉特带来了增长，巴拉却又补充说："这样的增长既不均衡，又欠包容。即使得到 2010—2012 年这最后两年间的数据也无济于事，不可能改变任何结果。"[15]

对于莫迪 2001 年主政古吉拉特以来的表现，这份分析代表了一种传统的看法，即他发动了一场无情的资本主义扩张，摧毁了穷人，尤其是贫穷的穆斯林，最糟糕的是，这就是他的目的。因此莫迪便不配做总理。

当国家抽样调查委员会把 2011—2012 年的数据改为 11.4% 时，巴拉又写了另一篇文章。他在 2013 年 10 月的《印度快报》上承认："今天，辩论的轮廓有所改变。"在体面地承认了自己的过失后，他又说，"古吉拉特的发展模式已受到越来越多的批评。有时，这种批评以幻想的形式存在"，这不仅来自迪格维贾伊·辛格——此人声称穷人的人数在莫迪的领导下实际增加了，也来自国大党的巴尔钱德拉·蒙戈卡——此人则在 2012 年声称有 31.8% 的古吉拉特人生活在贫困线下，虽然真实的数据至此早已公之于众，只有他所说的数据的一半水平而已。[16]

"随意篡改数据的情况比比皆是"，现在的巴拉对此表示赞同，当然他并不像帕纳格里亚表达得那么直接，后者说莫迪的意识形态上的对手"想要把佼佼者变成好人的敌人，并把胜利轻而易举地拱手相让给最差的人，可是这也并不奏效"。

某些人拒绝接受莫迪政权领导下的进步的证据，尤其是穆斯林的进步，这份抗拒看起来更像是与大众心中根深蒂固的 2002 年浩劫的印象产生了联系，而不仅仅是一种阴谋。有许多人就是无法相信莫迪会做出善举，尤其是以穆斯林为对象，因此他们就更不愿意接受利好的消息。但巴拉写道："如果我们把贫困的减少程度和贫困水平结合起来看的话，就能得到一个初步的结论，即'古吉拉特发展模式'的表现远胜于其他可供选择的大部分模式。"[17]

扎法尔·萨拉斯瓦拉遭到指控，有人说他身为穆斯林，一度也是名猛烈的批评者，却居然向莫迪"投降"。此人现在拥有一家生意兴隆的宝马车展厅。他这样描述莫迪领导下的穆斯林的情况：

天课（穆斯林的义务税）是衡量一名穆斯林财富值的最简单的指标，因为你的天课支出源于你的财富值。天课是你为穷人付出的钱，这基本上用来帮助穷人满足部分基本需求。假设今年我支付了2500卢比天课，你马上就可以推断出我的身家为10万卢比；假如明年我支付了5000卢比天课，这意味着我的财富也从10万卢比增加到20万卢比。古吉拉特的天课值年复一年地不断增加。事实上，你会发现全国50%的伊斯兰学校的天课都来自于古吉拉特，剩下的50%来自印度全国的其他地区。如果莫迪毁了穆斯林，那么他们的天课值应该下跌。但穆斯林的财富却在过去的10年里明显增加了。[18]

《纽约时报》随后发表了更正，承认它引用的古吉拉特穆斯林的贫困数字是旧数据。它同时承认，根据最新的数据显示，古吉拉特穆斯林的贫困水平有了显著的改善。

2002年以来，针对莫迪的种种偏见实际上帮助了莫迪，这真是最为有趣的讽刺。它们为莫迪提供了一层迷雾，方便他在迷雾的掩盖下对印度教徒主义进行修正或发展，若非如此，他的手段将永远不可能得到世界印度教理事会及其亲信的许可。

虽然他一直与世界印度教理事会进行斗争，但只要媒体继续诋毁他，联合家庭及其下任何一个组织就能为莫迪提供一把保护伞，给他带来大面积的支持。他们认为，如果他受到了自由派的严厉批评，那么他一定至少执行了自己的部分命令。关于莫迪对印度教狂热的描述，每在新闻和电视上被重复一次，都能钝化右翼势力对他发动的攻击，而他们的攻击着实为数不少。同时，如果不是左翼永远在谴责莫迪，"他自己的人民"——这些人的人数总是比大家的假设少得多——也永远不会允许他改变文化民族主义的意识形态，他的用意是要使之能够吸引包括穆斯林在内的广大选民。

矛盾的是，如果没有来自激进分子、非政府组织和部分媒体的谴责，如果索尼娅·甘地没有将他称为"死亡的贩子"，尼蒂什·库马尔没有将他称为"希特勒"，莫迪也永远不可能在艾哈迈达巴德恢复伊斯兰的古迹，比如西迪·萨义德格窗清真寺、摇塔和萨克吉·罗扎寺。[19] 同样，如果世界印度教理事会没有冲他发出批评的言语，他也不可能成功地组织起苏菲派的音乐节。

今天，"在印度，若没有媒体的帮助，一个政治家的生活是非常困难的。我只是一个特例，"莫迪说，"哦，媒体对我的抨击已经持续了13年，但我采取了这样的策略：让媒体做它自己的工作吧，我不会对抗的。让它们自得其乐去，我也将只专注于工作。然后我就继续工作。"

无情地被称为公共分子，这令莫迪可以以具体的、世俗的方式行事，而不需要在自己的意识形态的后花园里付出任何政治代价。当他成为首席部长时，联合家庭组织正在斗争，企图将艾哈迈达巴德的城市名改为卡尔拉瓦缇，以此淡化穆斯林的遗产文化。此举至今未遂。

不要同辱骂行为起冲突，这是莫迪考虑的方法。"我不在对抗上浪费时间。我从未为了辩论浪费时间。"他面无表情地说。此时的他坐在他那硕大的高科技装备的办公室内，桌上并没有成堆的纸张和文件。他又补充道：

无论过去人们说了什么，无论他们指控了什么，我都会坚持自己的想法。如果评论属实，我就得改善自己。我并不傲慢，我不反对他们批评我，我对他们的指控并不生气。无论他们在报纸中说什么，我都耐心地阅读。只要他们所说的与要事相关，都会引起我的重视，哪怕说辞是负面的。这就是我的方法。然后我想，怎样才能把我的缺点最小化，如何纠正自己呢？所有的指控都成了我的素材，所有的批评都是我的素材，它们帮助了我实现进步。

这样的做法，莫迪至今已经保持了十余年，他只在自己的犁田里耕种。尽管这个情况是如此的不同寻常，国大党或联合家庭却没有一丝察觉，因为他们太过忙碌，只顾盯着那具他们自己在对望的彼此间雕塑出的莫迪的雅努斯双面像。现在，作为总理候选人的莫迪给民族卫队带来了一个展望：这个国家也许即将掌握在它旗下的一名成员手中了！

右翼无法认同莫迪对印度教徒主义的软化，反之，他们对此应该也表示过反对，因为他们一直把莫迪当作自己的海报男孩。同样，左翼也不承认莫迪变得更加"包容"了，因为他依旧是个惹他们讨厌的人物，现在这份厌恶比起以往任何时候还要变本加厉。但普通选民也许对莫迪在古吉拉特的动作已有所察觉，哪怕他们并不确定那到底是什么，不过他们感觉到他可能拥有了一些可以贡献给国家的什么东西。

印度对印人党并不倾心，然而印度大片的土地却愿意赐给莫迪一次信任的机会。他的策略总是要和普通的、非政治的人们组成三角关系。他说："在一个民主国家里，谁是最后的审判者？最后的审判者就是选民。"他常常用这样的方法绕开政党政治，从侧翼包抄印人党和国大党。

莫迪经常重复地说自己是个"非政治"的首席部长。几乎没有人会从表面意义上理解这句话的含意。批评他的人们不明白他在说什么。因此当他说"我总是欢迎来自媒体的批评"时，这其实正是他真实的想法。莫迪已经做过计算，从全面来看，这有助于提升他的人气。"那些人向我扔石块，我把石块捡起，做成台阶，因此我就不断地向上走。在那些石头的帮助下，我向上，向上，再向上。"

对莫迪的中伤持续了10年之久，在这些中伤的背后有着这样的一则悲剧，那就是：国大党自始至终都知道它的做法缺乏事实依据。出于意识形态或选举的原因，它追逐着他，可是理由既非出自人道主义，也无关道德。

莫迪的批评者说他是个阴谋家，十分狡猾，觊觎的只有终极掌控。他们认为他就像亚历山大·蒲柏，饮下的每一杯茶都必佐以诡计。一名批评者说："他真正的目标是政治权力，只要他认为这条道路可以带领他通向要塞，那么他一定会无所不用其极。"[20]

现在关键的问题依旧悬而未决：莫迪是否会最终因为自己在2002年动乱中所扮演的角色而面临指控？

根据印度刑法第166条规定，他无疑犯下了玩忽职守的罪责。对此该如何处罚？1年监禁，或罚款，或二者皆有。非审判权限内可保释，可由1级法官交付审判不可和解。[21]

所以，这就是答案。非审判权限内，不可和解，可保释。整个竞选活动的设计并非旨在起诉莫迪，因为起诉不现实，但他们要诋毁他，这样他对德里那已经树立起来的秩序就不会构成选举的威胁了。

莫迪的"失职"——因为他没有主动做任何非法的事情，是唯一可能针对他提起的指控。大量证据证明，在几乎无法控制的大规模暴乱当前之时，莫迪的行动迅速且坚定，比起在他之前的许多其他政客的表现都更加出色。

对莫迪发起指控，这永远无法成为可能，但还不仅如此，哪怕真有人发起指控，也一定会被推翻。这也就是为什么，最高法院监控的调查在12年之后仍无法发现任何不利于他的具体事实，甚至连渎职的证据也不存在。

然而合理的疑虑却依然存在着。莫迪是否本可以做得更多些？他为什么没有为发生在自己监控下的恶毒的罪行道歉？为什么没能帮助一些劫后余生的穆斯林受害者完全康复？为什么在谴责曾在他的政府或政党中服务的、已定罪的暴徒时——例如玛雅·考德纳尼，不能更加严厉些呢？

2013年12月26日那一天，艾哈迈达巴德大都市治安法院对特殊调查小组认定莫迪在古尔伯加社区案中为无罪的结案报告表示了支持。扎奇娅·贾弗瑞提出的抗议请求被驳回。贾弗瑞说她将向更高级的法院上诉，但在加纳特法官的命令下，对桑吉夫·巴特等人所做的观察结果对她而言并不利好，这说明要在高级法院或者最高法院取得逆转的可能性几乎为零。

法院一直认为，关于桑吉夫·巴特出席了2002年2月27日会议的说法并不成立。它同时指出，没有任何一位上述会议的到会官员曾经给特殊调查小组提供过任何关于首席部长在该会议中做出了非法指示的报告。法院全然接受特殊调查小组这项调查的结果。

法院的判决对反复出现的关于莫迪的政府在应对骚乱时动作缓慢的指控也予以了否定。

特殊调查小组已经得出结论：为求得军队的帮助，从2002年2月27日起，邦政府持续不断地与中央政府进行着联系。首席部长和内政部长在2002年2月28日进行了会谈。邦内政部书记向中央国防部长发出了书面申请。由于国会被袭，军队驻扎在前沿阵地。40架飞机载着军事人员抵达艾哈迈达巴德。第一架飞机降落在艾哈迈达巴德机场的时间约为2002年2月28日夜里11点，最后一架飞机的机场降落时间为 2002 年 3 月 1 日夜里 11 点。军队中的数列纵队从艾哈迈达巴德出发，被派往受灾的戈德拉、巴罗达和其他地区。次一级地方官派出的物流保障和先导车辆也为艾哈迈达巴德举行的国旗游行提供了支持。法院观察到，特殊调查小组已对这项指控的内容进行了彻底的调查，因此它同意特殊调查小组的调查结果。

常常也有人指控莫迪实行独裁主义。运作中的古吉拉特像是个警察之邦吗？莫迪的对手们一直利用着一起发生在 2009 年的、对一名女性建筑师进行侵入性监视的指控，企图说明古吉拉特的政府对公民实施了非法窥视。这个观点中存在 3 个缺陷：第一，向政府申请保护的正是这位女士的家庭；第二，据说这名女士被一位受到指控（并被暂停职务）的印度行政机构（IAS）官员普拉迪普·夏尔马跟踪，而其实这位女士的家庭正是向此人申请了政府保护；第三，这位女性建筑师根本没有对监控发起投诉，甚至在事件发生 5 年后也并没有这么做。

可是，事实上，古吉拉特政府已被迫任命了一个由两名成员组成的调查委员会，专门负责调查关于 2009 年侵入监视事件的指控，这个事实本身已经向人们展示出政府在公众和媒体的意见面前是多么无奈、软弱，在超过 10 年的时间里，它一直承受着源源不断的攻击。政府本身也被某些人假设为有罪，直到它证明了自己的清白为止。

追逐莫迪并不是要为穆斯林伸张正义。一如往常，这不过就是政治，并因此也可以说是有毒的政治。之前莫迪被认定为是选举的威胁，不仅国大党这么想，整个政治精英阶层都这么想，因为他提出了一个与贿赂和资助截然不同的选择，而这两者，却是这个体系司空见惯的一贯伎俩。更重要的是，这是一个自己人对抗外来人的案例。当鲁琴斯的新德里那腐败的避难所遭到了威胁，那些依靠它的财富生活的人，以及那些依靠它的财富碎片生活的人，便紧密团结到了一起。

"1947 年后，人们期待对殖民时期的系统和法制进行重新审视，" M.D. 纳拉帕特这样写道，"相反地，一脚踏进了英国人的旧鞋（继而踏入了他们的房屋和办公室）的那些人很快发现，殖民地的法律和程序与他们的梦想之间的配合度堪称完美，而他们中的许多人私下里正梦想着能摇身一变，自己也成为英国殖民者！"[22]

在这个剧本里,国大党就是新的王朝,而萨达尔·帕特尔和圣雄甘地都曾说过,独立之后必须解散王朝,或至少必须将其改做新用,现在人们对他们话中的含义越发有了理解。[23] 从莫迪出现在他们的扫描仪下的那一刻起,他就成了这个新的王朝的威胁的化身,其中甚至包括他自己党内的一些人。他是这样的一个男人:一个穷困的男人,一个来自乡下镇子的其他落后阶级的人,他从不开玩笑,事事较真儿,因此必须不惜一切代价阻止他。

相比之下,作为总理的莫迪将不会在国防和外交政策中兜售,或提及"强硬的印度教徒主义":他的声誉早已抢先于他完成了这项工作。2013 年 9 月,他在哈里亚纳邦的雷瓦利的一次集会中做了演讲,听众里也有退役军人,值得注意的是,由于身兼总理候选人的新职位,他那针对巴基斯坦的鹰派言论已经开始有所缓和。[24]

警察和情报部门在古吉拉特发现了许多私藏武器、爆炸物和伪印度钞(假钞)的窝点,击败了超过 100 多起恐怖活动,这些活动主要发生在 2007 年之后,大多数诞生于恐怖团伙之手,其实警方在 2007 年以前还完成了更多严打的行动。[25] 大多数打击恐怖分子的行动都是合法的,然而其中有一些属于法外谋杀,又称为"虚假对抗"。"虚假对抗"是印度警方和情报文化的一部分,它指的是除了对恐怖分子和流氓(二者的身份通常大量重叠)进行官方调查、逮捕和屠杀外,还同时平行运行着由警察们操作的地下暗杀系统。

根据印度国家人权委员会报告,2002—2007 年,在印度有 440 起案件涉嫌虚假对抗,其中多数发生在北方邦,有 231 起;接着是拉贾斯坦邦,33 起;马哈拉施特拉邦,31 起;德里,26 起;安得拉邦,22 起;北阿坎德邦,19 起。[26]

2007—2009 年的统计数据已无从寻找,但从 2009—2010 年度到 2013 年 2 月,全印度共有 555 起这样的杀人事件。[27] 北方邦依旧高居榜首,有 138 起;紧随其后的是曼尼普尔邦,62 起;阿萨姆邦,52 起;西孟加拉邦,35 起;贾坎德邦,30 起。

在所有的记录中,有超过 1500 起警察和情报人员发动的谋杀。目前中央调查局(CBI)只调查了 18 例。当然了,这其中有 17 例来自古吉拉特,尽管全部案件中的大多数其实都发生在国大党控制的其他邦。[28] 莫迪说这些调查都有其特殊的政治动机。他把这些动机总结为国大党的狠毒，与此同时，那些在"活力古吉拉特"峰会中签署了谅解备忘录的投资者们则瞬间发现自己竟然成了税官恶意稽查的对象。[29]

即使警察们认为，哪怕他们的做法并没有维护法律和秩序，但自己到底是为政客们提供了服务的，可是犯罪就是犯罪。德里对古吉拉特的特殊关注开始于 2004 年，此前，据后来担任了古吉拉特邦附属情报局（SIB）局长的拉金德尔·库马尔说，有 4 名年轻人在涉嫌参与刺杀莫迪的恐怖阴谋之后遭到了射杀。[30] 其中 1 名是 19 岁的女学生伊什拉·贾汗，与她的 3 名同伴不同的是，人们认为她并不是三军情报局资助的虔诚军的成员之一（尽管随后披露的事件表明她很可能也是）。

负责此案的警官是副总长 D.G. 瓦扎拉，后来他因参与了另一起虚假对抗而锒铛入狱，当时涉案的是索赫拉不丁·谢赫，此人是虔诚军的密探，与当地惯行敲诈勒索的穆斯林黑手党有关系，2005 年，在他死后，人们在其住处发现了 40 台 AK-47 突击步枪。[31]

2014 年 2 月，中央调查局发出了第二张控告状，并在其中点名提及 4 名情报局的成员，包括特殊组长拉金德尔·库马尔，他们指控他参与伊什拉·贾汗案并犯下谋杀罪行。库马尔现已退休，但仍然对这份控告状发出了挑战，他公开说，那些针对他及情报局其他同事们发起的指控证据的"价值比刊发了它们的纸张的价值还低"。这句话被媒体广为刊载，中央调查局也同时继续追踪这个案件。

更重要的是，库马尔在他那广为流传的评论中还补充说，伊什拉·贾汗和她的 3 名同伴毫无疑问就是恐怖分子。这当然还不是案件的关键，法庭已经要求调查机构对这次导致了 4 人死亡的对抗进行调查，并判断对抗是否真实。

然而，中央调查局在古吉拉特展开的尖锐的调查似乎产生了一个不幸的后果，那就是它伤害了全印度的反恐决心和行动。中央调查局一心一意地追踪拉金德尔·库马尔。情报局说此举无疑在古吉拉特的警方间传递了一则信息，即他们应该把自己当成普通的情报人员来展开工作。其他地方当局的局长和警察们害怕瓦扎拉的命运变成自己的命运，也害怕受到像针对拉金德尔·库马尔那样的指控，因此他们拒绝接受国家情报局总部发布的行动命令，除非命令以书面的形式下达，而这当然不可能。

在接不到发起行动的命令的情况下,邦政府的警力部队在一定程度上甚至彻底中止了行动(也许同时中止了真实的和虚假的两种对抗),因为他们无法收到最新的情报。潜在的结果就是,恐怖主义的未来计划将不再面临阻碍和打击,因此说,正是这个局势引爆了印度圣战者埋藏在 2013 年 10 月 27 日、莫迪的比哈尔汗卡集会中及集会前后的那 16 枚炸弹。如果中央情报局听命于政治,那么安全隐患毫无疑问地将异常严峻。

莫迪强化了印度反恐和巴基斯坦问题上的立场,有些人对此却并不满意。纳拉帕特说:"自从 2004 年曼莫汉·辛格成为总理以来,华盛顿对德里的影响和殖民时期伦敦对印度首都的影响是一样的,举国上下都有这样的感觉。"[32]

然而,2014 年 2 月 13 日,美国驻印度大使南希·鲍威尔和莫迪在会面中强调了两个问题。首先,美国现在已意识到,莫迪在 2014 年 5 月底成为印度总理的可能性正在日益增加。在一对艰难的关系中,如果破冰之举势在必行,那么一定是宜早不宜迟。其次,美国与印度的经贸关系仍然是个至关重要的议题——2014 年 12 月,北约已从阿富汗撤军,因此对华盛顿而言,在此后的"后 2014"世界里,莫迪在巴基斯坦和国家安全问题上的强硬手段便不再是个重点问题。

2009 年人民院选举之际,作者塔维琳·辛格写了一篇绝望的文章,她在文中抛弃了印人党的旧式武装,并说其正在步入"可以称之为后印度教徒主义时期"的阶段,而此时的印度年轻人已不再对阿约提亚的故事感兴趣。因此她这样写道:"在印度人民党的面前摆着两条路:一条将带它直接踏进历史的尘埃;另一条却通向重生,这就要求它必须成为一个中右派的政党。"她认为,更强大的内部民主、削弱自己与民族卫队的关系,这应该成为重生的基石,只有这样,一个才华横溢的、不受过时的右翼印度沙文主义束缚的政治家才能屹立不倒,引导印人党走向胜利。

辛格这样写道:"无论旅行到哪里,我都会遇到那些对国家的政治领导人不满意的年轻人,因为他们认为领导们全都一样,'既腐败,又无能'。"

他们将票投给一个政党,那是因为它能为他们提供更好的道路、城市、学校、医院和工作机会。他们将票投给一个政党,那是因为它更不腐败,而且善于治理。印人党也可以成为这样的党，它所要做的，就是选择这样的一条道路——转变为现代化的党，它必须在2014年给我们提出一个更宏大的印度的理想，而不应该像国大党那样，依旧贩卖低级的、破旧的理念。[33]

尽管经济和政治动荡不堪，印度却依旧置身于巨变的风口浪尖，仍然充满了V.S.奈保尔口中的"为生活带来滋味的社会对立"，[34]以及为此激发出的更多的活力和激情。

印度将永远不会是个镇定、冷静、有序的国家，它无法成为瑞士、瑞典和加拿大，在气质上它更像美国——是一个喧闹、丰富多彩、极具想象力、敢于创新、朝气蓬勃的共和国。印度与美国一样，都深具多样性，怀抱了对宗教和商业的热情，最重要的是，它们都拥有自由。印度也有一部充满智慧的宪法。和美国一样，印度的多种信仰、语言、历史同时并存，和而不同，与此同时，它们还源源不断地继续被编入同一种身份认同的模式中去，这种包容的模式盘根错节、精致细腻，足以将自己所有的居民纳入其中。

在经济上，印度是被困在牢笼中的老虎，它来回踱步，冲着看守自己的人不断地咆哮。它所需要的，只是将自己从残存的封建思想中释放出来（穷人和弱势群体不可能为此遭到指责，而富裕者和特权阶级却难辞其咎），政府也需要经历重塑，不能再任由政客、官僚摆布，必须做到取之于民，用之于民。

印度的人民就是它最大的优势，他们年轻、精力充沛、乐观且志向远大。它的国内市场和自然资源深不可测，基本尚未开发，极少有人加以利用；它的农业急需灌溉和能源；互联网普及率仅为25%；各种规则可能仍然烦琐并低效。但这一切都代表着机会的到来，它们时刻准备着接受正确的领导者投来的青睐。

只有大约3%的印度人缴纳税款。我对这个数据并不确定，为此特向莫迪咨询。他说："对，而且其中许多人都是政府雇员，或者政府公共事务部门（PSU）和国有公司的雇员。"税基如此之小，这就意味着只要印度的繁荣稍有增长，只要有更多人跨过税收的门槛，开始为税收添砖加瓦，那么印度的公共收入就将收获成倍的增加。只要有10%的人口开始纳税，那么基础设施可用的基金就会急剧攀升——当然，如果它们没有被政客们侵占的话。他引用了其他一些亚洲国家的情况，它们的税收在国内生产总值中所占的比例都高于印度。

莫迪一直将中国和日本视为印度未来外交和贸易政策的核心。他于2011年11月对中国进行了访问,受到了热情的红毯欢迎。在为期5天的访问中,他与中国最高层的政治和商业领袖进行了会晤。在几个月之后的2012年7月里,他为期4天的日本之旅同样也能生动地说明这一问题:亚洲的两大巨人明确地做出了决定,于是印度政坛的重心便发生了偏移。

关于莫迪的演讲,有一则批评这样说:当他对国大党的失当的治理发起正确的攻击时,他却并没有提出一个可供选择的与国大党的主张不同的愿景,尤其是在经济方面。

与这则观点相反的情况是,莫迪一直都能清楚地表达自己的经济设想:经济必须是开放的、自由式的,基础设施、创造就业和金融纪律是主要关注点。这也就解释了为什么例如高盛集团这样的全球投资银行和例如里昂证券这样的券商,都在大选前的数个月内更新了他们的"印度故事"。"很简单,"伦敦的一位银行家说,"这反映了它们对莫迪重商的、果断的领导所表示的支持。"

那么莫迪的未来经济计划如何呢?

2013年9月13日,即莫迪被任命为印人党总理候选人的那一天,作者和编辑米纳兹·梅尔昌特在《印度时报》上这样写道:

> 印度巨大的消费市场使它像磁石般吸引着全世界。过去几年间,不良的治理和落后的立法让投资者们对"印度故事"失去了信心。就像口碑一样,信誉的建立也需要苦心经营,而要失去它却往往不费吹灰之力。
>
> 数个世纪以来,外国人利用印度实现了自肥。印度的资源总是为西方利益所用。现在,该是利用西方资本为印度谋利的时候了。开放的经济,坚定、公正、迅速的执法,可靠的税收制度,以及理性的监管框架,将可以吸引每年远超过1000亿美元的外国直接投资。
>
> 对于莫迪领导的新政府而言,解放(再次)缠绕在繁文缛节中的经济是一个重要议题。与此同时,政府还必须将我们的机构从过去9年中它们被迫承受的伤害中拯救出来。警察、行政和司法改革将给经济带来铁网般的支持,帮助印度成

长为现代化的国家，屹立于世界！

  印人党在拉贾斯坦邦、中央邦和切蒂斯格尔邦的 2013 年邦政府选举中大败国大党，这个结果与选民愤怒的情绪相映成趣。国大党溃败的程度，尤其是在拉贾斯坦和中央邦，可以成为 2014 年人民院大选结果的风向标。莫迪向全国所有邦内的人民做了演讲，他吸引来大批的人群，还有许多称职的地方领导人到场聆听，事实证明，这些演讲起到了鼓舞人心的作用。

  莫迪力争要为纪念萨达尔·帕特尔修建一座"统一雕像"，此举很可能也为印人党吸引了来自古吉拉特以及国内其他地方的选票。广大印度选民们认为，在尼赫鲁带领印度取得独立之后，帕特尔在国大党内并没有得到应有的尊重。

  与此同时，世界各国的领导人都开始为莫迪领导的政府入主中央做准备。英国、欧洲联盟（欧盟）和澳大利亚的驻印使节都增加了访问甘地讷格尔莫迪办公室的频率。美国也已宣布，一旦莫迪受冕为总理，将为他提供全部外交特权。全球投资分析师们指出，"莫迪的热浪"复苏了印度的经济，抬高了股市，并使卢比更加稳固。

  在印度，官僚和王朝是对民主的威胁，繁文缛节和裙带关系都是威胁。自独立以来，这个国家承受过的唯一的独裁源自英迪拉·甘地的统治。这在今天根本无法想象，从宪法上也是不可能的。

  今天的印度人对宗教不再狂热，他们与宗教和平共处着。宗教已经融入了文化身份的认同中，成为其中一部分。多元性与多样性也与印度古老的传统共生共存。

  莫迪说他自己没有特别的宗教信仰。他倾慕于斯瓦米·维韦卡南达，重视灵性，他说瑜伽练习带给他耐力。他信奉印度教的文化和历史，并珍视它们为自己和国家的生活所带来的利益。但他说他并不使用仪式，不注重仪式。

  "我不相信宗教仪式，但我不反对别人相信宗教仪式。这是他们生命的组成部分，对他们而言是必需品。在我的生活领域中不需要仪式。"这种随和的态度当然就是莫迪声称的印度教的本质：这是一个既现代但又十分古老的信仰，比起人们通常理解的那种信仰而言，从时间上看，它的诞生更早，从内容上看，它另有更新。它包含了叙事、哲学、灵性以及崇拜。它广博，包容，又多变。

现在，正是印度政治体系面临转折的时候，它必须赶上自己人民的步伐；现在，统治者不能再像英国殖民王朝那样行事，他们必须看到，印度成熟了，它成了它自己，并且因此感到心满意足。

有关当局认为莫迪是个言语粗暴的人，是个来自其他落后种族的茶仆，认为他无权跨越马场道7号的门槛。

他则把那些当局者称为德里俱乐部。他说："我永远都不会成为其中的一部分。"德里俱乐部，这是对被过分美化了的印度政治精英们的比喻，那归根到底还是殖民地的遗迹，很快就将被贤能统治下的新印度所取代。而这，将是莫迪的选区，在这里流行着一条原则：比起"你是谁"和"你从哪里来"而言，"你的行为"和"你的做法"，这两者更加重要。

这条原则，必将随着这次历史性选举的进行，永远地载入史册！

注释与参考文献

序幕

[1] 在 2013 年 10 月 27 日的巴特那集会爆炸事件发生后,莫迪的安保标准又再度升级。"现在莫迪拥有一支三重的安保团队:第一重抵御任何攻击者;第二重提供掩护;第三重带他到安全地带。"

引自:《政府为印人党总理候选人纳伦德拉·莫迪迅速设置了重重保护》,《印度时报》,2013 年 11 月 4 日(Govt throws rings of protection around BJP PM candidate Narendra Modi, The Times of India, 4 November 2013)

[2] 引自:《印度快报》,《总理和卢比都陷入了沉默,纳伦德拉·莫迪如此说》,印度新闻信托社,2013 年 8 月 24 日(The Indian Express, Both Prime Minister and rupee have turned mute, says Narendra Modi, Press Trust Of India, 24 August 2013)

1. 早些年

[1] 有一个"叫作纳格哈罗的村子,那里有湖、池塘、水闸以及补给通道,建于索兰奇时期,是优质工程的一个典范。人们认为,现在位于沃德讷格尔郊区的哈陀克沙瓦寺和夏尔弥斯特湖曾经处在城镇的中心位置,这证明沃德讷格尔一度是个广袤的地区"。

[2] 引自:M.V. 卡马特和卡林迪·兰德里,《纳伦德拉·莫迪:现代之邦的建筑师》,新德里,如帕出版公司,2009 年,第 12 页(M.V. Kamath and Kalindi Randeri, Narendra Modi: The Architect of a Modern State, New Delhi, Rupa & Co., 2009, p. 12)

[3] "莫迪是甘奇人,来自北印度一个叫作泰里的贸易种姓,他们靠榨油及贩卖谷物为生。甘奇人被划分为其他落后阶层之一……甘奇人是古吉拉特的上层种

姓。如果连这种摩奴范畴的种姓都成了下层种姓，那么90%的印度人都是下层种姓了。"

引自：阿克·帕特尔，《将关于纳伦德拉·莫迪的事实与废话剥离开来》，《活薄荷与华尔街日报》，2013年4月27日（Aakar Patel, *Separating fact from fluff about Narendra Modi, Live Mint & The Wall Street Journal*, 27 April 2013）

[4] 莫迪也许会在大选过程中这样描述他的立场："……在9月15日哈里亚纳邦的雷瓦利集会上……莫迪先生巧妙地利用了这个平台，向全国揭露了自己的出身背景、未竟的梦想和满腔抱负……他激情万丈地描述了贫穷是如何挫败了一个人对前往贾姆讷格尔军党学校学习的向往……他以恰到好处的方式揭穿了由部分崇拜者提出的关于他的种姓和阶级属性的那些侮辱人格的伪事实。"

引自：商底耶·贾殷，《民族主义者不需要如临大敌》，《每日先驱》，2013年9月24日（Sandhya Jain, *The nationalists do not have to be defensive, The Daily Pioneer*, 24 September 2013）

[5] 引自：卡马特和兰德里，同前引，第16页（Kamath and Randeri, op. cit., p. 16）

[6] 引自：卡马特和兰德里，出处同上，第15页（Kamath and Randeri, ibid., p. 15）

[7] 引自：卡马特和兰德里，出处同上，第13页

[8] "维韦卡南达并没有在信仰的表层浪费时光，他深入到信仰的核心，随着对知识追求的层层推进，他越发发现不同的信仰都被纳入了同一份共识中，这种共识与宇宙性和神性之全知全能密切相关。"

引自：M.D.纳拉帕特，《觉醒的自由主义之预言》，《组织者》，2013年11月10日（M.D. Nalapat, *The prophet of enlightened liberalism, Organiser*, 10 November 2013）

[9] "同样，比起其他邦而言，古吉拉特邦的城市和乡村间的内在关系和交易活动都相对地更加密切及活跃。这主要是由相互关联的经济活动和交通带来的。"

引自：普拉文·谢思，《改变的形象：古吉拉特与纳伦德拉·莫迪》，艾哈迈达巴德，团队精神（印度）私营有限责任公司，2007年，第27页（Pravin Sheth, *Images of Transformation: Gujarat and Narendra Modi*, Ahmedabad, Team Spirit (India) Pvt. Ltd, 2007, p. 27）

[10] 此处"左翼"一词沿袭了英国的用法，指代包含从温和的社会主义到共产主义在内的广义的政治理念，但是印度的某些政党对这个概念的定义执行更加严格，偏向共产主义和纳萨尔派。在本书中，国大党由于它的社会主义政策

和中央经济统制论也被称为左翼。

[11] 引自：V.S. 奈保尔，《幽暗国度》，伦敦，安德烈·多伊奇出版社，1964 年，第 258 页（V.S. Naipaul, *An Area of Darkness*, London, André Deutsch, 1964, p. 258）

2. 在路上

[1] 卡马特和兰德里，同前引，第 17 页

[2] 引自：尼兰戛·穆霍帕德亚，《纳伦德拉·莫迪：这个男人，这个时代》，新德里，特兰奎巴出版社，2013 年，第 30 页（Nilanjan Mukhopadhyay, *Narendra Modi: The Man, The Times*, New Delhi, Tranquebar Press, 2013, p. 30）

[3] 卡马特和兰德里，同前引，第 21 页

[4] 引自：纳伦德拉·莫迪，《鸠提旁遮》，艾哈迈达巴德，普拉文·普拉卡扇，2008 年（Narendra Modi, *Jyotipunj*, Ahmedabad, Pravin Prakashan, 2008）

[5] 请参考第一章第四个注释：在那篇演讲中，莫迪第一次确认说经济拮据是阻碍他加入军党学校的原因。

[6] 参看印度宪法第 14 条和第 51 条（A）

[7] 卡马特和兰德里，同前引，第 18 页

[8] 出处同上，第 19 页（Ibid., p. 19）

[9] 出处同上，第 18 页

[10] 引自：鲁派克·班纳吉，《莫迪想要成为摩克里希纳之僧》，《印度时代》，2013 年 4 月 10 日（Rupak Banerjee, *Modi wanted to be Ramakrishna monk*, The Times of India, 10 April 2013）

[11] 卡马特和兰德里，同前引，第 19 页

[12] 出处同上，第 19 页（Ibid., p. 19）

[13] 引自：班纳吉，《莫迪想要成为摩克里希纳之僧》，同前引（Banerjee, *Modi wanted to be Ramakrishna monk*, op. cit）

[14] 卡马特和兰德里，同前引，第 20 页

[15] 引自：萨义德·菲尔道斯·艾什勒弗，《我儿普爱世人：莫迪的母亲》，雷迪夫网，2002 年 12 月 7 日（Syed Firdaus Ashraf, *My son loves everyone: Modi's mother*, Rediff.com, 7 December 2002）

[16] 卡马特和兰德里，同前引，第 21 页

3. 政治觉醒

[1] 卡马特和兰德里，同前引，第 49 页

[2] 阿楚塔·雅尼克和苏奇拉·谢思，《艾哈迈达巴德：从皇城到特大城》，新德里，企鹅图书（印度），2011 年（"城市土地上的暴乱和政治经济"部分）（Achyut Yagnik and Suchitra Sheth, *Ahmedabad: From Royal city to Megacity*, New Delhi, Penguin Books India, 2011, 'Riots and the Political Economy of Urban Land' section）

[3] 卡马特和兰德里，同前引，第 50 页

[4] 卡马特和兰德里，同前引，第 22 页

[5] 穆霍帕德亚，同前引，第 111 页（Mukhopadhyay, op. cit., p. 111）

[6] 出处同上，第 111 页

[7] 卡马特和兰德里，同前引，第 23 页

[8] 出处同上。普拉文·谢思在他的书中也曾多次提及莫迪（研究生时期的）政治学学习，因为他曾是莫迪大学时的导师。

[9] 穆霍帕德亚，同前引，第 112 页

[10] 引自：舒汗·高希，《困兽犹斗的甘地夫人》，《一印度新闻》，2013 年 6 月 27 日，星期四（Shubham Ghosh, *A cornered Mrs Gandhi roared back*, OneIndia News, Thursday, 27 June 2013）

[11] 引自：塔维琳·辛格，《王宫》，古尔冈，阿歇特（印度），2012 年，第 26~27 页（Tavleen Singh, *Durbar*, Gurgaon, Hachette India, 2012, pp. 26-27）

[12] 出处同上，第 25 页

[13] 引自：帕特里克·法兰奇，《印度：一个肖像》，伦敦，企鹅图书，2012 年，第 45 页（Patrick French, *India: a Portrait*, London, Penguin Books, 2012, p. 45）

[14] 卡马特和兰德里，同前引，第 23 页

[15] 引自：基肖尔·特里维迪，《复兴运动（1974）：当学生的力量震撼了不良的现状》，纳伦德拉·莫迪网之《公众新闻》，2012 年 6 月 15 日（Kishore Trivedi, *Navnirman Movement (1974): When student power rattled the unhealthy status quo!* narendramodi.in: Citizen Journalism, 15 June 2012）

[16] "有人绞尽脑汁地企图诋毁民族卫队，声称在它们的办公室里发现了武器，

同时还拍摄纪录片来恶魔化反对党，其中也包括贾亚普拉卡什·纳拉扬。"引自：舒汗·高希，《紧急状态发生过后的一切都是强制执行的》，《一印度新闻》，2013年6月26日（Shubham Ghosh, What happened after Emergency was imposed, OneIndia News, 26 June 2013）

[17] 卡马特和兰德里，同前引，第31页

[18] 引自：恰央克·梅塔，《紧急状态，古吉拉特和纳伦德拉·莫迪》，纳伦德拉·莫迪网之《公众新闻》，2012年6月26日（Chhayank Mehta, Emergency, Gujarat and Narendra Modi, www.narendramodi.in: Citizen Journalism, 26 June 2012）

[19] 卡马特和兰德里，同前引，第30页

[20] 出处同上，第31页

[21] 穆霍帕德亚，同前引，第123页

[22] 与此同时，民族卫队的领导巴拉·戴瓦斯竟然写信给英迪拉·甘地寻求和解，含蓄地对紧急状态表示接受。这也许是他企图逃离或远离入狱之举。参看塔维琳·辛格，同前引，第57页（Tavleen Singh, op. cit., p. 57）

[23] "对于紧密追踪那段岁月的人而言，警察对反对派领袖乔治·费尔南德斯的兄弟所展开的莫名的折磨，至今仍在他们的脑海中记忆犹新。"舒汗·高希，同前引，2013年6月26日（Shubham Ghosh, op. cit., 26 June 2013）

[24] 穆霍帕德亚，同前引，第123页

[25] 辛格，同前引，第57页（Singh, op. cit., p. 57）

[26] 1976年12月4日的《经济学人》称民族卫队为"世界上唯一非左翼的革命力量"，并且说"它此刻的平台上只有一块台板：把民主带回印度"。（The Economist）

[27] 辛格，同前引，第58页

4. 摸索

[1] 卡马特和兰德里，同前引，第38页

[2] 穆霍帕德亚，同前引，第125页

[3] 出处同上，第126页

[4] 出处同上

[5] 引自：巴伦.S. 米特拉，《"我们的"社会主义议程：摒弃它的时代到来了》，《活薄荷与华尔街日报》，2008 年 1 月 16 日（Barun S. Mitra, "Our" socialist agenda: the time to oust it has come, Live Mint & The Wall Street Journal, 16 January 2008）

[6] 穆霍帕德亚，同前引，第 132~133 页

[7] 引自：M.J. 阿克巴，《为什么一些政党陷入了迷失》，《印度时报》，2009 年 11 月 15 日（M.J. Akbar, Why some political parties lost the plot, The Times of India, 15 November 2009）

[8] 引自：V.S. 奈保尔，《受伤的文明》，伦敦，麦克米兰出版公司，2010 年，第 160 页（V.S. Naipaul, A Wounded Civilisation, London, Macmillan, 2010, p. 160）

[9] 穆霍帕德亚，同前引，第 135 页

[10] 出处同上

[11] 参看由迦帕.K. 帕塔克所著的《古吉拉特的选民什么时候改变了他们选出来的政府？》，刊登于《德什古吉拉特》，2012 年 12 月 10 日，关于索兰奇领导下部分强制推行的莱恩委员会的建议所导致的灾难的讨论（Japan K. Pathak, When do voters of Gujarat change the government they elected?, DeshGujarat, 10 December 2012）

[12] 卡马特和兰德里，同前引，第 41 页

[13] 引自：奥尼特·沙尼，《社群主义，种姓和印度民族主义：古吉拉特的暴力》，剑桥大学出版社，2007 年，第 57~58 页（Ornit Shani, Communalism, Caste and Hindu Nationalism: The Violence in Gujarat, Cambridge, CUP, 2007, pp. 57-58）

[14] 帕塔克，同前引，2012 年 12 月 10 日（Pathak, op. cit., 10 December 2012）

[15] 关于准确定义少数族群和被剥夺了基本权利的种姓和阶层的绝对难度，请参看 A. 拉迈亚之《确定其他落后阶层》，《经济政治周刊》，1992 年 6 月 6 日，第 1203~1207 页（A. Ramaiah, Identifying Other Backward Classes, Economic and Political Weekly, 6 June 1992, pp. 1203-07）

[16] 引自：盖尔·奥姆维特，《重创改革：印度的新社会运动和社会传统》，东门，纽约，1993 年，第 69 页（Gail Omvedt, Reinventing Revolution: New Social Movements and the Socialist Tradition in India, East Gate, New York, 1993, p. 69）

[17] 毫无证据的穆霍帕德亚暗示说是莫迪煽动了骚乱："莫迪居然是 1985 年反对

预留政策的骚乱的提线人，这真是令人费解，然而有鉴于这个男人历来强烈地醉心于各种趋于白热化的事务，那么也很难想象他同如此重大的动荡毫无干系。"（出处同上，第 146 页）

[18] 卡马特和兰德里，同前引，第 41 页

[19] 帕塔克，同前引，2012 年 12 月 10 日

[20] 穆霍帕德亚，同前引，第 146 页

[21] 引自：阿西马·辛哈，《印度政治经济发展的区域性根源：一只被分裂的巨无霸》，布卢明顿，印第安纳大学出版社，1995 年，第 177 页（Aseema Sinha, *The Regional Roots of Developmental Politics in India: A Divided Leviathan*, Bloomington, Indiana University Press, 1995, p. 177）

[22] 引自：印度最高法院（原民事司法管辖）文书 2002 年，第 98 份 [pdf 格式文件]，第 10/18 页（IN THE SUPREME COURT OF INDIA (Original Civil Jurisdiction) WRIT PETITION (CIVIL) NO. 98 OF 2002 .pdf, pp. 10, 18）

[23] 引自：S. 古鲁穆尔蒂，《老板，请先阅读了真实的故事再发言！》，《新印度快报》，2013 年 4 月 6 日（S. Gurumurthy, *Boss, read the true history before speaking*, The New Indian Express, 6 April 2013）

5. 向权力朝圣

[1] 谢思，同前引，第 1 页（Sheth, op. cit., p. 1）

[2] 卡马特和兰德里，同前引，第 42 页

[3] 出处同上，第 45 页

[4] 雅尼克和谢思，同前引，（"城市土地上的暴乱和政治经济"部分）（Yagnik and Sheth, op. cit., 'Riots and the Political Economy of Urban Land' section）

[5] 穆霍帕德亚，同前引，第 147 页

[6] 引自：普拉桑特·达雅尔，《拉蒂夫是邦内印人党的第一只替罪羊》，《印度时报》，2008 年 6 月 12 日（Prashant Dayal, *Latif was state BJP's first whipping boy*, The Times of India, 12 June 2008）

[7] 金舒克·纳格，《纳伦德拉·莫迪的故事：政治人生》，罗利出版社，2013 年，第 38 页（Kingshuk Nag, *The NaMo Story: A Political Life*, Roli Books, 2013, p. 38）

[8] 穆霍帕德亚，同前引，第 138/148 页

[9] 辛格，出处同上，第 250 页

[10] 引自：《沙·巴诺的传承》，《印度人》，2003 年 8 月 10 日（The Shah Bano Legacy, The Hindu, 10 August 2003）

[11] 引自：萨瓦帕利·戈帕（编），《解剖对抗：沙约提亚与印度的公共骚乱》，新德里，企鹅图书（印度），1991 年，第 15 页（Sarvepalli Gopal (ed.), Anatomy of a Confrontation: Ayodhya and the Rise of Communal Politics in India, New Delhi, Penguin Books (India), 1991, p. 15）

[12] 来自乌帕迪亚耶于 1965 年 4 月 22—25 日在孟买所做的 4 次讲座中的第二次。（参看《一个完整的迪达雅尔的读者》）（A Complete Deendayal Reader）

[13] 发表于卡利卡特举行的 1967 年 12 月的印人党第 14 届年会上，当时迪达雅尔当选为主席。婆罗多为印度之母。

[14] 穆霍帕德亚，同前引，第 153 页

[15] 纳格，同前引，第 53 页

[16] 奈保尔，同前引，2010 年，第 158 页（Naipaul, op. cit., 2010, p. 158）

[17] 莫迪已经开始渐渐在选举集会的演讲中谈及自己的背景：对高风险的大赌注必须投以更大的牺牲，现在的他似乎更加愿意为了领导国家的缘故而暴露自己的过去。

[18] 参考普里亚·萨加尔，《1990-L.K. 阿德瓦尼的神车之旅：火的战车》，《今日印度》，2009 年 12 月 24 日（Priya Sahgal, 1990-L.K. Advani's rath yatra: Chariot of fire, India Today, 24 December 2009）

[19] 引自：拉杰什·库马尔·潘德，《阿德瓦尼记得马桑乔》，《印度时报》，2005 年 1 月 18 日（Rajesh Kumar Pandey, Advani remembers Massanjore, The Times of India, 18 January 2005）

[20] 尼拉·钱德霍克，《阿约提亚的悲剧》，《前沿》，第 17 卷第 13 期，2000 年 6 月 24 日—7 月 7 日（Neera Chandhoke, The tragedy of Ayodhya, Frontline, Volume 17, Issue 13, 24 June-7 July 2000）

[21] 卡马特和兰德里，同前引，第 55 页

[22] 出处同上，第 57～58 页

[23] 出处同上，第 60 页

[24] 参看穆霍帕德亚等文献，同前引，第 193 页

[25] 出处同上

[26] 引自：谢克哈·古普塔，《干掉纳拉辛哈·拉奥》，《印度快报》，2011 年 9 月 7 日（Shekhar Gupta, *Tearing down Narasimha Rao, The Indian Express*, 7 September 2011）

[27] 引自：克里斯托夫·贾弗雷罗，《印度的印度教民族主义运动》，第 314 页，引自贝德威·瑞吉·纳亚尔，《经济民族主义的局限性：印人党领导下的政府的经济政策改革》，麦吉尔大学，2000 年，第 5 页 [pdf 格式文件]（Christophe Jaffrelot, *The Hindu Nationalist Movement in India*, p. 314, quoted in Baldev Raj Nayar, *The Limits Of Economic Nationalism: Economic Policy Reforms Under The BJP-Led Government*, McGill University 2000, p. 5 [.pdf]）

6. 飞向权利之高位

[1] 卡马特和兰德里，同前引，第 60 页

[2] 穆霍帕德亚，同前引，第 194 页

[3] 出处同上，第 195 页

[4] 纳格，同前引，第 61 页

[5] 卡马特和兰德里，同前引，第 62 页

[6] 纳格，同前引，第 61 页

[7] 出处同上，第 63 页

[8] 出处同上，第 62 页

[9] 引自：《吠陀经的政变：莫迪和阿德瓦尼是如何垮掉的》，《印度时报》，2013 年 6 月 10 日（*Shishya's coup: How Modi, Advani fell apart, The Times of India*, 10 June 2013）

[10] 卡马特和兰德里，同前引，第 216 页

[11] 卡马特和兰德里，出处同上，第 69 页

[12] 出处同上，第 69 页；关于昌迪加尔市政机构的胜利，参考出处同上，第 71 页，以及穆霍帕德亚，同前引，第 217 页；关于喜马偕尔邦的胜利，参

考纳格，同前引，第 74 页；关于旁遮普 1997 年的竞选——在 117 席中以 93∶14 大败国大党，参考穆霍帕德亚，同前引，第 218 页

[13] 引自：贝德威·瑞吉·纳亚尔，《经济民族主义的局限性：印人党领导下的政府的经济政策改革》，麦吉尔大学，2000 年，第 3 页 [pdf 格式文件]（Baldev Raj Nayar, *The Limits Of Economic Nationalism: Economic Policy Reforms Under The BJP-Led Government*, McGill University, 2000, p. 3 [.pdf]）

[14] 卡马特和兰德里，同前引，第 66~68 页

[15] 纳格，同前引，第 66 页

[16] 出处同上，第 77 页

[17] 穆霍帕德亚，同前引，第 224 页

[18] 卡马特和兰德里，同前引，第 69 页

[19] 引自：斯瓦潘·达斯古普塔，《克苏布哈准备好了吗？》，《今日印度》，2001 年 2 月 12 日（Swapan Dasgupta, *Is Keshubhai up to it?*, India Today, 12 February 2001）

[20] 卡马特和兰德里，同前引，第 71 页

[21] 穆霍帕德亚，同前引，第 230 页

[22] 达斯古普塔，同前引，2001 年 2 月 12 日（Dasgupta, op. cit., 12 February 2001）

[23] 纳格，同前引，第 80 页

[24] 卡马特和兰德里，同前引，第 80 页

[25] 引自：迪翁·班沙，《一名志向远大的宣传员》，《前沿》，第 19 卷第 26 期，2002 年 12 月 21 日—2003 年 1 月 3 日（Dionne Bunsha, *An ambitious pracharak*, Frontline, Volume 19-Issue 26, 21 December 2002-3 January 2003）

[26] 引自：商底耶·贾殷，《民族主义者不需要如临大敌》，《每日先驱》，2013 年 9 月 24 日（Sandhya Jain, *The nationalists do not have to be defensive*, The Daily Pioneer, 24 September 2013）

[27] 纳格，同前引，第 78 页

[28] 最佳的，即最完整的版本请参考卡马特和兰德里，同前引，第 81~82 页

[29] 给外国读者的信息：许多锡克教徒和印度教的旁遮普人在印巴分裂后搬到德里，他们被迫离开了后来成了巴基斯坦的家园。他们接管了迁徙过来的穆斯林腾出的邻近的土地。

[30] 引自：讣闻:《最后的使命》,《今日印度》, 2001 年 10 月 15 日（Obituary: *The Last Assignment, India Today*, 15 October 2001）

[31] 引自：马纳斯·达斯古普塔,《莫迪在一片号角齐鸣中宣誓为古吉拉特首席部长》,《印度人》, 2001 年 10 月 8 日（Manas Dasgupta, *Modi sworn in Gujarat CM amidst fanfare, The Hindu*, 8 October 2001）

[32] 卡马特和兰德里, 同前引, 第 83 页

7. 那些动荡的日子

[1] 引自：由 G.T. 那那瓦提法官先生和阿克沙·H. 梅塔法官先生组成的调查委员会所做的报告（《那那瓦提报告》）, 第 95 页（Report by the Commission of Inquiry Consisting of Mr Justice G.T. Nanavati and Mr Justice Akshay H. Mehta [*The Nanavati Inquiry*], p. 95）

[2] 出处同上, 第 87 页

[3] 引自：特瓦提亚法官委员会报告（《特瓦提亚报告》）第 23 页:"一名 S-6 号车厢的乘客试图爬出窗外, 但却惨遭斩首。头颅后来又被抛入车厢中, 燃烧成灰烬。"（Justice Tewatia Committee report [*The Tewatia Report*], p. 23）

[4]《那那瓦提报告》, 同前引, 第 88 页（*The Nanavati Inquiry*, op. cit., p. 88）

[5]《特瓦提亚报告》, 同前引, 第 20 页（*The Tewatia Report*, op. cit., p. 20）

[6] 出处同上, 第 19 页:"哭喊着的夏琨塔拉拿出了自己的手镯, 献给两名配枪的警察。警察于是向空中发射了几枪。但这并没有阻止暴徒的行为。"

[7] 引自：V. 温卡特桑,《一个胜利与数条建议》,《前沿》, 第 19 卷第 5 期, 2002 年 3 月 2 日 至 15 日（V. Venkatesan, *A victory and many pointers, Frontline*, Volume 19, Issue 5, 2–15 March 2002）

[8] 穆霍帕德亚, 同前引, 第 259 页,（穆霍帕德亚）对此表示过确认；莫迪本人也向我确认过大概的时间。

[9] 首席部长的新闻发布会, 戈德拉, 2002 年 2 月 27 日（引自基什沃,《莫迪纳玛》, 第 33 页）（Chief minister's press release, Godhra, 27 February 2002, quoted in Kishwar, *Modinama*, p. 33）

[10] 卡马特和兰德里, 同前引, 第 101 页

[11] 基什沃，同前引，第 34 页："2 月 27 日，62 个邦后备警察部队连以及中央准军事部队收到了行动命令。在 62 个连队中，有 58 个来自邦后备警察部队，4 个来自中央准军事部队。"

[12] 基什沃，出处同上，第 85 页（Kishwar, ibid., p. 85）

[13]《特瓦提亚报告》，同前引，第 17 页；基什沃，同前引，第 86 页

[14] "特殊调查小组同时认定尸体是在夜深人静之时送往艾哈迈达巴德，并于次日悄悄地进行了处理，与批评首席部长的人所声称的，是在暴乱的暴徒面前招摇过市的指控并不相同。"

引自：马纳斯·古普塔，《没有证据显示莫迪推动了敌意：特殊调查小组》，《印度人》，2012 年 5 月 9 日（Manas Gupta, *No evidence of Modi promoting enmity: SIT, The Hindu*, 9 May 2012）

[15] 在场的有（内政部）副首席秘书阿肖克·纳拉扬，首席部长的首席秘书 P.K. 米什拉，警察总长 K. 查克拉瓦提，艾哈迈达巴德警察总长 P.C. 潘德，首席部长副个人秘书阿尼尔·穆吉木，（内政部）秘书尼提安南达以及（法制）副秘书普拉卡什 .S. 沙。（参考基什沃，同前引，第 78 页）

[16] 来自坐落于艾哈迈达巴德老高级法院举行的特殊法庭的第 2671 条证据，旨在加速对暴乱案件的审判处理。《纳罗达·帕提亚公共判决》，第 15 页（[*Naroda Patiya Common Judgement*], p. 15）

[17] 根据印度最高法院基于扎奇娅·贾弗瑞 2006 年 6 月 8 日的抗议做出的符合 2011 年 9 月 12 日 DTD 文件的报告（《特殊调查小组最终结案报告》）："在大罢工的那一天，即 2002 年 2 月 28 日，有大约两万名印度教教徒非法聚集，形成了备有致命武器的大批暴徒，意图攻击穆斯林的财产、房屋和商店，他们一意孤行，局势一发不可收拾。"（*Report in Compliance to the Order DTD 12.09.2011 of the Hon'ble Supreme Court of India in the Complaint DTD 08.06.2006 of Smt. Jakia Nasim Ahesan Jafri [SIT Final Closure Report]*）

[18]《纳罗达·帕提亚公共判决》，同前引，第 281 页及之后（*Naroda Patiya Common Judgement*, op. cit., p. 281 onwards）

[19] 出处同上，第 655 页

[20] 基什沃，同前引，第 17 页，引用了特殊调查小组的报告，报告称艾哈迈达

巴德的警察从诺兰尼清真寺拯救了 5000 人；在马赫萨那地区的萨达普拉救了 240 人；在波尔和纳迪普村救了 450 人；在桑乔里村救了 200 人；在瓦多德拉地区的法塔赫布尔村救助了 1500 人；在卡万塔村救助了 3000 人。

[21] "《今日印度》（2002 年 4 月 22 日）报告说，警察在桑杰里地区拯救了 2500 名穆斯林，柏德利地区 5000 名，在古吉拉特的维拉姆加姆地区至少拯救了 10000 名。在艾哈迈达巴德的一些地区，诸如巴鲁克和贾马尔普，他们也从暴乱的穆斯林暴徒手中解救了许多印度教教徒。"

引自：曼马斯·德什潘德，《有瑕疵的判决，危害法律》，《组织者》，2012 年 9 月 16 日（Manmath Deshpande, *A flawed judgement, bad in law, The Organiser*, 16 September 2012）

[22] "特殊调查小组说，经证实，在古尔伯加社区案中，潘德并没有采取措施来保护民众面对愤怒的暴徒，相反地，他居然助纣为虐。事实上，他帮助受害者入院并派遣了防暴警察，古吉拉特的顾问、高级律师穆库尔·罗塔基如是说，引自特殊调查小组的报告。"

引自：檀南遮耶·摩诃帕特尔，《特殊调查小组：非政府组织和缇斯塔给古吉拉特的暴乱事件又增添了额外的色彩》，《印度时报》，2009 年 4 月 14 日（Dhananjay Mahapatra, *NGOs, Teesta spiced up Gujarat riot incidents: SIT, The Times of India*, 14 April 2009）

[23] 虽然贾弗瑞三次遭到射击，但验尸报告显示出他既没有被砍伤，也没有烧伤，但是依旧存在许多别样的说法。参考昌旦·米特拉，《没有毒液的刺》，《印度展望》，2007 年 11 月 12 日（Chandan Mitra, *A Sting Without Venom, Outlook India*, 12 November 2007）

[24] 基什沃，同前引，第 26 页

[25] 出处同上，第 15/26 页

[26] 关于被判有罪的国大党人名单，请参看曼马斯·德什潘德，《国大党领导人卷入恐怖袭击》，《组织者》，2011 年 3 月 13 日；《四名人员被判终身监禁》，《印度时报》，2003 年 10 月 16 日（Manmath Deshpande, *Congress leaders involved in terror, The Organiser*, 13 March 2011; *Four get life imprisonment, The Times of India*, 16 October, 2003）

[27] 纳格，同前引，第 17 页

[28] 基什沃，同前引，第 24 页

[29] 出处同上，第 24 页

[30] 帕特里克·法兰奇，同前引，第 82 页（Patrick French, op. cit., p. 82）

[31] 参考卡马特和兰德里，同前引，第 44 页，关于古吉拉特的经济数据

[32] 塔维琳·辛格，同前引，第 291 页（Tavleen Singh, op. cit., p. 291）

[33] 卡马特和兰德里，同前引，第 104 页。同时参考拉杰什·拉马钱德兰，《国大党对涉入古吉拉特暴乱的干部保持了沉默》，《印度时代》，2003 年 8 月 9 日（Rajesh Ramachandran, *Cong silent on cadres linked to Guj riots, The Times of India*, 9 August 2003）

[34] 该视频可于 http://www.youtube.com/watch?v= 4CiuBBKJ30Q 网址获得

[35] 卡马特和兰德里，同前引，第 111 页

[36] 引自基什沃的文件，同前引，第 95~96 页

[37] 该视频可于 https://www.youtube.com/watch?v= CSkEZ9hcIdM 网址获得

[38] "那些声称来自首席部长纳伦德拉·莫迪的话语并不足以对他发起控诉"（第 253 页）

引自：《特殊调查小组古尔伯加社区案最终结案报告》，同前引，第 250~254 页（*SIT Final Closure Report on Gulbarg*, op. cit., pp. 250-54）

[39] 卡马特和兰德里，同前引，第 111 页

[40] 《特殊调查小组古尔伯加社区案最终结案报告》，第 251 页

[41] 基什沃，同前引，第 38 页

[42] 乌代·马赫尔卡，《莫达萨：印度伊斯兰学生运动的坚实基地》，《今日印度》，2008 年 9 月 30 日（Uday Mahurkar, *Modasa, a strong base of SIMI, India Today*, 30 September 2008）

[43] 卡马特和兰德里，同前引，第 116 页

[44] 古吉拉特最高法院令——2002 年之特殊文件：第 3773 日，（2002 年 5 月 3 日），引自基什沃，同前引，第 23 页（Gujarat High Court Order-Special CA No: 3773 of 2002, 3 May 2002）

[45] 卡马特和兰德里，同前引，第 107~108 页

[46] 引自：乌代·马赫尔卡,《莫迪效应：古吉拉特》,《今日印度》,2002 年 4 月 29 日（Uday Mahurkar, The Modi effect: Gujarat, India Today, 29 April 2002）

[47] 《特瓦提亚报告》,同前引,第 34 页

[48] 雷迪夫网,2002 年 11 月 27 日："戈德拉一所宾馆中忽然涌现了大批入住注册记录,对此所做的细致的研究为戈德拉大屠杀的调查开拓了一个全新的维度。这一新发现导致阿里·穆罕默德和吴拉姆·纳比·丁果于 10 月的最后一周在查谟和克什米尔地区的安南塔那加遭到逮捕。"同时参看《经济时代》,2002 年 4 月 27 日（Rediff.com, 27 November 2002. See also The Economic Times, Godhra killing was Pak sponsored: Probe panel, 27 April 2002）

[49] 卡马特和兰德里,同前引,第 143 页

[50] 谢思,同前引,第 32 页（Sheth, op. cit., p. 32）

[51] 穆霍帕德亚,同前引,第 244 页

[52] 卡马特和兰德里,同前引,第 99 页

[53] 《特瓦提亚报告》,同前引,第 36~37 页

[54] 《那那瓦提报告》,同前引,第 50 页

[55] 参看如纳格等文献,同前引,第 90 页。他完全没有提及其他任何调查或报告。

[56] 《特瓦提亚报告》,同前引,第 31~32 页

[57] 出处同上,第 33 页

[58] 基什沃,同前引,第 13 页

[59] 穆霍帕德亚,同前引,第 256 页

[60] 卡马特和兰德里,同前引,第 138 页

[61] 出处同上,第 138 页

[62] 这是莫迪的版本。雷迪夫网于 2002 年 4 月 12 日发表的一篇文章的说法与此有些不同："印度人民党在星期五晚上的果阿常务会议中要求古吉拉特邦首席部长纳伦德拉·莫迪解散邦议会,寻求人民的判决。"然而,当时当刻的印人党主动对古吉拉特提出了异议,这一点令人费解。大部分关于果阿的雷迪夫网的文章都出自希拉·巴特之手,此人当时是莫迪的批评者,也许他发表的只是个人的愿望,而不是事实。

[63] 2008 年 7 月 26 日,在短短 70 分钟内,印度伊斯兰学生运动组织和印度圣战

者设置的21枚系列炸弹在艾哈迈达巴德发生爆炸。造成56人死亡,200多人受伤。这一次,尽管死亡人数与2002的戈德拉事件几乎完全相同,但依旧没有发生动乱,或针对穆斯林发起报复行动。在古吉拉特邦内,局势确实已发生了变化。

8. 为古吉拉特而战

[1] "邦政府为此付出的努力,如上所示,必须得到赞赏"(古吉拉特最高法院令——2002年之特殊文件:第3773日,(2002年5月3日),引自基什沃,同前引,第26页。同时参看《特殊调查小组古尔伯加社区案结案报告》,第188页,出处同上:"非政府组织或其他各类机构组建了121个救济中心,到了2002年6月30日通通关闭,只留有艾哈迈达巴德地区的10间。"第182~197页中介绍了关于救助工作的更详细的内容。

[2] 穆霍帕德亚,同前引,第275页

[3] 希拉·巴特,《雷迪夫的采访/KPS基尔》,雷迪夫网,2002年5月20日(Sheila Bhatt, *The Rediff Interview/KPS Gill*, Rediff.com, 20 May 2002)

[4] 卡马特和兰德里,同前引,第144页

[5] 莫迪的演讲文稿,《最近有记者问我:"詹姆斯·迈克尔·林戈多来自意大利吗?"》,《印度展望》,2002年9月30日(Transcript of Modi speech, *Some journalists asked me recently, "Has James Michael Lyngdoh come from Italy?"*, Outlook India, 30 September 2002)

[6] 昂卡尔·辛格,《古吉拉特的暴乱沉重地打击了酒店业》,雷迪夫网,2002年3月6日(Onkar Singh, *Violence in Gujarat hits the hotel industry hard*, Rediff.com, 6 March 2002)

[7] 卡马特和兰德里,同前引,第112页

[8] 出处同上,第113页

[9] 穆霍帕德亚,同前引,第347~348页

[10] 引自:V.K.查克拉瓦蒂,《与此前的商业状态差之远矣》,《印度人》,2002年5月5日(V.K. Chakravarti, *Far from business as usual*, The Hindu, Magazine, 5 May 2002)

[11] 卡马特和兰德里，同前引，第 113 页

[12] 《选举委员会在林戈多与莫迪之争中促生了古吉拉特的请求》，《印度时报》，2002 年 8 月 24 日（EC shapes Gujarat plea amid Lyngdoh-Modi duel, The Times of India, 24 August, 2002）

[13] 阿肖克·马利克，《莫迪不断地称呼他詹姆斯·林戈多，人民卫队给林戈多发去了一封信：我们为你感到骄傲》，《印度快报》，2002 年 7 月 4 日（Ashok Malik, Modi kept calling him James Michael, RSS sent Lyngdoh a letter: you have made us proud, The Indian Express, 4 July 2002）

[14] 《古吉拉特解散了议会，早期民调众望所归》，《经济时报》，2002 年 7 月 19 日（Gujarat Assembly dissolved, early poll sought, The Economic Times, 19 July 2002）

[15] 穆坤德·帕德马纳班，《林戈多的真相》，《印度人》，2004 年 9 月 21 日（Mukund Padmanabhan, Lyngdoh's truth, The Hindu, 21 September 2004）

[16] 穆霍帕德亚，同前引，第 299 页

[17] 卡马特和兰德里，同前引，第 149 页

[18] 引自：《最高法院支持选举委员会关于古吉拉特的命令》，《印度时报》，2002 年 10 月 28 日；J. 温卡特桑，《最高法院坚持古吉拉特邦选举委员会对古吉拉特民调的决定》，《印度人》，2002 年 9 月 3 日（SC upholds EC order on Gujarat, Times of India, 28 October 2002; J. Venkatesan, Supreme Court upholds EC decision on Gujarat polls, The Hindu, 3 September 2002）

[19] 《印度人》，出处同上，2004 年 9 月 21 日

[20] 引自：《莫迪为战车朝圣之旅摇旗助威》，《经济快报》，2002 年 7 月 12 日（Modi Flags Off Rathyatra, The Financial Express, 12 July 2002）

[21] 引自：迪翁·班沙，《纳伦德拉·莫迪的持久战》，《前沿》，第 19 卷第 19 期，2002 年 9 月 14—27 日。希拉·巴特，《世界印度教理事会总书记贾迪普·帕特尔在纳罗达遇刺》，雷迪夫网，2002 年 12 月 3 日（Dionne Bunsha, Narendra Modi's long haul, Frontline, Volume 19, Issue 19, 14-27 September 2002. Sheela Bhatt, P general secretary Dr Jaideep Patel shot at in Naroda, Rediff.com, 3 December 2002）

[22] 引自：《莫迪再次推迟了他的"古吉拉特高拉夫之旅"》，雷迪夫网，2002年9月2日（*Modi defers his 'Gujarat Gaurav Yatra' again*, Rediff.com, 2 September 2002）

[23] "甘地讷格尔，古吉拉特邦副总警长办公室，第j/2/BJP/Yatra/525/02日机密文件，日期：2002年9月12日"，第3页[pdf格式文件]（'Confidential no.j/2/BJP/Yatra/525/02 office of additional director general of police (INT) Gujarat State, Gandhinagar. Date : 12/9/2002', p. 3 [.pdf]）

[24] 穆沙拉夫于1999年10月13日对纳瓦兹·谢里夫发动了军变，而他当时还不可能成为民选的总统，直到2002年10月10日之前——尚有数日之遥。

[25] 引自：《古吉拉特首席部长纳伦德拉·莫迪入院》，雷迪夫网，2002年11月22日（*Gujarat Chief Minister Narendra Modi hospitalised*, Rediff.com, 22 November 2002）

[26] 引自：《莫迪的高拉夫神车战旅也许将成为瓦格海拉的胜利游行》，《经济快报》，2002年9月16日（*Modi's Gaurav Yatra May Become Vaghela's Victory Parade, The Financial Express*, 16 September 2002）

[27] 引自：《据调查预测，古吉拉特民调的结果有势均力敌的可能》，雷迪夫网，2002年12月6日（*Survey predicts close finish in Gujarat polls*, Rediff.com, 6 December 2002）

[28] 卡马特和兰德里，同前引，第160页

[29] 穆霍帕德亚，同前引，第292/336页

[30] 引自：德布拉吉·穆克吉，《古吉拉特和世俗的误杀》，《每日先驱》，2002年12月28日（Debraj Mookerjee, *Gujarat and the secular overkill, The Daily Pioneer*, 28 December 2002）

[31] 引自：希拉·巴特，《我眼中一片群情激愤，他们心向印人党》，雷迪夫网，2002年12月12日（Sheela Bhatt, *'I see an emotional frenzy in the BJP's favour'*, Rediff.com, 12 December 2002）

[32] 引自：斯瓦潘·达斯古普塔，《国家博弈的大师》，《今日印度》，2012年12月31日（Swapan Dasgupta, *Master of the National Game, India Today*, 31 December 2012）

[33] 引自：《印人党将安然受命：阿德瓦尼》，雷迪夫网，2002年12月12日（*BJP*

will get comfortable mandate: Advani, Rediff.com, 12 December 2002）

[34] 引自：斯瓦潘·达斯古普塔，《莫迪热……行为模式》，《数字印度》，2002年12月30日（Swapan Dasgupta, *Modi Mania...the Formula, Digital India*, 30 December 2002）

[35] 卡马特和兰德里，同前引，第171页

[36] 引自：乌代·马赫尔卡，《古吉拉特：沙克森·瓦格海拉的任命改变了印人党的竞选策略》，《今日印度》，2002年7月29日（Uday Mahurkar, *Gujarat: Shankersinh Vaghela appointment as PCC chief forces BJP to change its poll tactics, India Today,* 29 July 2002）

[37] 穆霍帕德亚，同前引，第304页

[38] 基什沃，同前引，第26页

[39] 纳格，同前引，第13页

[40] 谢思，出处同上，第226页；阿贾伊·午马特，《曾经的印度教徒主义的双胞胎纳伦德拉·莫迪不再与普利文·托加迪亚为伍》，《印度时报》，2013年2月9日。同时参看谢思，出处同上，第158，210~211页（Ajay Umat, *Once Hindutva twins, Narendra Modi and PravinTogadia no longer conjoined, The Times of India,* 9 February 2013）

[41] 基什沃，同前引，第26页

[42] 谢思，同前引，第211页

[43] 引自：谢克哈·古普塔，《国家的利益：莫迪与他的政党》，《印度快报》，2013年6月15日（Shekhar Gupta, National Interest: Modi versus his party, The Indian Express, 15 June 2013）

[44] 引自：加雷思·普赖斯，《为什么输掉了2004年人民院选举》，《查塔姆研究简报》，2004年7月，第2~3页[pdf格式文件]（Gareth Price, *How the 2004 Lok Sabha election was lost, Chatham House Briefing Note,* July 2004, pp. 2-3 [.pdf]）

[45] 引自：M.D.纳拉帕特，《喜欢与否，莫迪都将留任》，《星期日卫报》，2013年7月14日（M.D. Nalapat, *Like him or hate him, Modi is here to stay, The Sunday Guardian,* 14 July 2013）

[46] 穆霍帕德亚，同前引，第305页

[47] 引自：普罗帝什·南迪，《莫迪贡献了一座新王宫》，《印度时报》，2013 年 6 月 20 日（Pritish Nandy, *Modi offers a new Camelot, The Times of India*, 20 June 2013）

[48] 引自：谢克哈·古普塔，《阿尔温德·帕纳格里亚：我有点儿担心。眼前出现了 1991 往日重现的可能，概率为 10%～20%》，《印度快报》，2013 年 7 月 30 日（Shekhar Gupta, *Arvind Panagariya: I am a little worried. Now there is 10-20 per cent chance that we might see 1991 again, The Indian Express*, 30 July 2013）

[49] 引自：萨巴·纳克维，《天为莫迪降甘霖》，《印度展望》，2006 年 9 月 4 日（Saba Naqvi, *Manna for Modi, Outlook India*, 4 September 2006）

[50] 穆霍帕德亚，同前引，第 246 页

[51] 引自：《内外安全是任何发展中国家的首要要求》（引自法兰奇，同前引，第 25 页）（*The first requirement of any progressive country is internal and external security*, quoted in French, op. cit., p. 25）

[52] 卡马特和兰德里，同前引，第 211 页

[53] 谢思，同前引，第 158 页

[54] 引自：阿图尔·库马尔·塔库尔（编）的《1947 年以来的印度：现代国家回首》，新德里，尼瑜伽图书，2013 年（Atul Kumar Thakur (ed.), *India Since 1947: Looking Back at a Modern Nation*, New Delhi, Niyogi Books, 2013）

[55] 纳格，同前引，第 165 页

[56] 根据资讯的来源不同，关于不同的"活力古吉拉特"活动中签署的备忘录的确切价值数额也有所区别，当然它们大致是相同的。我主要使用金舒克·纳格提供的数据，因为人们可以确切地知道它们相对保守，从中可以看出关于莫迪的成功绝对没有夸大其词。

[57] 根据维基百科的数据，备忘录的数量是 675 份

[58] 引自：阿肖克·古拉蒂，图莎·沙·甘加·史瑞德哈，《古吉拉特 2000 年以来的农业表现》，国际水资源管理所，国际粮食政策研究所，2009 年 5 月，第 2 页 [pdf 格式文件]（Ashok Gulati, Tushaar Shah Ganga Shreedhar, *Agriculture performance in Gujarat since 2000*, International Water Management Institute, International Food Policy Research Institute, May 2009, p. 2 [.pdf]）

[59] 卡马特和兰德里，同前引，第 233 页

[60] 对此有一份有趣的描述，请参看基什沃，同前引，第 26 页

[61] 引自：威迪亚·苏布拉马尼亚姆，《莫迪与全古吉拉特的其他人》，《印度人》，2007 年 12 月 15 日（Vidya Subrahmaniam, *Modi versus the rest in Gujarat, The Hindu*, 15 December 2007）

[62] 引自：约根德拉·亚达夫，《莫迪的真相时刻》，《印度快报》，2007 年 12 月 11 日（Yogendra Yadav, *Modi's moment of truth, The Indian Express*, 11 December 2007）

[63] 引自：《2007 古吉拉特大选，超越莫迪》，IBN 在线会话（*Gujarat Elections 2007, beyond Modi, IBNlive Chat*）

[64] 引自：斯瓦潘·达斯古普塔，《莫迪现象》，印度论坛网，2008 年（Swapan Dasgupta, *The Modi phenomenon, Indian Seminar*. com, 2008）

[65] 《萨埵巴扎抛弃了莫迪，一切朝着有利于国大党的方向摇摆》，IBN 在线，2007 年 12 月 21 日（*Satta bazaar trashes Modi, swings in favour of Cong, IBNlive*, 21 December 2007）

[66] 卡马特和兰德里，同前引，第 252 页

[67] 基什沃，同前引，第 63, 65 页

[68] 卡马特和兰德里，同前引，第 254 页

[69] 出处同上，第 259 页

[70] 引自：桑吉夫·纳亚尔，《印人党为什么输掉了 2009 年的选举》，雷迪夫网，2009 年 6 月 9 日（Sanjeev Nayyar, *Why the BJP lost Elections-2009, Rediff. com*, 9 June 2009

[71] 出处同上

9. 发展与治理

引自：《据政治与经济风险咨询报告：印度的民主排名为全亚洲之最差》，《经济时报》，2012 年 1 月 11 日（*Indian bureaucracy rated worst in Asia, says a Political & Economic Risk Consultancy report, The Economic Times*, 11 January 2012）

[2] 引自：埃尔南多·德·索托，《资本的秘密》，纽约：基本书局，2000 年（Hernando de Soto, *The Mystery Of Capital*, New York: Basic Books, 2000）

[3] 参看世界经济论坛,《2010—2011年全球竞争力报告》,第182页 [pdf格式文件]（World Economic Forum, *The Global Competitiveness Report 2010-2011*, p. 182 pas [.pdf]）

[4] 引自：世界银行,《商业行为：测量商业规则》,可于http://www.doingbusiness.org/reports/ global-reports/doing-business-2012 网址获得（The World Bank, *Doing Business: Measuring Business Regulations*）

[5] 引自：普列姆·山卡·吉哈,《用辩论,别用石头：为什么文明社会不能眼睁睁看着民主改革淹没在讥讽的言辞中》,《印度展望》, 2011年2月14日（Prem Shankar Jha, *Use Argument, Not Stones: Why civil society must not let key democratic reforms drown in cynicism*, Outlook India, 14 February 2011）

[6] 关于古吉拉特发展与财政预算等的可靠数据和链接,请参看穆库尔. G. 阿舍教授之《古吉拉特的财政预算是良好的发展策略的反应》,《东亚论坛》, 2012年4月3日（Prof. Mukul G. Asher, *Gujarat's budget reflects sound development strategy*, East Asia Forum, 3 April 2012）

[7] 关于王朝与发展的对抗的讨论,请参看米纳兹·梅尔昌特,《左、右、中：重新绘制印度意识形态地图》,《印度时报》, 2013年4月8日（Minhaz Merchant, *Left, right and centre: redrawing India's ideological map*, The Times of India, 8 April 2013）

[8] 引自:《人权运动活动家莎安娜·哈什米猛烈地抨击纳伦德拉·莫迪,说他的"古吉拉特模式"只是神话》,《印度快报》, 2013年8月10日（*Human Rights activist Shabnam Hashmi slams Narendra Modi's 'Gujarat model' as myth*, The Indian Express, 10 August 2013）

[9] 引自：桑迪普·辛格,《第三曲线：妇女和儿童发展传奇－古吉拉特》,即将出版（Sandeep Singh, *Third Curve: Sage of Women and Child Development-Gujarat*, forthcoming）

[10] 卡马特和兰德里,同前引,第205页；穆霍帕德亚,同前引,第358页.

[11] 引自：迪翁·班沙,《来自联合家庭组织的异议》,《前沿》,第21卷第04期, 2004年2月14日 至27日（Dionne Bunsha, *Dissent in the Parivar*, Frontline, Volume 21, Issue 04, 14-27 February 2004）

[12] 纳格，同前引，第 12 页

[13]《古吉拉特 2002 年以来的农业表现》，同前引，第 10 页（Agriculture performance in Gujarat since 2000, op. cit., p. 10）

[14] 引自：图莎·沙和希尔普·维尔马，《电力与地下的实时协同管理：古吉拉特开创的"光明"计划的评估》，国际水资源管理研究所（Tushaar Shah and Shilp Verma, Real-time Co-management of Electricity and Groundwater: An Assessment of Gujarat's Pioneering 'Jyotigram' Scheme, International Water Management Institute）

[15] 引自：中央统计局、国家统计机构、统计与项目实施部和印度政府共同发行的《能源数据2013》，请特别参看第15页中的图表（Central Statistics Office, National Statistical Organization, Ministry of Statistics and Programme Implementation, Government Of India, Energy Statistics 2013, See esp. table on p.15）

[16] 引自：《古吉拉特邦的国大党与纳伦德拉·莫迪的政府大搞"能源"包装的决斗》，《经济时报》，2013 年 9 月 3 日（Central Statistics Office, National Statistical Organization, Ministry of Statistics and Programme Implementation, Government Of India, 'Energy Statistics 2013, See esp. table on p.15

[17] 引自：印度政府电力部中央电力局，2013 年 1 月："北方各邦／联邦属地电力公用事业装机容量（兆瓦）（含合营及中央部门的分配份额）"（Central Electricity Authority, Ministry of Power, Government of India, January 2013: 'Installed Capacity (in MW) Of Power Utilities In The States/UTs Located In Northern Region Including Allocated Shares In Joint & Central Sector Utilities'）

[18] 引自：R.K. 古普塔，《水技术在发展中的角色：印度古吉拉特邦的研究案例》，发表于联合国国际水大会上的论文（2011 年 10 月 3-5 日，西班牙萨拉戈萨），"绿色经济中的水的操作：里约 20 年"（R.K. Gupta, The role of water technology in development: a case study of Gujarat State, India, paper delivered at UN Water International Conference (Zaragoza, Spain, 3-5 October 2011), Water in the Green Economy in Practice: Towards Rio +20）

[19] 引自：《古吉拉特 2000 年之后的农业奇迹的秘密》，沙等人，《经济政治周刊》，2009 年 12 月 26 日，第 48 页（Secret of Gujarat's Agrarian Miracle after

2000, Shah et al., *Economic and Political Weekly*, 26 December 2009, p. 48 pas）

[20] 谢思，同前引，第 183 页

[21] 出处同上，第 71 页

[22] 引自：讷尔默达河的朋友们，《更伟大的共同福利》，1999 年 4 月（Friends of River Narmada, *The Greater Common Good*, April 1999）

[23] 引自：纽斯·巴拉蒂，《聚焦农业：莫迪的成功的原因》，2012 年 10 月 14 日（News Bharati, *Focus on Agriculture: Reason of Modi's success*, 14 October 2012）

[24] 引自：阿布舍克·卡普尔，《农业展会：古吉拉特农民的寓教于乐》，《印度快报》，2008 年 5 月 23 日（Abhishek Kapoor, *Krushi Mahotsav: a mix of fun and learning for Gujarat farmers*, The Indian Express, 23 May 2008）

[25] 引自：纪尧姆·P. 格吕埃尔和扬·孙，《测量转基因 Bt 棉花的采纳对印度棉产量飞跃的贡献》，国际粮食政策研究所讨论文件 01170 日，2012 年 4 月（Guillaume P. Gruere and Yan Sun, *Measuring the Contribution of Bt Cotton Adoption to India's Cotton Yields Leap*, IFPRI Discussion Paper 01170, April 2012）

[26] 引自：维伦德拉·潘迪，《十年农业革命》，《印度商业线》，2013 年 1 月 31 日（Virendra Pandit, *A decade of agricultural revolution*, The Hindu Business Line, 31 January 2013）

[27] 引自：斯瓦米纳坦·安寇萨里亚·艾亚尔，《农业：莫迪成功的秘密》，《经济时报》，2009 年 7 月 22 日（Swaminathan Anklesaria Aiyar, *Agriculture: Secret of Modi's success*, The Economic Times, 22 July 2009）

[28] 引自：纽斯·巴拉蒂，2012 年 10 月 14 日，同前引（News Bharati, 14 October 2012, op. cit）

[29] 卡马特和兰德里，同前引，第 264 页；谢思，同前引，第 205 页

[30] 出处同上，第 213 页

[31] 穆霍帕德亚，出处同上，第 350 页

[32] 卡马特和兰德里，同前引，第 268 页

[33] 信件的文本可以在此网站处获得 http://www.cricketvoice.com/cricketforum2/index.php?topic=17589.0

[34] 引自：阿姆伦达·吉哈，《从丑陋的瘟疫到库布 - 苏拉特》，《印度时报》，

2005 年 7 月 31 日（Amrendra Jha, *From plague ugly to khub-Surat, The Times of India*, 31 July 2005）

[35] 引自：苏拉特市政机构，《2009 年苏拉特项目概观》（Surat Municipal Corporation, *Project Overview Surat 2009*）

[36] 桑迪普·辛格，同前引，第 30 页

[37] 引自：纳伦德拉·莫迪在新德里举办的第 29 届印度商会和工业联合会之女性组织年会上的讲话，2013 年 4 月 8 日，星期一（Narendra Modi, speech addressing the twenty-ninth Annual Session of the FICCI Ladies Organization (FLO) in New Delhi on Monday, 8 April 2013）

[38] 联合国对印度使用的标准存在轻微的不同，因此有时候关于同一个地区和同一年会出现不同的偏差；同时，测量标准于 2010 年发生了改变。这里的数据使用的是印度的版本，其数值比联合国的数值更低。

[39] 引自：比贝克·德布鲁瓦，《古吉拉特社会指标上的数据显示出政策的积极影响》，《经济时报》，2013 年 8 月 6 日（Bibek Debroy, *Gujarat's data on social indicators shows positive impact of policies, The Economic Times*, 6 August 2013）

[40] 数据来自比贝克·德布鲁瓦之《古吉拉特社会指标上的数据显示出政策的积极影响》，出处同上（Bibek Debroy, *Gujarat's data on social indicators shows positive impact of policies*, ibid.）

[41] 所有信息都可以通过这一网址获得. http://planningcommission.nic.in/data/datatable/index.php?data=datatab

[42] 引自：比贝克·德布鲁瓦，《古吉拉特：为增长与发展而治》，新德里：学术基金出版社，2012 年（Bibek Debroy, *Gujarat: Governance for Growth and Development*, New Delhi: Academic Foundation, 2012）

[43] 引自：比贝克·德布鲁瓦，《古吉拉特社会指标上的数据反映出政策的积极影响》，同前引（Bibek Debroy, *Gujarat's data on social indicators shows positive impact of policies*, op. cit）

[44] 引自：纳伦德拉·莫迪，2013 年 4 月 8 日的演讲，同前引

[45] 引自：阿尔温德·帕纳格里亚，《古吉拉特的奇迹：该邦在纳伦德拉·莫迪治下完成的经济发展无可否认》，《经济时报》，2012 年 9 月 22 日（Arvind

Panagariya, *The Gujarat miracle: No denying the economic advances the state has made under Narendra Modi*, The Economic Times, 22 September 2012）

[46] 引自：米纳兹·梅尔昌特，《古吉拉特与比哈尔：解决发展的纷争》，《印度时报》，2013 年 8 月 2 日（Minhaz Merchant, *Gujarat vs Bihar: settling the development debate*, The Times of India, 2 August 2013）

[47] 引自：R. 贾甘纳坦，《古吉拉特发展的故事是真的吗？显然，正是如此！》，《第一版新闻—经济版》，2012 年 10 月 8 日（R. Jagannathan, *Is the Gujarat growth story for real? Apparently, yes*, First Post. Economy, 8 October 2012）

[48] 谢思，同前引，第 221 页

[49] 帕纳格里亚，《古吉拉特的奇迹》，同前引

[50] 谢思，同前引，第 191 页

[51] 引自：《莫迪的财富值在过去 5 年内增长了几乎 900 万卢比》，《今日印度》，2012 年 11 月 12 日；关于玛雅瓦提的财富值，请参看以下网址 http://indiatoday.intoday.in/story/modi-wealth-grew-by-almost-rs-90-lakh-in-last-5-years/1/235503.html（*Modi's wealth grew by almost Rs 90 lakh in the last 5 years*, India Today, 12 November 2012）

[52] 谢思，同前引，第 166~167 页

[53] 出处同上

[54] 出处同上

[55] 出处同上

[56] 引自：《古吉拉特的经济自由度高居印度 20 个邦之榜首》，雷迪夫网，（雷迪夫商业版），2012 年 11 月 12 日（*Economic freedom in 20 Indian states, Gujarat is No.1*, Rediff. com, (Rediff Business), 12 November 2012）

[57] 引自：《2012 年印度诸邦的经济自由度排名》，加图研究所，第 30 页 [pdf 格式文件]（*Economic Freedom Rankings for the States of India, 2012*, Cato Institute, p. 30 [.pdf]）

10. 现在，总理吗？

[1] 萨巴·纳克维，《天为莫迪降甘霖》，同前引（Saba Naqvi, *Manna for Modi*, op.

cit）(http://www.outlookindia.com/article.aspx?232370)

[2] 引自：罗摩·杰特马拉尼，《印度终于迎来了领导人》，《星期日卫报》，2013年9月21日（Ram Jethmalani, *India gets a leader, finally*, The Sunday Guardian, 21 September 2013）

[3] 引自：M.D.纳拉帕特，《为什么印人党输掉了稳操胜券的大选》，国家安全事务犹太研究所，2009年5月29日（M.D. Nalapat, *Why the BJP Lost a Sure Election*, The Jewish Institute for National Security Affairs , 29 May 2009）

[4] 引自：苏尔.S.巴拉，《正在腐烂的食物，已经腐烂的议题》，《印度快报》，2013年9月4日（Surjit S. Bhalla, *Rotting food, rotten arguments*, The Indian Express, 4 September 2013）

[5] 引自：M.D.纳拉帕特，《莫迪的数据：目标220，最少175》，《星期日卫报》，2013年7月20日（M.D. Nalapat, *Modimatics: target 220, minimum 175*, The Sunday Guardian, 20 July 2013）

[6] 引自：M.J.阿克巴，《萨义德·夏赫布丁为何致信莫迪？》，《印度时报》，2012年12月2日（M.J. Akbar, *Why is Syed Shahabuddin writing to Modi? The Times of India*, 2 December 2012）

[7] 引自：《KPS.基尔：纳伦德拉·莫迪不应该为戈德拉事件发生后的动乱遭受谴责》，《经济时报》，2013年10月31日（*Narendra Modi can't be blamed for post-Godhra riots: KPS Gill, The Economic Times*, 31 October 2013）

[8] 引自：维加塔·辛格，《莫迪前安全顾问KPS.基尔给莫迪开出了动乱清白保单》，《印度快报》，2013年11月1日（Vijaita Singh, *KPS Gill, former security adviser to Modi, gives him clean chit on riots, The Indian Express*, 1 November 2013

[9] 引自：M.J.阿克巴，《找麻烦，请拨M》，《印度时报》，2012年11月18日（M.J. Akbar, *Dial 'M' for trouble, The Times of India*, 18 November 2012）

[10] 引自：社论，《猫已出笼》，《每日先驱》，2013年10月30日（Editorial, *Cat is out of the bag, The Daily Pioneer*, 30 October 2013）

[11] "数据彰明较著地凸显了古吉拉特的穆斯林贫困水平，1999—2000年是39.4%，2009—2010年是37.6%，到了2011—2012年下降至区区11.4%。全国的穆斯林贫困水平则为25.5%。"

引自:《纽约时报:古吉拉特穆斯林更加穷困》,《印度事实》,2013 年 10 月 28 日(*Muslims in Gujarat Poorer: NYT, India Facts*, 28 October 2013)

[12] 引自:苏克哈迪奥·托拉特和阿马雷什·杜布,《1993—1994 年至 2009—2010 年的增长是否具有社会包容性?》,《经济政治周刊》,2012 年 3 月 10 日,第 45 页(Sukhadeo Thorat and Amaresh Dube, *Has Growth Been Socially Inclusive during 1993-94-2009-10?*, Economic and Political Weekly, 10 March 2012, p. 45)

[13] 引自:阿尔温德·帕纳格里亚教授和维沙·摩尔,《印度及其最大的邦内的社会、宗教和经济群体的贫困状况,1993—1994 年至 2011—2012 年》,国际与公共事务学院与社会经济研究与政策研究所的工作文件,第 2013-02 日(哥伦比亚大学印度经济政策项目)(Professor Arvind Panagariya and Vishal More, *Poverty by Social, Religious & Economic Groups in India and Its Largest States, 1993-94 to 2011-12*, School of International and Public Affairs (SIPA) and the Institute for Social and Economic Research and Policy (ISERP), Working Paper No. 2013-02 (Program on Indian Economic Policies, Columbia University))

[14] 引自:阿尔温德·帕纳格里亚,《纳伦德拉·莫迪真实的报告牌》,《商业标准》,2013 年 10 月 29 日(Arvind Panagariya, *Narendra Modi's real report card, Business Standard*, 29 October 2013)

[15] 引自:苏尔.S.巴拉,《莫迪的测量》,《印度快报》,2012 年 12 月 13 日(Surjit S. Bhalla, *The Modi Metric, The Indian Express*, 13 December 2012)

[16] 参看巴尔钱德拉·蒙戈卡,《古吉拉特:神话与现实》,《印度时报》,2012 年 6 月 12 日(Bhalchandra Mungekar, *Gujarat: Myth and reality, The Times of India*, 12 June 2012)

[17] 引自:苏尔·S.巴拉,《古吉拉特模式的教训》,《经济快报》,2013 年 10 月 26 日(Surjit S. Bhalla, *Lessons from the Gujarat model, The Financial Express*, 26 October 2013)

[18] 基什沃,同前引,第 39 页

[19] 出处同上,第 64 页

[20] 穆霍帕德亚,同前引,第 300 页

[21] 出处同上,第 301 页

[22] 引自：M.D. 纳拉帕特,《政界应该追随圣雄, 而非尼赫鲁》,《星期日卫报》, 2012年12月29日（M.D. Nalapat, *Political class should follow the Mahatma, not Nehru*, The Sunday Guardian, 29 Dec 2012）

[23] "据说圣雄甘地和萨达尔·帕特尔都有这样的想法, 即印度国大党只是为了取得国家独立而成立的党派, 在1947年之后理应被解散。"
引自：伊格内修斯·耶稣达桑,《甘地式的解放神学》, 古吉拉特诗集普拉卡什出版社：阿南达, 印度, 1987年, 第225页（Jesudasan, Ignatius, *A Gandhian Theology of Liberation*, Gujarat Sahitya Prakash: Ananda India, 1987, p. 225）

[24] 引自：谢克哈·耶尔,《雷瓦利集会上的总理候选人莫迪已鹰气不再》,《印度斯坦时报》, 2013年9月15日（Shekhar Iyer, *Modi less the hawk, more the PM candidate at Rewari rally*, Hindustan Times, 15 September 2013）

[25] 引自：《2007年以来古吉拉特与恐怖主义相关的事件》, 南亚恐怖主义信息门户（*Terrorism-related Incidents in Gujarat since 2007*, South Asian Terrorism Portal）

[26] 引自：S. 古鲁穆尔蒂,《索赫拉不丁：询问媒体》,《新印度快报》, 2012年5月16日（S. Gurumurthy, *Sohrabuddin: Interrogating the media*, The New Indian Express, 16 May 2012）

[27] 引自：桑迪普·乔希,《在过去4年内全印共有555起虚假对抗案件记录在册》,《印度人》, 2013年7月15日（Sandeep Joshi, *555 fake encounter cases registered across India in last four years*, The Hindu, 15 July 2013）

[28] 引自：《（印度）国家人权委员会数据显示, 在纳伦德拉·莫迪治理下的古吉拉特发生的虚假对抗数量少于国大党治理下的邦》,《今日印度》, 2013年7月4日（*NHRC stats show there were more fake encounters in Congress-ruled states than in Narendra Modi's Gujarat*, India Today, 4 July 2013）

[29] 引自：《信息技术扫描仪下的活力古吉拉特峰会备忘录》, 雷迪夫网,（雷迪夫商业版）, 2011年3月16日;《古吉拉特接受了来自孚瑟斯信息技术有限公司提供的高技术的赞扬》,《印度时报》, 2013年5月24日（*Vibrant Gujarat MoUs under I-T scanner*, Rediff.com, (Rediff Business), 16 March 2011; *Narendra Modi: Infosys served I-T notice for praising Gujarat*, The Times of India, 24 May 2013）

[30] 引自：阿曼·夏尔马,《我们的拉金德尔·库马尔长官没有涉入虚假对抗案：

从情报部长官阿西法·易卜拉欣到国家内政部》,《经济时报》,2013 年 6 月 15 日（Aman Sharma, *Our officer Rajendra Kumar had no play in fake encounter: IB chief Asif Ibrahim to MHA, The Economic Times*, 15 June 2013）

[31] 引自：阿希什·克坦和哈林德尔·巴韦贾,《行刑队执行的死亡》,《轰动新闻》, 2007 年 5 月 12 日（Ashish Khetan and Harinder Baweja, *Death By Firing Squad, Tehelka*, 12 May 2007）

[32] 引自：马达夫·纳拉帕特,《国防部长安东尼与"印度的方式"》,《巴基斯坦观察者报》, 2013 年 8 月 9 日（Madhav Nalapat, *Defence Minister Antony & 'Indian way', Pakistan Observer*, 9 August 2013）

[33] 引自：塔维琳·辛格,《在印度教徒主义与现代化之间》,《印度快报》, 2009 年 12 月 20 日（Tavleen Singh, *Between Hindutva and modernity, The Indian Express*, 20 December 2009）

[34] V.S. 奈保尔,《幽暗国度》, 出处同上，第 33 页（V.S. Naipaul, *An Area of Darkness*, ibid., p. 33）

索引

	索引	INDEX
1	印度平民党，180	Aam Aadmi Party (AAP)
2	问责（制），147	accountability
3	部落民，44，46，51，57，108，142，143，149，170	Adivasis
4	不二道场，阿尔莫拉，23	Advaita Ashram, Almore
5	L·K·阿德瓦尼，32，52-53，55-56，59，62-64，66-67，69，75-77，85，93，104，121，123，130-31，138，145-46，177，181；与莫迪，作为印人党总理候选人，176-77，181，194；一桩地下钱庄洗黑钱的丑闻，63；罗摩神车圣旅，104	Advani, Lal Krishna; and Modi, as Prime Ministerial candidate of BJP; implicated in hawala-money laundering scandal; Ram Rath Yatra
6	农业危机，31	agricultural crisis
7	古吉拉特的农业，151-52，156-59，168-69，175，197。同时参考能源生产与供应；供水	agriculture in Gujarat. See also power generation and supply; water supply
8	艾哈迈达巴德 2000 年的洪水，73	Ahmedabad floods, 2000
9	艾哈迈达巴德市政选举（1987年），52，53；2000年，印人党落败，74	Ahmedabad municipal elections (1987), lost by BJP
10	M.J. 阿克巴，42，179，184	Akbar, M.J.
11	古吉拉特阿克沙德罕寺，2002年恐怖袭击，112-13，121	Akshardham Temple, Gujarat, terrorists' attack, 2002
12	全印德拉维达进步联盟（AIADMK），129	All India Anna Dravida Munnetra Kazhagam (AIADMK)
13	基地组织，102，104	al-Qaeda
14	巴巴萨海布·阿姆倍伽尔，32	Ambedkar, Bhimrao
15	反锡克教徒大屠杀（1984年），43，50-51，92-94，129，182	anti-Sikh pogrom (1984)
16	A.K. 安东尼，228	Antony, A.K.
17	斯瓦米·阿特马萨南达吉·马哈拉吉，24	Atmasthanandaji Maharaj, Swami
18	阿约提亚运动，62-63，67-68	Ayodhya movement

	索引	INDEX
19	沃德讷格尔 B.N. 中学，20	B.N. High School, Vadnagar
20	巴布里清真寺，拆毁，1992年，54-55，59，62-63，65-66，80-81，104，181；公共骚乱随之而来，64-66	Babri Masjid, demolition; followed by communal violence
21	巴楚，10	Bachu
22	（八喜）落后阶层委员会，44-45；莱恩，45	Backward Classes Commission: (Baxi); Rane
23	社会民主党（BSP），91	Bahujan Samaj Party (BSP)
24	印度青年民兵组织，82，90，128-29，140	Bajrang Dal
25	斯蒂卡·巴卡尔，105	Bakar, Sidik
26	收支平衡（BoP）危机，71	balance of payments (BoP) crisis
27	班纳吉委员会（2004年），106	Banerjee Committee (2004)
28	玛玛塔·班纳吉，15，162	Banerjee, Mamata
29	孟加拉团结独立运动，29	Bangladesh solidarity movement
30	白鲁尔庙，加尔各答，22-24	Belur Math, Kolkata
31	孟加拉，14	Bengal
32	拯救我们的女儿（运动），168	Beti Bachao Andolan (Save Our Daughters)
33	帕戈尔布尔公众骚乱，92，94	Bhagalpur communal violence
34	贾格迪什·巴格瓦蒂，169	Bhagwati, Jagdish
35	苏尔.S.巴拉，187	Bhalla, Surjit S.
36	法洛可·薄那，89	Bhana, Farroukh
37	印度人民同盟（BJS），28，32，41-42，52，64，67，124	Bharatiya Jana Sangh (BJS)
38	印度人民党（BJP），1-i，3，28，37，42-44，46，48，51-56，58，69，111，130，173，196；1998-2004年改革，163；反莫迪的阵营，127-132，153，176，179，182；古吉拉特选举霸权，68；基础设施项目，72；丢掉了2004年人民院大选，130-31，138，163；在2009人民院选举民调中失败，145；莫迪作为全国选举委员会的成员，60；莫迪被任命为（印人党）全国秘书长，69，72；莫迪作为总理候选人，91，176-198；和民族卫队的关系，43；反对的角色，131；本土斯瓦代经济政策，72；在拉贾斯坦邦、中央邦和切蒂斯格尔邦中的议会选举中又连接取得了胜利，130，199；赢得2007古吉拉特邦内大选，142-44；赢得人民院大选（1998年），72，124	Bharatiya Janata Party (BJP); 1998-2004 reforms; anti-Modi camp; electoral hegemony in Gujarat; infrastructure programme; lost 2004 Lok Sabha elections; lost 2009 Lok Sabha polls; Modi as National Election Committee member; Modi as national general Secretary; Modi as Prime Ministerial candidate; and RSS, relation; role of opposition; swadeshi economic policy; won assembly elections in Rajasthan, Madhya Pradesh and Chhattisgarh; won Gujarat assembly elections (2007); won Lok Sabha election (1998)

	索引	INDEX
39	印度农民同盟（BKS），127	Bharatiya Kisan Sangh (BKS)
40	法格瓦尔村的巴塔及古鲁寺，120	Bhathiji Maharaj temple, Fagvel
41	巴迪吉·塞纳，120	Bhathiji Sena
42	桑吉夫·巴特，192	Bhatt, Sanjeev
43	希拉·巴特，98	Bhatt, Sheela
44	布达德夫·巴塔查尔吉，162	Bhattacharjee, Buddhadeb
45	普杰（卡奇）地震（2001年），75，77	Bhuj earthquake (2001)
46	普拉夫·毕瓦伊，141	Bidwai, Praful
47	哈吉·比拉勒，81，89	Bilal, Haji
48	毕希特·戈帕，77	Bisht, Gopal
49	博福斯丑闻，43	Bofors scandal
50	孟买，暴乱（1992年），94	Bombay communal riots (1992)
51	赤字预算，148	budget deficits
52	官僚，10，134–35	bureaucracy
53	官僚体系缺乏问责，147	bureaucrats, lack of accountability
54	古吉拉特商业文化，14	business culture of Gujarat
55	种姓冲突，44–46	caste conflicts
56	种姓制度，政治领域、种姓体系，51，58，138，141；和宗教，92	casteism, caste system in politics; and religion
57	新闻审查，32	censorship of press
58	中央调查局（CBI），194–95	Central Bureau of Investigation (CBI)
59	中央准军事部队（CPMF），84–85	Central paramilitary forces (CPMF)
60	苏达喜·乔杜里，99	Chaudhary, Sudhir
61	梅赫尔辛·乔杜里，89	Chaudhry, Mehrsinh
62	安东·契诃夫，16	Chekhov, Anton
63	儿童营养不良，168	child malnutrition
64	中印战争（1962年），29	China and India war (1962)
65	阿曼森·乔杜里，51–52	Chowdhary, Amarsinh
66	公民与国家之间的关系，5	citizen and state, relationship, xviii
67	联盟政府，71	coalition governments
68	指挥－控制系统，42	command-and-control system

	索引	INDEX
69	印度的公共骚乱，3，62，92，128，183；在艾哈迈达巴德，28；关于阿约提亚事件，62-64；在国大党领导下，92；穆扎法尔讷格尔地区，北方邦，92，194。同时参考古吉拉特	communal riots in India; in Ahemdabad; on Ayodhya issue; under Congress rule; in Muzaffarnagar, Uttar Pradesh. See also Guajart
70	社群主义，54，87	communalism
71	沟通，135	communication
72	印度共产党（CPI），15	Communist Party of India (CPI)
73	国大党，2-5，8，21，31-33，42-44，48，50，173；与巴布里清真寺的拆毁，63，65；经济政策，72；，偏袒少数派，52；与古吉拉特动乱（2002年），81，87-90，91-94，96，98，102，106-108，110-111，114，140；古吉拉特的选民拒绝了国大党，60 失当的治理，197；反锡克教暴乱中的角色（1984年），182；和莫迪作为印人党总理候选人，176-79，182-85，187，190-91，193-98；在古吉拉特执政，50-52，65；赢得1984年人民院民调，51，52.同时参考 团结进步联盟政府（UPA）	Congress; and Babri Masjid demolition; economic policy; favouring minorities; and Gujarat riots (2002); rejected by Gujarat electorate; misgovernance; role in anti-Sikh riots (1984); and Modi, as Prime Ministerial candidate of BJP; rule in Gujarat; won Lok Sabha polls (1984). See also United Progressive Alliance (UPA)
74	"老"组织国大党，30-31，37	Congress (O)
75	基础国大党，30，37	Congress (R)
76	印度宪法，8，20，32，36，41，118，141，147，197	Constitution of India
77	腐败，31，72，74，135，145，147，172-74	corruption
78	刑事诉讼法典（CrPC），53	Criminal Procedure Code
79	文化民族主义，64，189	cultural nationalism
80	文化上的偏见，167	cultural prejudices
81	古吉拉特邦乳业的成功，159	dairy success in Gujarat
82	达特利（贱民），44，142，149	Dalits
83	吉纳不哈尔·达尔吉，44	Darji, Jinabhai
84	斯瓦潘·达斯古普塔，74，123，141	Dasgupta, Swapan
85	拉斯尼克博哈尔·戴夫，17	Dave, Rasikbhai
86	埃尔南多·德·索托，146-47	de Soto, Hernando
87	比贝克·德布鲁瓦，167	Debroy, Bibek
88	决策，126，147，160	decision making
89	国防和外交政策，194	defence and foreign policy
90	民主，48，135，147，160，177	democracy
91	莫拉尔吉·德赛，28，36，41-42，44，46	Desai, Morarji

	索引	INDEX
92	禅蒂卡达斯·纳纳吉·德希穆克，35	Deshmukh, Chandikadas 'Nanaji'
93	凯沙夫拉奥·德希穆克，34	Deshmukh, Keshavrao
94	维拉斯拉奥·德希穆克，95	Deshmukh, Vilasrao
95	发展与治理，5，23，43，47-48，56，64，91，114，124，132-33，138，142，144，146-74，186，188	development and governance
96	正法的衰亡，56	dharma, decline
97	德侯拉克亚医生，122	Dholakia, Dr
98	吴拉姆·纳比·丁果，103	Dingoo, Ghulam Nabi
99	多元性与多样性，199	diversity and plurality
100	滴灌，157	drip irrigation
101	干旱，48-50，156，170；（2000年），74；（2001年），74，158；（2002年），121	droughts; (2000); (2001); (2002)
102	经济与政治的动荡，197	economic and political turbulence
103	"世界经济自由"调查（EFW），174	Economic Freedom of the World (EFW)
104	经济自由，146-47	economic freedom
105	经济改革，71，114，147，178，182	economic reforms
106	古吉拉特教育的发展，165，167-68	educational development in Gujarat
107	平等主义，72	egalitarianism
108	自以为是、傲慢自大，50	egocentricity and arrogance
109	电子政务，134，150，164	e-governance
110	尔克塔圣旅，60，66	Ekta Yatra
111	选举委员会，114，118-19，140-41	Election Commission
112	竞选效应，180	electoral effectiveness
113	选举舞弊，32	electoral irregularities
114	选举政治，51	electoral politics
115	紧急状态（1975-1977年），28，29，31-37，40-42，45，53，75，93；通过纳伦德拉·莫迪，将局势曝光给国际传媒，35	Emergency; situation exposed to international media by Narendra Modi
116	就业和住房，148	employment and housing
117	欧洲联盟（欧盟），199	European Union (EU)
118	虚假对抗，194-95	fake encounter killings
119	印度伪钞（假钞），194	fake Indian currency notes

	索引	INDEX
120	印度及古吉拉特女性识字率，167	female literacy in India and Gujarat
121	乔治·费尔南德斯，35，93，100	Fernandes, George
122	发展与治理的5根沙克蒂支柱，150-51，155，171	five shakti pillars of development and governance
123	食品价格，31	food prices
124	食品安全法案（FSB），2013，178	Food Security Bill (FSB)
125	外交和贸易政策，197	foreign and trade policy
126	古吉拉特的外商直接投资（FDI），116，137，165，198	foreign direct investment (FDI) in Gujarat
127	弗雷德里克·福塞斯，179	Forsyth, Frederick
128	自由市场，15，31，41-42，47，120，126，139，149，162	free market
129	代表……和言论自由，32	freedom of speech and representation
130	帕特里克·法兰奇，32，90，104	French, Patrick
131	加纳特法官，86，192	Ganatra, Justice
132	英迪拉·甘地，28，30-37，41-42，44-45，75，179，181，199；刺杀（1984年），43，50-51，182；在巴雷利选区败给了甘地夫人（1977年），31；再度当选（1980年），36；将曼德尔委员会报告束之高阁，44-45	Gandhi, Indira; assassination (1984) lost Rae Bareli constituency (1977); re-elected (1980); shelved Mandal Commission report
133	M.K.（圣雄）甘地，15，29，80，193；被刺（1948年），18	Gandhi, M.K.; assassination (1948)
134	拉吉夫·甘地，41，43，46，50-55，62-63，77，93，129；被刺（1991年），62	Gandhi, Rajiv; assassination (1991)
135	桑贾伊·甘地，32	Gandhi, Sanjay
136	索尼娅·甘地，108，121，140，189	Gandhi, Sonia
137	穷人福利会，160	Garib Kalyan Melas
138	消除贫穷，31	garibi hatao
139	高拉夫（古吉拉特的骄傲）圣旅，120-22	Gaurav (Gujarat Pride) Yatra
140	阿斯霍克·盖洛特，95	Gehlot, Ashok
141	性别比，168-69	gender ratio
142	甘奇种姓，9，19，105	Ghanchi caste
143	阿卜杜勒·拉赫曼·阿卜杜勒·马基德·甘提，89	Ghantia, Abdul Rehman Abdul Majid
144	K.P.S.基尔，103，114，125，183	Gill, K.P.S.

	索引	INDEX
145	戈德拉，穆斯林对印度教教徒的屠杀（2002年），80–87，89–90，94，98，100–05，106–07，111，113，116，125，182–83，185，192	Godhra, slaughter of Hindus by Muslims (2002)
146	纳图拉姆·戈德森，18	Godse, Nathuram
147	阿姆利则的金庙，43	Golden Temple, Amritsar
148	高盛 198	Goldman Sachs
149	K.N. 古维达查亚，129	Govindacharya, K.N.
150	H.D. 德韦·高达，71	Gowda, H.D. Deve
151	邦内的国内生产总值（GSDP），164–69，197	gross state domestic product (GSDP)
152	古吉拉特邦议会选举（1972年），31；（1980年），43；（1985年），45，51；（1994年），66–67；（2002年），74，119，122–24，139–40，144，150；（2007年），140–44；（2012年），3，142，184	Gujarat assembly elections (1972); (1980); (1985); (1994); (2002); (2012)
153	古吉拉特商务与工业部（GCCI），115–16	Gujarat Chamber of Commerce and Industry (GCCI)
154	古吉拉特公共骚乱（1980年），43；1985年，45；1986-1988年，51；（2002年），1–ii，3，73，80–112，127–29，137，140，149，181–86，188，191–94；经济损失由于，115；莫迪解散了邦议会，111，113，117；莫迪此后递交了辞呈 110–11，113–14；修复，101	Gujarat communal riots (1980); 1985; 1986–1988; (2002); financial losses due to; Modi dissolved the state assembly; Modi offered his resignation after that; rehabilitation
155	古吉拉特绿色革命公司，157	Gujarat Green Revolution Company
156	古吉拉特人民自救会（GLSS），33–34，40	Gujarat Lok Sangharsh Samiti (GLSS)
157	古吉拉特邦电力有限公司（GSECL），154–55，158	Gujarat State Electricity Corporation Limited (GSECL)
158	古吉拉特邦后备警察部队（SRPF），85	Gujarat State Reserve Police Force (SRPF)
159	古吉拉特的甘奇人，9，19	Gujarati Ghanchis
160	古吉拉特人，13–14，33–34，80，95，108，113，117，122，140，142，160，162，185，188	Gujaratis
161	I.K. 古杰拉尔，71	Gujral, I.K.
162	古尔伯加社区案 89，98–100，184，192. 同时参考 古吉拉特动乱（2002年）	Gulberg Society case. See also Gujarat, riots (2002)
163	谢克哈·古普塔，63	Gupta, Shekhar
164	知识沙克蒂，151，165	Gyan Shakti
165	哈利真，44	Harijans
166	哈西姆普拉公共骚乱，93–94	Hashimpura communal violence
167	莎安娜·哈什米，149	Hashmi, Shabnam
168	古吉拉特的医疗，169	health care in Gujarat

	索引	INDEX
169	印度教（徒），58-59，63；文化，21；公共骚乱中的死亡（2002 年），3；极端主义，127，129；身份认同，42，64；与穆斯林的冲突，3，28，43，52，63，86，100，104-05，122；民族主义，53，64，126；增长率，47	Hindu(s); culture; deaths in communal riots (2002); extremism; identity; and Muslims, clashes; nationalism; rate of growth
170	印度教，12，54，181，199	Hinduism
171	印度教徒主义，55，60，62，64，111，127，133，140，162，181；莫迪将其软化的方式，91，126，190	Hindutva movement; Modi's softening approach
172	人类发展指数（HDI），166，174	human development index (HDI)
173	意识形态间的争吵，180	ideological bickering
174	意识形态上的各种吹毛求疵，41	ideological quibbling
175	拉克西曼拉奥·伊纳马达尔（瓦基勒阁下），18，25-27，29-30，33，51，61	Inamdar, Laxmanrao (Vakil Saheb)
176	包容，包容性的政策，124，170，187-88	inclusion, inclusive politics
177	印度第一的理念，146，150	India first ideology
178	"印度之光"运动，130	India Shining campaign
179	印度圣战者（IM），1，196	Indian Mujahideen (IM)
180	印度国会被袭（2001 年），85，102，192，194	Indian Parliament attacked (2001)
181	印度刑法（IPC），191	Indian Penal Code (IPC)
182	自我、个性、个人主义，11，12，14	individuality
183	工业化，162，171	industrialization
184	不平等和社会不公正，47	inequality and social injustice
185	婴儿存活率（IMR），168	infant mortality rate (IMR)
186	信息科技（IT），170	information technology (IT)
187	完整人道主义，56	Integral Humanism
188	情报局（IB），195-96	Intelligence Bureau (IB)
189	国际粮食政策研究所（IFPRI），159	International Food Policy Research Institute (IFPRI)
190	国际货币基金组织（IMF），71	International Monetary Fund (IMF)
191	互联网，134，143，145，197	internet
192	三军情报局（ISI）. 参考 巴基斯坦	Inter-Services Intelligence (ISI). See Pakistan
193	伊克巴尔学校，105	Iqbal School
194	伊什拉·贾汗对抗案，195	Ishrat Jahan encounter case
195	伊斯兰，81，181	Islam

	索引	INDEX
196	莫迪修复的伊斯兰古迹，189	Islamic monuments restored by Modi
197	艾森·贾弗瑞，88-89，99	Jafri, Ehsan
198	扎奇娅·贾弗瑞184，192	Jafri, Zakia
199	阿朗·杰特利，117	Jaitley, Arun
200	水沙克蒂，151，155-56，159	Jal Shakti
201	人沙克蒂，151，159，165	Jan Shakti
202	人民同盟．参看 印度人民同盟	Jana Sangh. See Bharatiya Jana Sangh
203	人民党，4，64-66；人民党－印人党同盟，60	Janata Dal; BJP coalition
204	（联合）人民党，91	Janata Dal (United) [JD(U)]
205	人民阵线，33，45，65	Janata Morcha
206	人民党 4，28，31，37，41-44，46-48	Janata Party
207	贾苏达，19-20，27	Jashodaben
208	拉姆·杰特马拉尼，177	Jethmalani, Ram
209	普列姆·山卡·吉哈，135	Jha, Prem Shankar
210	兰季安·吉，77	Jha, Ranjan
211	摇塔，189	Jhoolta Minara
212	穆罕默德·阿里·真纳，15，132，146	Jinnah, Muhammad Ali
213	穆拉利·马诺哈尔·乔希，60	Joshi, Murli Manohar
214	桑杰·乔希，66，68，72，111，125，129	Joshi, Sanjay
215	光明计划（JGS），151，153-55，158	Jyotigram Scheme (JGS)
216	梅赫木·侯赛因·卡罗达，89	Kalota, Mehmud Hussain
217	K. 卡马拉季，30	Kamaraj, K.
218	M.V. 卡马特，94	Kamath, M.V.
219	坎德拉飓风（1998年），73	Kandla cyclone, 1998
220	卡吉尔战争（1999年），73	Kargil war (1999)
221	卡纳塔克邦选（2013年），178	Karnataka assembly elections (2013)
222	克什米尔的渗透人员，103	Kashmiri infiltrators
223	阿尔温德·科日瓦尔，180	Kejriwal, Arvind
224	旁遮普喀里斯坦分裂主义行动，103	Khalistani secessionist movement in Punjab
225	KHAM 计划（刹帝利，哈利真，部落民，穆斯林），44-46，51，54，58-59，63，65，124，139，142	KHAM (Kshatriyas, Harijans, Adivasis and Muslims)

	索引	INDEX
226	KHAM+P 计划（刹帝利，哈利真，部落民，穆斯林以及帕特尔），139	KHAMP (Kshatriyas, Harijans, Adivasis, Muslims and Patels)
227	阿西法·汗，142	Khan, Asifa
228	B.N. 基尔帕法官，118	Kirpal, Justice B.N.
229	玛雅·考德纳尼，88，184	Kodnani, Maya
230	加尔各答，14，15，22，23	Kolkata
231	贾纳·克里希那穆，77，110	Krishnamurthi, Jana
232	农业展会（2005年），159	Krushi Mahotsav (2005)
233	卡奇地震（2001年），73–75，124–25	Kutch earthquake (2001)
234	乌萨马·本·拉登，102	Laden, Osama Bin
235	《拉合尔和伊斯兰堡宣言》，130	Lahore and Islamabad Declarations
236	虔诚军，195	Laskar-e-Taiba
237	穆罕默德·拉卡，105	Latika, Mohmmad
238	左派阵线，15，21，91，108，130，161	Left Front
239	司法系统，160	legal system
240	莱博汗委员会，66	Liberhan Commission
241	许可证王朝，47，64	License raj
242	古吉拉特和印度的识字率，167	literacy in Gujarat and India
243	人民院选举：（1971年），30–31；（1977年），29，36；（1980年），36，41–42；（1984年），51；（1989年），54；（1990年），60；（1996年），71；（1998年），129；（1999年），129；（2004年），129，130，163；（2009年），145；（2014年），1–i，2，5，176–79，184	Lok Sabha Elections: (1971); (1980); (1989); (1990); (1996); (1998); (1999); (2004); (2009); (2014)
244	乐·沙克蒂战车朝圣之旅，57，60	Lok Shakti Rath Yatra
245	詹姆斯·迈克尔·林戈多，114–15，117–19，122，124	Lyngdoh, James Michael
246	斯瓦米·马德哈班纳达吉·马哈拉吉，23	Madhabanandaji Maharaj, Swami
247	帕拉蒙·马哈詹，111	Mahajan, Pramod
248	马哈拉施特拉，92，95–96，159，170，194	Maharashtra
249	马亨德拉，10	Mahendra
250	妇女大会，143	Mahila Sammelan
251	紧急维护内部安全法令（MISA），75	Maintenance of Internal Security Act (MISA)
252	印度的营养不良，178	malnutrition in India

	索引	INDEX
253	曼德尔委员会，44，45。同时参考"保留"词条	Mandal Commission. See also reservation
254	印度教的立法者摩奴，54	Manu, lawgiver of Hinduism
255	印度教的边缘化，181	marginalization of Hinduism
256	海上贸易的天性，14	maritime nature of trade
257	媒体在动乱期间所扮演的煽风点火的角色和类似的报道，28，98，105，107-10，129，144	media, inflammatory role during the riots/reporting
258	媒体对莫迪的抨击，189-90	media-bashing of Modi
259	奇哈比尔达·梅塔，65	Mehta, Chhabildas
260	恰央克·梅塔，34	Mehta, Chhayank
261	萨那多·梅塔，44	Mehta, Sanat
262	苏雷什·梅塔，67-68，70，124-25，129，139	Mehta, Suresh
263	微集水，157	micro water harvesting
264	现代与传统，21，165	modernity and tradition
265	现代化、而非西化，56，164-65	modernization not westernization
266	安穆立特·莫迪（兄弟），9	Modi, Amrit (brother)
267	巴布布哈·莫迪（叔叔），29	Modi, Babubhai (uncle)
268	达摩达尔达斯·莫迪（父亲），8-10，18-19，21，25，27，57	Modi, Damodardas (father)
269	希拉本·莫迪（母亲），9，17，21，25，26	Modi, Hiraben (mother)
270	纳伦德拉·莫迪：出生，8；巴特那的汗卡集会上的炸弹，185，196；话语的节奏和音调，4；力争要为纪念萨尔·帕特尔修建一座"统一雕像"，199；任命为印人党2014年人民院选举委员会主席，176；指控莫迪施行独裁主义，193；作为古吉拉特首席部长，1-3，26，47，57，65，72-73，76-77，82-83，94，98，104，108-13，116，122-28，131-32，139，142，144，，147-48，153，165-66，169，172-73，178；童年，8-10，13，16-17，20，27；每天的生活规律，83；拆毁非法的神庙，128-29；教育，20；自大，33，50；被选为议员，82，98，121；未来的经济日程，198；入狱，29；印人党立法委领导，77；热爱家庭生活，17；印人党全国选举委员会成员，60；印人党全国总书记，70，73；游牧（流浪），20-24，61，71，119；个人财富，172；体格，11；人人平等、不偏不倚的哲学，184；民族卫队的宣传员，29，173；抱有偏见，189；作为印人党总理候选人，91，176-200；在古吉拉特动乱之后提出辞职，110-11，113-15；改革政府，133-35；民族卫队的宣传干事，40-41，46-47；宗教性，13；社交能力，11-12	Modi, Narendra: birth; bombs at Hunkaar rally, Patna; cadence and tonality, xvi-xviii; campaign to build a Statue of Unity in honour of Sardar Patel; as chairman of election campaign committee for 2014 Lok Sabha polls; charge of authoritarianism; as Chief Minister of Gujarat; childhood; daily routine; destroyed illegal shrines; education; egotism; an elected MLA; future economic agenda; imprisoned; leader of BJP legislative party; love for domesticity; member of BJP's National Election Committee; as National General Secretary of BJP; nomadism (wanderings); personal wealth; physicality; philosophy of equality for all; as 'pracharak' of RSS; prejudice against; as Prime Ministerial candidate of BJP; offered his resignation after Gujarat riots; reformed his government; as sambhaag pracharak of RSS; religiosity; sociability

	索引	INDEX
271	盘卡吉·莫迪（兄弟），9	Modi, Pankaj (brother)
272	普拉拉德·莫迪（兄弟），9	Modi, Prahlad (brother)
273	索姆·莫迪（兄弟），9	Modi, Som (brother)
274	瓦萨缇·莫迪（兄妹），9，25	Modi, Vasanti (sister)
275	阿里·穆罕默德，103	Mohammad, Ali
276	溃不成军的季风（1972年），31	monsoon failure (1972)
277	德布拉吉·穆克吉，122	Mookerjee, Debraj
278	维沙·摩尔，187	More, Vishal
279	巴尔钱德拉·蒙戈卡，188	Mungekar, Bhalchandra
280	佩尔韦兹·穆沙拉夫，74，121，141	Musharraf, Pervez
281	穆斯林（们），10，14，44，46-47，59，94，95，99，102，107，128，134，171，179-180；与阿约提亚，59；卷入公共骚乱／袭击了萨巴拉马蒂号列车，80-88，90，101，103-106；死亡、伤亡，4，88-89，90，101，140；甘奇，9；戈德拉的，103；与印度教教徒。参考"印度教教徒"词条；古吉拉特贫困问题，186-89；古吉拉特公共服务领域，184；对国大党的支持，184；支持／投票给莫迪，3，124，142，184；女性，53，54	Muslim(s); and the Ayodhya; involved in communal riots/attacked Sabarmati Express;— deaths; fundamentalism; Ghanchis; of Godhra; and Hindus. See Hindus; poverty in Gujarat; in public service in Gujarat; support to Congress; support to Modi/voted for; women
282	穆斯林女性（离婚权利保护）法案，1986年，54	Muslim Women (Protection of Rights on Divorce) Act, 1986
283	兵变（1857年），54	Mutiny (1857)
284	钱·奈杜，170	Naidu, Chandrababu
285	V.S. 奈保尔，15，50，56-57，197	Naipaul, V.S.
286	M.D. 纳拉帕特，130，182-83，193，196	Nalapat, M.D.
287	那那瓦提委员会，86，103，105-6，140	Nanavati Commission
288	微型车纳诺的制造计划，西孟加拉，161	Nano car project, West Bengal
289	萨巴·纳克维，176	Naqvi, Saba
290	瑞吉·那，31-32	Narain, Raj
291	阿肖克·纳拉扬，127	Narayan, Ashok
292	贾亚普拉卡什·纳拉扬，31。同时参考"萨地扬德拉·纳拉扬·辛哈"词条	Narayan, Jayaprakash. See also Sampoorna Kraanti
293	讷尔默达河，132，151	Narmada
294	纳尔默达行动，165	Narmada Bond
295	纳罗达·帕提亚，87-88，90，100。同时参考"（2002年）公共骚乱"词条	Naroda Patiya. See also communal riots (2002)

	索引	INDEX
296	全国民主联盟（NDA），70，71，129，174；第二届全国民主联盟，129-30	National Democratic Alliance (NDA); NDA-2
297	国家人权委员会（NHRC），194	National Human Rights Commission (NHRC)
298	国家抽样调查办公室（NSSO），186-87	National Sample Survey Office (NSSO)
299	国家安全卫队（NSG），112	National Security Guard (NSG)
300	重建运动，31，33	Nav Nirman Andolan
301	贝德威·瑞吉·纳亚尔，72	Nayar, Baldev Raj
302	贾瓦哈拉尔·尼赫鲁，4，8，18，41，42，55，199	Nehru, Jawaharlal
303	尼萨·巴普，89	Nissar Bapu
304	尼蒂什·库马尔，169-70，185，189	Nitish Kumar
305	尼亚圣旅，56	Nyay Yatra
306	P.J. 欧罗克，148	O'Rourke, P.J.
307	贝拉克·侯赛因·奥巴马，178	Obama, Barack Hussein
308	民调，123，130，178-179	opinion polls
309	橙色革命，乌克兰，5	Orange Revolution', Ukraine
310	以组织为中心的选举，67	organization-centred elections
311	"我酷"互联网社区，143	Orkut Internet community
312	其他落后阶层（OBCs），6，9，44-46，169	Other Backward Classes (OBCs)
313	巴基斯坦，29；三军情报局，103，111，113，195；和印巴战争（1965年），29；孟加拉独立战争（1971年），29，31；渗透、克什米尔 28	Pakistan; Inter- Services Intelligence (ISI); and India war (1965); —Bangladesh liberation war (1971); infiltration into Kashmir
314	阿尔温德·帕纳格里亚，131，169，187	Panagariya, Arvind
315	潘奇拉特，150，151，155，159，164，171	panchamrut
316	P.C. 潘德，88	Pande, P.C.
317	毗湿奴·潘迪亚，35	Pandya, Vishnu
318	萨利姆·潘瓦拉，105	Panwala, Salim
319	帕拉克拉姆行动，85	Parakram, Operation
320	底里波白·拉曼博哈尔·帕里克特，72	Parikh, Dilipbhai Ramanbhai
321	瓦萨博哈尔·普立莞博士，22	Parikh, Vasantbhai
322	帕西人，14	Parsis
323	孟加拉分裂，92	Partition of Bengal

	索引	INDEX
324	印巴裂变，92	Partition of Indian subcontinent
325	阿斯·帕特尔，127	Patel, Ashwin
326	巴布哈尔·帕特尔（巴布巴让），33，65，87，88，90，140	Patel, Babubhai (Babu Bajrangi)
327	查曼罕·帕特尔,，31，60，65	Patel, Chimanbhai
328	海玛特辛·帕特尔，89	Patel, Himmatsinh
329	贾格迪什·帕特尔，86	Patel, Jagdish
330	贾迪普·帕特尔，119	Patel, Jaideep
331	克苏布哈·帕特尔，66-68，72-75，82，88，125，129，138，144，171	Patel, Keshubhai
332	萨达尔·瓦拉巴伊·帕特尔，15，18，58，125，132，133，193，199	Patel, Sardar Vallabhbhai
333	所罗伯·帕特尔，5，152，155	Patel, Saurabh
334	帕特尔，46，138-39，142	Patels
335	贾速·汗·帕坦，10	Pathan, Jasood Khan
336	巴特那的汗卡集会，185-86	Patna Hunkaar rally
337	政治机构，5	political institutions
338	政治上的自私自利，41	political selfishness
339	政治形态的斯德哥尔摩综合征，37	political Stockholm Syndrome
340	政治体系，印度政治，印度政界，13，18，22，150，173，179，199	political system, politics in India
341	贫穷，42，178，185，186；在比哈尔，169；古吉拉特，149，169-170，185-189	poverty; in Bihar; Gujarat
342	古吉拉特能源生产与供应，151-55	power generation and supply in Gujarat
343	阿克沙德罕寺的普拉姆克·斯瓦米·马哈拉奇，113	Pramukh Swami Maharaj of Akshardham Temple
344	海外印度人组织日（NRI），150	Pravasi Bharatiya Divas [Non-resident Indian (NRI)]
345	铁路保护部队（RPF），82，105	Railway Protection Force (RPF)
346	拉贾斯坦邦政府选举（2013年），199	Rajasthan assembly elections (2013)
347	拉金德尔·库马尔，195	Rajinder Kumar
348	拉杰果德市政选举（2000年），印人党失败，74	Rajkot municipal elections (2000), lost by BJP
349	罗刹沙克蒂，151，171	Raksha Shakti
350	罗摩·雅嘛布胡米运动，55	Ram Janmabhoomi campaign

	索引	INDEX
351	罗摩克里希纳传教会，拉杰果德，22–24	Ramakrishna Mission, Rajkot
352	罗摩克里希纳，22	Ramakrishna
353	罗摩的信徒，80	Ramsevaks
354	拉贾德瓦森·拉纳，75	Rana, Rajendrasinh
355	兰彻达斯家族，9	Ranchoddas
356	C.V. 莱恩，45	Rane, C.V.
357	P.V. 纳拉辛哈.拉奥，63–64，71，149	Rao, P.V. Narasimha
358	快速行动部队（RAF），84，85	Rapid Action Force (RAF)
359	全国人民党（RJP），71，72	Rashtriya Janata Party (RJP)
360	民族卫队（RSS），13，17–18，20，21，25–27，28–35，37，40，42–43，46，48–50，53，57，61，66，122，123，126，131，132，141，143，148，149，181，190，196	Rashtriya Swayamsewak Sangh (RSS)
361	战车（神车）朝圣之旅 55，57，60，119，122	rath yatra
362	贾扬蒂·拉维，85	Ravi, Jayanti
363	繁文缛节和裙带关系，161，199	red tape and nepotism
364	雷迪委员会，28	Reddy Commission
365	改革和加强，5	reform and empowerment
366	王朝的政治区域，37	regional political dynasties
367	宗教，11，133，180	religion
368	宗教的分割，52	religious divisions
369	宗教极端主义，120，127	religious extremism
370	宗教身份，42	religious identity
371	宗教性的民族主义，64	religious nationalism
372	人民代表法，41	Representation of People's Act
373	保留政策与种姓冲突，46–47，50	reservation and caste conflicts
374	保留政策，54	reservation policy
375	保留公共职位以及教育机构中受教育的份额，45–46；引起骚乱（1985年，1986年），51，92	reservations in public sector jobs and educational institutions; riots against (1985, 1986)
376	足够的智慧，49	resourcefulness
377	道路基础设施，161	road infrastructure
379	阿兰达蒂·洛伊，99，158	Roy, Arundhati

	索引	INDEX
380	萨巴尔马蒂快车（火车），80-84，96，102-105，112	Sabarmati Express (train)
381	萨巴尔马蒂河，132，151	Sabarmati river
382	萨加尔（海）·克都方案，143	Sagar Khedu scheme
383	那林达·赛尼，115	Saini, Narinder
384	印度社会党（SP），91	Samajwadi Party (SP)
385	全面革命，31	Sampoorna Kraanti (Total Revolution)
386	萨普拉斯·尤吉那计划，160	Samras Yojana programme
387	联合家庭，37，40，42，48，59，126-127，132，141，153，163，189，190	Sangh Parivar
388	环境卫生、关注保健和饮水清洁，178	sanitation, hygiene and drinking water
389	圣思达曼学校，72，61-62	Sanskardham School
390	萨达·帕特尔的参与节水方案，156	Sardar Patel Participatory Water Conservation Scheme
391	萨达尔·萨罗瓦尔大坝，132，156，158	Sardar Sarovar dam
392	扎法尔·萨拉斯瓦拉，89，188	Sareshwala, Zafar
393	萨克吉·罗扎寺，189	Sarkej Roza
394	索拉什特拉，14，124，142	Saurashtra
395	马达哈拉奥·辛迪亚，77	Scindia, Madhavrao
396	世俗主义，43，46，54，55，57，63，107	secularism
397	西迪·萨义德格窗清真寺，189	Seedhe Saiiyad ki Jaali
398	阿马蒂亚·森，169	Sen, Amartya
399	缇斯塔·塞塔尔瓦德，88	Setalvad, Teesta
400	沙·巴诺案，53-55，63	Shah Bano case
401	阿米特·沙哈，71	Shah, Amit
402	普拉迪普·夏尔马，193	Sharma, Pradeep
403	夏尔弥斯特湖，10	Sharmishtha Lake
404	萨利姆·阿卜杜勒·格法尔·谢赫，89	Sheikh, Salim Abdul Ghaffar
405	索赫拉不丁·谢赫，195	Sheikh, Sohrabuddin
406	普拉文·谢思，134，173	Sheth, Pravin
407	萨布哈圣旅，119	Shobha Yatra
408	迪格维贾伊·辛格，95-98，140，188	Singh, Digvijay

	索引	INDEX
409	曼莫汉·辛格，64，71，145，149，177-78，196	Singh, Manmohan Singh
410	拉杰纳特·辛格，176	Singh, Rajnath
411	塔维琳·辛格，36，53，93，196	Singh, Tavleen
412	V.P. 辛格，44，58	Singh, V.P.
413	维杰·辛格，82	Singh, Vijay
414	阿肖克·辛加尔，128，132	Singhal, Ashok
415	萨地扬德拉·纳拉扬·辛哈，92-93	Sinha, Satyendra Narayan
416	社会对立，197	social antagonism
417	社会因素，6	social factors
418	社会传媒，143	social media
419	社会主义，21；甘地主义，43，56；尼赫鲁主义，41-42，47	socialism; Gandhian; Nehruvian
420	索菲亚巴努，105-06	Sofiabanu
421	马达夫辛·索兰奇，43-46，51-52，60	Solanki, Madhavsinh
422	苏摩纳特寺（庙），古吉拉特，58-59，128	Somnath Temple, Gujarat
423	苏摩纳特-阿约提亚朝圣之旅（1990年），58	Somnath-Ayodhya Yatra (1990)
424	入侵阿富汗，181	invasion of Afghanistan
425	特别调查小组（SIT），85-86，87-88，106，109，129，184，192-93	Special Investigation Team (SIT)
426	灵性，199	spirituality
427	淤堵和停滞，180	statis and stagnation
428	印度伊斯兰学生运动（SIMI），101，104	Students Islamic Movement of India (SIMI)
429	逊尼派，14，181	Sunnis
430	苏拉特，163-64；爆炸（1993年），90，94；洪水（2006年），163；瘟疫（1994年），163	Surat; bombings (1993); floods (2006); plague (1994)
431	穆罕默德·苏尔地，90	Surti, Mohammed
432	I.D. 斯瓦米，103	Swamy, I.D.
433	苏实玛·斯瓦拉杰，177	Swaraj, Sushma
434	自由党，41	Swatantra Party
435	真理会，102	Tableeghi Jamaat
436	拉宾德拉纳特·泰戈尔，15	Tagore, Rabindranath
437	塔利班，102	Taliban

	索引	INDEX
438	塔塔汽车公司微型车纳诺制造厂，萨那德区，161	Tata Motors' Nano plant, Sanand, Gujarat
439	拉坦·塔塔，162	Tata, Ratan
440	印度税收制度，198	tax regime in India
441	技术，56，58，164	technology
442	泰卢固之乡党（TDP），170	Telugu Desam Party (TDP)
443	田杜卡委员会划分的贫困线，186	Tendulkar Committee's poverty cut-off line
444	恐怖主义，恐怖袭击，140，185，194-96；古吉拉特阿克沙德罕寺恐怖袭击（2002年），111-13，120-21；袭击印度国会（2001年），102，192；纽约世界贸易中心袭击（9/11），102-4。同时参考"巴基斯坦"词条	terrorism, terrorist attacks; on Akshardham Temple, Gujarat (2002); on Indian Parliament (2001); on World Trade Centre, New York (9/11). See also Pakistan
445	特瓦提亚法官，98，102-03，105-07	Tewatia, Justice
446	达图派特·森格迪，40	Thangadi, Dattopant
447	玛格丽特·撒切尔，6，181	Thatcher, Margaret
448	普利文·托加迪亚，48，119，127，132	Togadia, Praveen
449	草根国大党，162	Trinamool Congress
450	古吉拉特失业问题，103，135	unemployment in Gujarat
451	联合阵线（UF），71	United Front (UF)
452	团结进步联盟政府（UPA），3	United Progressive Alliance (UPA)
453	第二届团结进步联盟政府（UPA-2），4，145，174	UPA-2
454	在阿富汗的利益，186，196；反对塔利班的军事游击战，102	interests in Afghanistan, 242, 252; military mobilization against Taliban, 132
455	潘迪·迪达雅尔·乌帕迪亚耶，56-57	Upadhyaya, Deendayal
456	能源沙克蒂，150-51，155，159，165，171	Urja Shakti
457	沃德讷格尔，6，8-10，17，19-20，22，24-26，29，57-58	Vadnagar
458	沙克森·瓦格海拉，35，60，66，68，72，120，125，139	Vaghela, Shankarsinh
459	阿塔尔·比哈里·瓦杰帕伊，32，36，41-42，52，57，68，71，73，76-77，85，93，109-11，120-21，125，129-31	Vajpayee, Atal Behari
460	瓦基勒阁下。参考"拉克西曼拉奥·伊纳马达尔"词条	Vakil Saheb. See Inamdar, Laxmanrao
461	范（森林）·内联，143	Van Bandhu plan
462	D.G. 瓦扎拉，195	Vanzara, D.G.

	索引	INDEX
463	法国维希政权，33	Vichy France
464	世界印度教理事会（VHP），48，55，59，82，84，86–87，89–90，119，125–29，132–33，138–39，141，189	Vishwa Hindu Parishad (VHP)
465	斯瓦米·维韦卡南达，12，18，22–23，199	Vivekananda, Swami
466	票仓政治，选票库政治，43，92，119，152	vote bank politics
467	瓦哈比教派，181	Wahabbism
468	储水，156–57	water conservation
469	西化，56，164–65	westernization
470	莫迪执政下的女性，150，165–68	woman in Modi's regime
471	世界银行，147	World Bank
472	世界卫生组织（WHO），101	World Health Organization (WHO)
473	拉鲁·普拉萨德·亚达夫，59，106	Yadav, Lalu Prasad
474	穆拉亚姆·辛格，184	Yadav, Mulayam Singh
475	B.S. 叶犹帕拉，178	Yeddyurappa, B.S.
476	扎达珀哈·高德汉，127	Zadaphia, Gordhan
477	那萨拉·扎格达，34	Zagda, Nathalal
478	天课，188–89	Zakat

致谢辞

像这样一本由外国人执笔的关于纳伦德拉·莫迪先生的书,更加应该满足大家对它抱有的期待:既要讲述事实,又要别具视角。本书有幸能够达到这一点,在相当大的程度上有赖于那些在完书过程中给予了我无尽帮助的人们,因此我也对他们怀抱着最衷心的感谢。

我首先必须感谢纳伦德拉·莫迪先生本人,若没有他的亲切和慷慨,这本书绝不可能以今天这个样子呈现给大家,他的亲切和慷慨真是一份令人惊喜的恩赐。

作为一名管理着与全英国人数一样多的人口的首席部长,他忧国忧民,政务繁重,日程表上永远书写着无休止的忙碌。大家一定会认为,倘若他能在百忙之中挤出一两个宝贵的钟头供我采访,让我能读完事先准备好的一长串问题中的前几个,这才合情合理。

然而事实却并非如此。这好多个星期以来,莫迪先生从来没有抗议过,也丝毫未曾抱怨,他一直尽力向我敞开进行采访的机会,因此我得以在这段时间里大段大段地记录下长达数小时的谈话内容。我们的谈话以采访的形式开始,但多谢莫迪先生对我穷追不舍的提问的容忍和开明,对我希望能讨论到的任何一个话题,他都与我做了或长或短的谈话,无论这些话题是多么的敏感,他的态度都十分轻松自然,因此采访最终便不再成为采访了,只是交谈。他还邀请我加入他的旅程,并且自始至终友善地、热情地与我交流着。

对贾格迪什·塔迦尔先生,我也必须致以我最诚挚的感谢。正是这位先生在首席部长先生那满满当当千头万绪的日程表中魔术般地为我的工作腾出了空间,这一伟大壮举真是令人不由得惊叹。贾格迪什冷静沉着、泰然自若、思维缜密,并且还十分周到体贴,只要有他在场,大家就能确保凡事都遂心如意地进行下去。在甘地讷格尔的萨奇瓦拉亚还有许许多多其他的人,他们都给予了我极大的帮助，我同样铭感五内，必须在此一并致谢。

其次，由于这本传记的主题是如此复杂，如若不是印度政界和选举领域里的那些资深新闻从业者和专家们给我带来了许多建议，严格地替我把关，我一定早已迷失在浩瀚的信息的海洋里，那么要揭开事实真相的难度就会无限扩大。读到这里，他们一定知道我在此感谢的人正是他们自己，但他们却一定不知道我对他们的感激之情远远超出了我的言语所能表达的范围，即使大声地致谢也显得那么微不足道，根本无法准确地说出我的心声。

我最需要感谢的是我的夫人和儿子，当我投身印度，离家万里时，他们对此表示出极大的宽容，这份宽容令我羞愧、将我折服。幸而我还能借此机会向他们致以我深深的歉意。感恩永存我心！

于伦敦

2014 年 2 月

译后小记

接到这本英文书稿时，我正在美国北亚利桑那大学历史系和英语系进行为期一年的交流学习。当时纳伦德拉·莫迪当选为印度总理刚满一年，而这本英文书稿已经深受美国读者的喜爱。哈珀柯林斯是久负盛名的出版社，安迪·马里诺是资深又严谨的传记作家，这本引经据典的历史专著里蕴藏着近400条参考文献和注释、近500项索引！更遑论莫迪先生又是大家倍感兴趣的话题人物，是一匹名副其实的黑马，世人都想揭开神秘的面纱，一窥他成功的秘密。因此种种，读着《罗摩衍那》长大的我毫不犹豫地欣然接下了这份挑战，可惜由于当时我的其他研究项目尚未完成，直至2015年下半年回国后才得以开始着手翻译，一年的翻译期就这样被我"浪费"了一半。

我对这个延迟工作的决定真是追悔莫及，因为作者在书中历数的围绕莫迪展开的印度元素——从经济到社会、从政治到文化、从历史到宗教、从信仰到法律、从国内到海外、从神话到植物、从法语到梵文，五光十色，林林总总，包罗万象。这一本对恢宏瑰丽的印度古国的当代发言人的描述就是如此之丰沛多元，竟令我这入行数十年的老翻译常常生出束手无策之感。为此我要特别致谢北亚利桑那大学历史系主任梁钢章（John Leung）教授和席亚拉·普露（Ciarra Proulx）老师，他们为我寻觅到大量的英文和阿拉伯文参考资料，赐予了我诸多启发；同时还要感谢素昧平生的兰州大学毛世昌教授，毛教授精心编写的《印度文化词典》等一系列印度文化专著为我解开了不少阅读中的谜团，使得这本译稿终于得以完成。

匆促之中成稿，更兼受到我个人水平之局限，稿中必有笔误及不通顺之处，也必另存一些译者眼拙未见的其他错误，在此必须郑重地向亲爱的读者们祈求原谅，万望大家海涵，也敬请大家不吝来函指正。编辑老师和出版社不厌其烦地对书稿进行悉心的校对，严格把关，在此一并表示衷心的感谢！

译者：杨敏敏
2016 年夏
于马可·波罗的光明城

特别鸣谢华侨大学外国语学院校友基金资助出版